JN277293

フランス会計原則の史的展開

―基本原則の確立と変遷―

吉 岡 正 道 著

東京 森山書店 発行

序　　文

　本書は，17世紀後半から現在に至るフランス会計制度進展の軌跡を，国際化の潮流を基軸として研究した成果である。「会計規則の性能」という物的条件に「会計人の技能と信義」という人的条件を加味することにより，その時々の歴史的変革がフランス会計制度にもたらした意義を究明したものである。すなわち，ここにおいてフランスの会計制度は，人との関わりを織り込むことで弾力性と幅を有する，生きた対象として扱われている。なお，史実については，その時々の時代背景をも考慮したうえで，できるだけ忠実に再現したつもりである。

　フランス会計は，歴史的視座からはEC会社法指令を基軸として，フランス国内型会計（1673年～1966年），フランス・イギリス調和化型会計（1966年～1983年）およびフランス国際型会計（1983年～現在）という3つに区分される。すなわち，第1区分としてのフランス国内型会計は，地域的な不文の慣習法が支配する状況において，フランス固有の会計として形成されてきた。この中でも代表的な会計法が1673年商事王令（Savary法典）である。そして，この王令を実質的に引き継ぐかたちで，1807年商法（Napoléon法典）が全国画一的で会計規則の法体系として形成された。第2区分としてのフランス・イギリス調和化型会計は，イギリスが1973年に欧州経済共同体に加盟したことにより，従来のフランス・ドイツ型会計とイギリス型会計の調和化がなされたかたちで形成された。欧州共同体委員会は，加盟国における標準的な会計基準としてEC会社法指令を公布した。この指令は，加盟国の国内法として導入することが義務づけられた。第3区分としてのフランス国際型会計は，この指令を受けて国内法として制定されたものである。すなわち，欧州共同体委員会第4号指令との会計義務の調和化に係わるEC第4号指令調和化法およびEC第7号指令調和化法である。

　上述のとおり，物的条件に人的条件を加味したかたちで，フランス会計は会計情報の質の維持と向上を確保しようとしたところに，その特徴が顕著に表れ

る。本書では，歴史的に変遷していく会計情報の作成目的という視点から，物的条件である会計規則の歴史的な改正を追いながら，人的条件である会計人の技能と信義が会計規則の適用時に与える影響を加味して基本原則の役割を解明した。3世紀半に及ぶフランス会計制度の変容の過程は，社会科学としての会計学にひとつのあり方を示唆するものである。

2005年1月12日

夕日に染まる久喜の空を眺めながら

吉　岡　正　道

目　次

序　章　研究のねらい

0-1　研　究　動　機 …………………………………………………… 1
0-2　研　究　目　的 …………………………………………………… 4
0-3　フランス会計の歴史的区分 ……………………………………… 5
0-4　全　体　の　構　成 ……………………………………………… 7

第Ⅰ編　フランス国内型会計の確立

第1章　1673年商事王令における正規性の萌芽
　　　　　― 正規性の実質的な確立 ―

1-0　序　　　　論 ……………………………………………………… 15
1-1　1673年商事王令の概要 …………………………………………… 16
1-2　財産状態表の証明力 ……………………………………………… 21
1-3　結　　　　論 ……………………………………………………… 23

第2章　1807年商法における真実性の確立 ― 正規性の条文化 ―

2-0　序　　　　論 ……………………………………………………… 25
2-1　1807年商法の概要 ………………………………………………… 27
2-2　正規性と真実性の規定 …………………………………………… 33
2-3　正規性と真実性の関係 …………………………………………… 36
2-4　会計規則の充実度と理解度の関係 ……………………………… 38
2-5　結　　　　論 ……………………………………………………… 41

第3章　1867年会社法における不正確性の確立
── 真実性から正確性への移行 ──

- 3-0　序　　　論 …………………………………………………………… 44
- 3-1　1867年会社法の概要 ………………………………………………… 45
- 3-2　不正規性の違反・不正確性の違反に係わる規定 ………………… 47
- 3-3　不正規性の違反と不正確性の違反の関係 ………………………… 52
- 3-4　結　　　論 …………………………………………………………… 55

第4章　1966年商事会社法における誠実性の確立
── 正確性から誠実性への移行 ──

- 4-0　序　　　論 …………………………………………………………… 57
- 4-1　1953年改正商法の概要 ……………………………………………… 59
- 4-2　1966年商事会社法の概要 …………………………………………… 61
- 4-3　正 規 性 の 規 定 ……………………………………………………… 64
- 4-4　誠 実 性 の 規 定 ……………………………………………………… 67
- 4-5　正規性と誠実性の関係 ……………………………………………… 71
- 4-6　結　　　論 …………………………………………………………… 74

第Ⅱ編　フランス型会計とイギリス型会計の調和化

第5章　1948年イギリス会計法における真実性・公正性の
イギリス的解釈
── 慣習法における基本原則の役割 ──

- 5-0　序　　　論 …………………………………………………………… 81
- 5-1　1948年英会社法の概要 ……………………………………………… 83
- 5-2　1981年英会計法の概要 ……………………………………………… 85
- 5-3　真実性・公正性の解釈 ……………………………………………… 87

| 5-4 | 結論 | 92 |

第6章　1978年EC第4号指令における真実性・公正性のフランス的解釈
── 成文法における基本原則の役割 ──

6-0	序論	94
6-1	欧州共同体の設立経緯	96
6-2	EC第4号指令原案の概要	99
6-3	EC第4号指令の概要	101
6-4	写像理論による忠実性の解釈アプローチ	103
6-5	忠実性の会計的解釈	106
6-6	離脱規定の適用	108
6-7	結論	109

第Ⅲ編　欧州におけるフランス国際型会計の確立

第7章　1983年EC第4号指令調和化法における忠実性の確立
── 真実性・公正性から忠実性への移行 ──

7-0	序論	115
7-1	会計制度の概要	117
7-2	正規性の規定	130
7-3	誠実性の規定	132
7-4	慎重性の規定	134
7-5	忠実性の規定	139
7-6	結論	147

第8章　貸借対照表の規定 ─ 基本財務計算書類としての位置づけ ─

　8-0　序　　　論 …………………………………………………… 150
　8-1　資　産　の　規　定 …………………………………………… 153
　8-2　負　債　の　規　定 …………………………………………… 166
　8-3　資　本　の　規　定 …………………………………………… 169
　8-4　貸借対照表の様式 ……………………………………………… 173
　8-5　結　　　論 ……………………………………………………… 174

第9章　成果計算書の規定
─ 基本財務計算書類としての位置づけ ─

　9-0　序　　　論 …………………………………………………… 179
　9-1　収益・費用の認識規準 ………………………………………… 180
　9-2　収益・費用の測定規準 ………………………………………… 185
　9-3　分配可能利益の計算構造 ……………………………………… 188
　9-4　成果計算書の様式 ……………………………………………… 190
　9-5　結　　　論 ……………………………………………………… 194

第10章　附属明細書の規定 ─ 補足情報による忠実性の確立 ─

　10-0　序　　　論 …………………………………………………… 196
　10-1　附属明細書の意義 ……………………………………………… 197
　10-2　附属明細書の作成方法 ………………………………………… 199
　10-3　附属明細書の標準化 …………………………………………… 201
　10-4　結　　　論 ……………………………………………………… 209

目　次　5

第11章　1985年EC第7号指令調和化法における連結忠実性の導入意義
― 個別会計原則からの離脱根拠 ―

11-0　序　　論 …………………………………………………………… 211
11-1　連結会計規則の導入経緯 …………………………………………… 214
11-2　連結計算書類の種類 ………………………………………………… 218
11-3　連結計算書類の基本原則 …………………………………………… 219
11-4　連結計算書類の評価規則 …………………………………………… 226
11-5　結　　論 …………………………………………………………… 235

第12章　会計基準の設定機関 ― 国際会計基準への対応 ―

12-0　序　　論 …………………………………………………………… 239
12-1　会計基準の階層化 …………………………………………………… 240
12-2　国家会計審議会 ……………………………………………………… 241
12-3　会計規定委員会 ……………………………………………………… 244
12-4　結　　論 …………………………………………………………… 247

終　章　研　究　成　果

13-1　フランス型会計の基本原則 ………………………………………… 249
13-2　フランス・イギリス調和化型会計の基本原則 …………………… 252
13-3　フランス国際型会計の基本原則 …………………………………… 253

商法・関連法令・各種基準の制定と改正に係わる年表（257）
引用文献一覧表（265）
主要参考文献一覧表（268）

序　章　研究のねらい

0-1　研　究　動　機

　会計は，経済事象を会計事象へと転化するための技法であるといわれてきた。この技法は経済的取引を会計処理する方法であり，これを体系化したものが会計規則となる。そして，会計規則を適用して，会計人は会計情報を作成する。その質の高さは，会計人の信義と技能および会計規則の整備状況に依存することになる。前者の会計人の資質は，悪意をもたずに会計人としての誠意をもって会計処理する心の問題である。また，会計規則を適用する技術の問題でもある。これらは会計人に係わることであるので人的属性となる。この属性は，会計人としての信義と判断が介入するという意味で主観的であるといえる。これに対して，後者の会計規則はそれ自体の制定時には主観的要素を含む。ところが，制定後は人的属性が介在しない。だからこそ，それ自体が経済事象を会計事象に変換する際の普遍的な役割を担っていることになる。すなわち，会計規則の効力は，絶対的な規則として直接的に会計情報に影響を与えるという意味で客観的であるといえる。したがって，会計規則は物的属性として機能することとなる。つまり，会計情報の作成時には，物的属性が会計規則の準拠性として表れることになる。

　フランス会計の特徴は，人的属性を加味することによって，良質な会計情報を作成しようとしたところに，顕著に表れている。ここで，フランス会計の特徴を式で示すと，つぎのとおり人的属性と物的属性に分けて表すことができる。

フランス会計の特徴＝人的属性＋物的属性

　物的属性としての会計原則は，基本原則を頂点として，4つの階層から体系化されている。第1階層の基本原則は，良質な情報を作成するための指導的役割を果たす基礎概念である。例えば，忠実性，正規性，誠実性，慎重性の原則などが挙げられる。第2階層の会計慣行は一般原則ともいわれる。この原則は，会計情報の作成に係わる公理であり，暗黙の前提としての公準といえるものである。公準に対しては証明を求めず，かつ反証があっても受け入れられなければならない。例えば，継続企業の原則などが挙げられる。そして，第2階層の会計慣行は，第3階層の処理原則を支配することになる。ここでの処理原則は，良質な会計情報を作成するための具体的な拠り所となるため，会計慣行と直接的に結び付く。よって，第3階層の処理原則は，会計規則と称することになる。例えば，資産の評価規則，総額規則，実現利益の計上規則などが挙げられる。しかも，第3階層の処理原則は，具体的な会計処理方法である第4階層とも密接に結び付くことになる。よって，第4階層の処理方法は会計規準と称することになる。例えば，収益・費用の認識に係わる実現規準と蓋然規準，工事部分完成規準などが挙げられる。ここで，4つに階層化された会計原則を図で示すと，「図0-1-1　会計原則の階層図」となる。

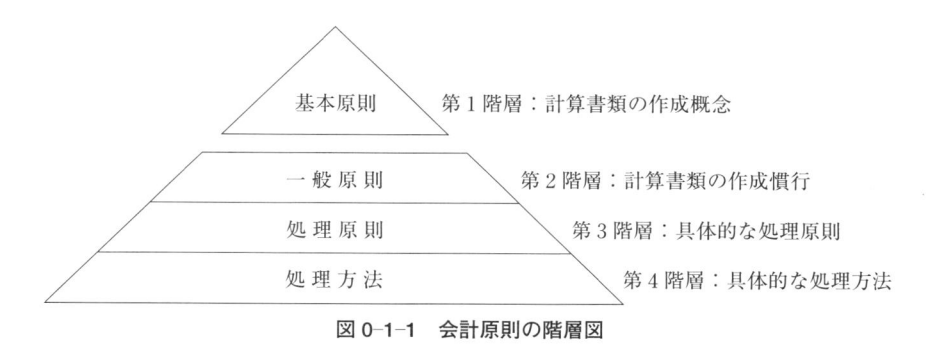

基本原則	第1階層：計算書類の作成概念
一般原則	第2階層：計算書類の作成慣行
処理原則	第3階層：具体的な処理原則
処理方法	第4階層：具体的な処理方法

図0-1-1　会計原則の階層図

　フランス会計は，良質な会計情報を作成することを目指している。その指導的役割を果たすのが基本原則である。ここでの「良質であること」は，会計上の基本原則として具現化される。そして，「良質であること」の内容がその時

表 0-1-1　基本原則の歴史的変遷

会計法	物的属性	人的属性	遵守機能
1673 年　商事王令	正　規　性		
1807 年　商法	正　規　性		真　実　性
1867 年　会社法	不　正　規　性		不　正　確　性
1966 年　商事会社法	正　規　性	誠　実　性	
1978 年　EC 第 4 号指令	公　正　性		真　実　性
1983 年　改正商法	正　規　性	誠　実　性	忠　実　性
1983 年　EC 第 7 号指令	連結正規性	連結誠実性	連結忠実性
1985 年　改正商法	連結正規性	連結誠実性	連結忠実性

代の経済状況に応じて歴史的に変化してきたため，具現化される基本原則もその時代と共に変遷してきたのである。

　会計情報は，その作成の過程と結果に分けられる。前者の過程は，物的属性と人的属性の有機的な結合によるものである。後者の結果は，会計情報が良質であると見做され得るのか否かという基準により判断されるものである。このことを遵守機能と称することにする。したがって，遵守機能は，物的属性と人的属性の総合的な結合によって果たされることになる。ここで，会計法の基本原則を物的属性，人的属性および遵守機能に分けて年代順に示すと，「表 0-1-1　基本原則の歴史的変遷」となる。

　フランス会計の基本原則を取り上げる動機は，フランス会計が人的属性をも加味することによって，良質な会計情報を作成しようとしたところにある。また，この良質であることの内容は歴史的に変遷し，その変遷した内容を反映することによって会計上の基本原則が具現化されてきた。この観点から，フランス会計の基本原則を歴史的に追うことによって，良質であることの内容を追跡することが可能となる。ここに，これを取り上げる意義がある。

　会計原則に係わる従来の研究は，物的属性のみを取り上げてきた。このことは，会計規則を整備し精緻化すれば，良質な会計情報が作成されるという仮説に立脚していた。本書では，従来の仮説には立脚せず，会計を主観的である人的属性と客観的である物的属性に分けて，2つの属性が有機的に結合することによって良質な会計情報が作成されるとの仮説に立脚する。すなわち，会計情報は，会計人の信義および判断としての人的属性と，経済事象を会計事象に転

化させる技法である会計規則の精度としての物的属性とが相互に影響し合うことにより作成されると仮定する。この仮説を人的・物的結合説と称する。この結合説は、人的属性と物的属性の有機的結合により会計情報の利用者のために役立つ良質な会計情報が作成されるという論理に立脚したものである。こうした論理の展開は、人的属性を物的属性と同等に捉えているという点で初めての試みであり、ここに学術的意義がある。

0-2 研究目的

　人的・物的結合説は、会計人のもつ主観性と会計規則のもつ客観性を分けて論理展開を図るものである。1673年商事王令は、物的属性に係わる基本原則を定めた。1807年商法は、会計情報が良質であることを要請する基本原則を定めた。ここでの良質な会計情報とは、裁判所が商行為の事実を証拠資料として認証に耐えうる商業帳簿のことである。商業帳簿が法廷での証拠力を備えているのか否かの判断は、商事裁判官に委ねられている。ここで、会計人の信義と技能が問われることになった。当時は、たとえ会計人が会計規則の知識をもたずに商業帳簿を作成しても、誠実に作成すれば商業帳簿が良質であることは保証されることになるからである。このために、誠意のある会計人は、詐欺破産者として処罰されなかった。また、会計人の熟練度と会計規則の理解度には相関関係が認められる。ところが、個々の会計人の熟練度には差がある。この個人的な差が会計規則の理解度に幅を生じさせることになる。このことは、結果的に会計情報の質の高さに幅をもたせることになった。ここでは、幅理論を会計情報の質の高さが許容範囲内にあるならば良質であると定義する。だからこそ、この理論を展開する意義がある。本書での第1の研究目的は、人的属性による幅理論がフランス会計に及ぼす影響を明らかにすることである。

　1966年商事会社法は、人的属性をも加味した基本原則を定めた。人的属性は、会計人自身の誠実性と会計規則を遵守する際の誠実性に分けて解釈されるようになった。なぜなら、前者の誠実性だけでは、会計情報が良質であることが保証されなかったからである。また、後者の誠実性は、会計情報の作成過程に係わる基本原則としての役割に留まらず、作成結果に係わる基本原則として

の役割を担うことになった。本書の第2の研究目的は，人的属性が会計情報の作成に及ぼす影響が会計情報の作成過程から作成結果へと拡大していった，この属性の果たす役割を明らかにすることである。

1983年改正商法は，イギリス型会計の基本原則である「真実かつ公正な概観」を「忠実な写像」として定めた。この原則は，通常の場合と例外の場合に分けて，会計情報が良質であることを判断する拠り所となった。通常の場合には，現行の会計規則に準拠することによって，会計情報が良質であることが保証されることになる。例外の場合には，現行の会計規則から離脱することによって，会計情報が良質であることが保証されることになる。伝統的な基本原則である誠実性は，会計情報の作成過程に係わる基本原則としての役割に留まることになった。すなわち，ここでは，人的属性に対する係わり方が会計情報の作成結果から作成過程へと縮小していったことを意味することになる。これは，1966年商事会社法の人的属性と逆の流れとなった。本書の第3の研究目的は，イギリス型会計の基本原則とフランス型会計の基本原則の調和化によって定められた基本原則の役割を明らかにするところにある。

本書全体の研究目的は，上記の3つの研究目的を総括することによって達成される。フランス会計は，古くなった会計属性が時代の要請に適合しなくなったという理由をもって放棄せずに，古い会計属性に新しい会計属性を加味することによって時代の要請に応えようとしてきた。ここに，追加型適応性ともいえる，フランス的な会計観をみることができる。

0-3　フランス会計の歴史的区分

フランス会計は，EC会社法指令を歴史的区分の基軸として，フランス国内型会計，フランス・イギリス調和化型会計およびフランス国際型会計という，つぎの3つに区分される。

フランス国内型会計は，地域的な不文の慣習法が支配する状況において，フランス固有の会計として形成されてきた。この中でも代表的な会計法が1673年商事王令である。そして，この王令を実質的に引き継ぐことによって，1807年商法が全国画一的で会計規則の法体系として形成された。また，この商法第3

表 0-3-1　フランス会計の歴史的区分

第Ⅰ区分　フランス国内型会計	1673年～1966年
第Ⅱ区分　フランス・イギリス調和化型会計	1966年～1983年
第Ⅲ区分　フランス国際型会計	1983年～現　在

章に設けられていた会社に係わる規定は，1856年会社法および1863年有限責任会社法により，その補充・変更がおこなわれたのである（中村［1969］p. 17）。これらの会社に係わる規定を総合して新たな会社法として，1867年会社法が整備された。そして，この会社法が改正され，1966年商事会社法が制定された。

フランス・イギリス調和化型会計は，イギリスが1973年に欧州経済共同体に加盟したことにより，従来のフランス・ドイツ型会計とイギリス型会計の調和化がなされたことによって形成された。なぜなら，欧州共同体委員会は，加盟国の標準会計基準として導入することが義務づけられるEC会社法指令を公布しなければならないからである。

フランス国際型会計は，この指令を受けて，国内法として制定されたものである。すなわち，個別会計調和化に係わるEC第4号指令がEC第4号指令調和化法，および連結会計調和化に係わるEC第7号指令がEC第7号指令調和化法として制定された。これらの国内法を受けて，1953年改正商法は，EC第4号指令調和化法に基づき改正された。便宜上，これを1983年改正商法と称することにする。さらに，1983年改正商法は，EC第7号指令調和化法に基づき改正された。便宜上，これを1985年改正商法と称することにする。また，1966年商事会社法は，EC第4号指令調和化法に基づき改正された。便宜上，1983年改正商事会社法と称することにする。さらに，1983年改正商事会社法は，EC第7号指令調和化法に基づき改正された。便宜上，これを1985年改正商事会社法と称することにする。ここで，上記の諸法令を会計法制定の年代順に示すと，「表0-3-2　会計法の年表」となる。

表0-3-2　会計法の年表

EC会社法指令	フランス調和化法	フランス商法	フランス会社法
		1673年商事王令	
		1807年商法	1867年会社法
		1957年改正商法	
			1966年商事会社法
1978年EC第4号指令			
1983年EC第7号指令			
	1983年EC第4号指令調和化法	1983年改正商法	1983年改正商事会社法
	1985年EC第7号指令調和化法	1985年改正商法	1985年改正商事会社法

0-4　全体の構成

(1)　フランス型会計の基本原則

　1673年商事王令は，12編122カ条からなる。その第Ⅲ篇「卸売商人，小売商人および銀行家の帳簿および登録簿」は，10カ条からなる商業帳簿の作成に係わる規定である。この王令は，Louis（ルイ）14世統治下にColbert（コルベール）蔵相によってフランス重商主義政策の一環として制定されたものである。また，フランスにおける統一的商事立法の創設を代表するばかりではなく，世界初の近代国家における成文商法である。会計史上，財産目録の作成義務を法制化した最初のものである（岸［1975］p. 196）。ここでの財産目録は，商業帳簿の主要な会計資料として位置づけられた。しかも，商業帳簿の作成規定においては，その作成手続が定められていた。

　1807年商法は，株式会社に係わる世界初の一般立法である。しかも，1673年商事王令を実質的に引き継ぐかたちで制定された。1807年商法は，裁判所が商行為の事実を証拠資料として認証に耐えうる商業帳簿を作成するところに，その作成目的をもつことになる。そして，この帳簿を作成する基本原則を構成したのが「真実性」および「正規性」であった。真実性および正規性は，法廷での証拠力のある商業帳簿を作成するための指導的役割を果すとともに，具体的な会計規則の制定過程に重大な影響を与えた。また一方において，真実性および正規性は，商業帳簿の作成過程において，具体的な会計規則の適用によって

体現されるものである。ところが，法廷での証拠力のある商業帳簿は，会計規則が充分に整備されることだけに依存するものではない。むしろ，同時に人的属性である会計人の信義と技能からも影響を受けることになる。企業の経営活動が複雑になれば，会計規則も複雑になる。会計人には，複雑な会計規則を理解し適用し得るだけのヨリ高度な専門能力が求められる。したがって，商業帳簿の特性は，会計規則の充実度だけではなく会計人の信義と技能の関連でも明らかにされなければならない。

　1867年会社法は，1807年商法第Ⅰ巻第Ⅲ篇「会社」の規定（第18条～第64条）を株式合資会社の規定と株式会社の規定に分けるかたちで書き改められた。株式会社の創立については，許可主義を廃止し準則主義を導入した。この準則主義の導入により，同法では，債権者および一般株主を保護するための規定が設けられた。また，1867年会社法には，当初から67カ条からなる株式会社の設立に係わる規定が存在していた。これは，フランスにおいて最初の単行法としての会社法となる。ここにおける基本原則は「不正規性の違反」および「不正確性の違反」であり，1807年商法の基本原則である「正規性」および「真実性」を改めたものである。

　1953年施行令は，1807年商法を改正したものである。ここでは，便宜上，同令により改正された1807年商法を1953年改正商法と称する。1867年会社法の基本原則である「不正規性の違反」および「不正確性の違反」は，1966年商事会社法第228条による会計監査人の職務との係わりで「正規性」および「誠実性」と改められた。

　フランスは，伝統的に成文法主義の立場を取ってきた。実務慣習の中から帰納的に体系化された会計規則集である Plan Comptable Général 1957（以下，PCG 57と略する）にも，その立場が貫かれている。正規性は会計規則の準拠性である。準拠すべき会計規則の内容によって，正規性は狭義ないしは広義に解される。すなわち，狭義の正規性は，法たる慣習をその準拠すべき範囲として限定する。広義の正規性は，事実たる慣習も含める。これに対して，誠実性は会計規則の適用判断基準である。適用すべき会計人の信義および技能によって，誠実性は主観的ないしは客観的に解される。すなわち，主観的誠実性は，会計人の善意の有無と結び付く。これに対して，客観的誠実性は，会計人の技能の

有無と結び付くことになる。

(2) フランス・イギリス型会計の基本原則

　イギリスは，1973年に欧州経済共同体に加盟した。この共同体は，1957年にフランス，西ドイツ，イタリア，ベルギー，オランダおよびルクセンブルクの間で結ばれた条約に基づき創立された。イギリスの加盟前には，フランス・ドイツ型会計の特徴を反映させたEC第4号指令原案が作成された。そして，この原案は1971年にEC理事会に提出された。この原案での基本原則は，「正規性」および「誠実性」であった。加盟後は，この原案とイギリス型会計の調整がおこなわれたことになる。その結果，EC第4号指令原案が改正され，EC第4号指令が制定された。この指令には，1948年英会社法第149条の「真実かつ公正な概観（以下，真実性・公正性と略する）」が同指令の会計全般に係わる基本概念として導入された。

　EC第4号指令は，フランス・ドイツ型会計とイギリス型会計の調整に基づく会計規定となった。欧州経済共同体の加盟国は，この指令を国内法として導入することが義務づけられた。この要請を受けて，イギリスは，1948年英会社法を改正し，1981年英会社法を制定した。フランスは，1953年改正商法を改正して1983年改正商法を制定した。EC第4号指令の基本原則に掲げられた「真実性・公正性」という概念は，1983年改正商法においては「忠実な写像（以下，忠実性と略する）」という表現の中に引き継がれることとなった。ここにおける忠実性の意味するものは，真実性・公正性の会計的意義を正規性および誠実性の枠内で実現させることである。

(3) フランス国際型会計の基本原則

　欧州規模での国際化の波に揉まれる中で，フランスは，会計の基本原則である忠実性を導入したPlan Comptable Général 1982（以下，PCG 82と略する）を作成した。これは，会計法の具体的な会計処理規則である。PCG 82は，会計に係わる一般規定の冒頭で財務計算書類の作成目的を「企業の状態および取引についての忠実な写像を写し出す状態表を作成するためには，企業が慎重性の原則を遵守して正規性および誠実性の要請を満たさなければならない。」と定め

た。すなわち，会計は，企業の経済的実態を忠実に写像する財務計算書類を作成するために，慎重性の原則を遵守して，正規性および誠実性を満たさなければならないと定めたのである。このことから，フランスにおいては，EC会社法指令の基本原則である「真実性・公正性」に相当するものが「忠実性」となる。また一方において，慎重性，正規性および誠実性は，会計の伝統的な基本原則である。とりわけ，正規性および誠実性は，会計監査人の職務との係わりで重要な役割を担ってきた。それでもなお，忠実性は，会計の基本原則の中でも，最も重要な原則として位置づけられた。

　また，フランスは従来から財産状態の表示を重視してきた。このことは，「一般会計の目的は，企業財産に影響を与える取引のすべてを記録すること」の文言からも明らかである。しかし，財産性の原則を固守することが，かえって取引の経済的実態，財務的実態を反映させる会計処理の適用を妨げることもある。とりわけ，今日の信用経済制度のもとでは，複雑化する取引の実態への対応が難しくなってきている。この経済環境の変化に対応することによって，制度的には，EC第4号指令調和化法からEC第7号指令調和化法を経て，取引の経済的実態を重視する傾向が鮮明になる。取引の経済的実態を重視することは，会計行為の領域でも重要な課題となる。

　1983年改正商法は，貸借対照表，成果計算書および附属明細書で1組を形成する年度計算書類の作成を要請する。この改正によって，とりわけ附属明細書の役割が重要になった。また，1983年改正商事会社法は，年度計算書類以外に財産目録，営業報告書，流動資産・負債表，予測成果計算書，資金計算書および予測資金計画書の作成を要請する。

　EC第4号指令の基本原則は，会計情報の結果を重視し，財務計算書類に経済的実態を忠実に写像することを会計人に要請した。フランスは，伝統的に会計情報の作成過程を重視し，良質な会計情報を作成するよう会計人に働きかけてきた。すなわち，これは慎重性の枠内で会計規則に準拠し，その適用にあたっては会計人としての専門知識を備えた上で，不正をしようとする意識をもたず，会計情報を作成することを意味する。そして，このとおりに作成すれば会計情報は良質となる。結果的に，経済的実態が財務計算書類に反映されることになる。

1985年商事会社法は，1983年改正商事会社法の基本原則を改めず，引き続き忠実性と定めた。忠実性の役割は，原則として個別会計であろうとあるいは連結会計であろうとも変わらない。連結会計規則（以下，連結規則と略する）は，原則として個別会計規則（以下，個別規則と略する）を踏襲している。ところが，連結会計特有の領域では，個別規則から離脱して連結計算書類を作成しなければならない場合が生じてくる。その際の離脱根拠が連結忠実性にあると解される。会計規則を設定するための基本目的が忠実性にあるから，また一方において，会計規則は，忠実性を達成するための会計行動の指針として働くともいえる。すなわち，会計規則は，取引実態を財務計算書類に忠実に写像するために設定される。

　会計上の取引は，会計規則というフィルターを通して経済事象を会計事象へと変換することによって把握される。そこで，会計規則が経済事象を会計事象に変えるときに，経済事象のどの側面を重視するのかが問題となる。会計上の取引は，財貨属性および資金属性の視点から分析できる。前者の財貨属性は，財貨それ自体の流れとして取引を把握し，財貨の引渡し，所有権の移動によって取引が実施されると見做す。後者の資金属性は，貨幣単位に換算された財貨価値の流れとして取引を把握し，自己資金，他人資金といった支払手段によって取引が実施されると見做す。

　本書では，フランス会計の史的展開において重要な基本原則を取り上げる。そして，これらの原則が追加型適応性を備えた役割を果してきたことを考察する。この考察にあたって，会計情報の作成時には人的属性を物的属性と同等な重要性をもつものとして捉えて論理展開を図ることにしていく。ここに，「フランス会計原則の史的展開」という課題を取り上げる意義がある。

第Ⅰ編　フランス国内型会計の確立

第1章
1673年商事王令における正規性の萌芽
―正規性の実質的な確立―

1-0 序　　論

　Louis（ルイ）14世の統治下でCorbert（コルベール）蔵相が主導して，民事訴訟王令（Ordonnance civile pour la réformation de la justice, 1667），刑事訴訟王令（Ordonnance criminelle, 1670），陸上商事王令（Ordonnance du Commerce, 1673），および海事王令（Ordonnance sur la marine, 1681）が作成された（滝沢［2001］p. 43）。このうちの陸上商事王令は，1673年3月にS. Germain en Laye（サン・ジェルマン・アン・レイ）で公布された商業に係わるフランス国王Louis14世王令として制定された（Ordonnance de Louis XIV. Roy de France et de Navarre, pour le Commerce. Donnée à S. Germain en Laye au mois de Mars 1673.）（以下，1673年商事王令と略する）[注1]。これは12編122カ条からなる。その第Ⅲ篇「卸売商人，小売商人および銀行家の帳簿および登録簿（TitreⅢ. Des Livres & Registres des Négocians, Marchands & Banquiers)」は，10カ条からなる商業帳簿の作成に係わる規定である。この王令は，Colbert蔵相によってフランス重商主義政策（mercantilisme）の一環として制定されたものである。当時の商業活動は，商人階級というギルド仲間でのみ可能であった（滝沢［2001］p. 43）。

　1673年商事王令が歴史的意義を有するといわれるのは，フランスにおける統一的商事立法の創設を代表するばかりでなく，会計史上，財産目録の作成義務を法制化した最初のものであることによる（森川［1978］p. 11）。財産目録は，当時の商業帳簿の中では最も重要な書類である。その作成目的を明らかにすることが，商業帳簿の作成目的を明らかにすることになる。J. Savary（サバ

リー）によると，財産目録の機能は，通常時の経営管理機能と破産時の物的証拠機能に分けられる（青木［1972］p. 7）。前者の機能は，会社の経営成果を知り，使用人による物品の盗難を防止し，そして会社財産の構成内容を示すことである。また，後者の機能は，債権者に財産状態を示すことである。

　商業帳簿の作成は，その過程である作成手続とその結果である表示能力に分けられる。とりわけ，前者の作成過程は物的属性と人的属性に大きく依存する。すなわち，物的属性は，会計規則の性能およびその規則への準拠をも含めたものとなる。これに対して，人的属性は会計人の信義およびその人の技能をも含めたものとなる。

　本章の研究目的は，商業帳簿の作成目的という視点から，1673年商事王令の基本原則である正規性の役割を明らかにすることである。この検討に際しては，つぎのことがらが論点となる。

① 商人が1673年商事王令に従って財産目録を作成すれば，この目録に課せられた通常時の経営管理機能と破産時の物的証拠機能という目的が満たされることになる。

② 「商業帳簿の作成規定」という会計規則に準拠して，商人が財産目録を作成すれば，この作成目的は達せられることになる。

1-1　1673年商事王令の概要

1-1-1　商業帳簿の作成規定

　1673年商事王令は，商人主義に立脚し，まず商人という概念を定義してから商人が営む行為を商行為と定めた。ここで，1673年商事王令が定める商業帳簿の作成に係わる条文を示すと，つぎのとおりである（Code［1762］pp. 10–14）。

第1条　［商業帳簿の作成］

　卸売商人および小売商人（Négociens & Marchands）は，帳簿（Livre）を備え，当該帳簿にすべての取引，為替手形（Lettres de change），債権・債務（dettes actives & passives），および家事費用に充てられる貨幣額を記載する。

第 2 条　[取引日記帳の作成]

両替人および銀行家（Agens de Change & de Banque）は，取引日記帳（Livre Journal）を備えた。当該日記帳には，紛議の場合の拠り所として彼ら（当該業者）による取引事項がすべて記載される。

第 3 条　[卸売商人・小売商人の帳簿に係わる公証手続]

卸売商人および小売商人の帳簿は，最初と最後の紙葉に，商事裁判所（juridiction consulaire）がある市では商事裁判官（Consuls）の１人により，商事裁判所がない市では市長（Maire）または市法官（Echevins）の１人により，無料・無税（sans frais ou droits）で署名される。しかも，最初と最後の紙葉は，商事裁判官または市長および市法官によって委任された人の手で花押され，丁数され，最初の紙葉にその旨が記載される。

第 4 条　[両替人・銀行家の帳簿に係わる公証手続]

両替人および銀行家の帳簿は，各紙葉に，商事裁判官の１人によって丁数，署名，花押される。さらに，最初の紙葉には，両替人または銀行家の名前，帳簿の種類が記され，取引日記帳ないしは現金出納帳（quaisse）として利用されるべきである。しかも，その帳簿が第何巻であるのかが記載される。そして，その旨，商事裁判所または市役所（Hôtel de ville）の書記課に備えられている登録簿（Registre）に記載される。

第 5 条　[取引日記帳の締切]

取引日記帳は，日付順に空白なく記載され，章（Chapitre）ごとにその最後に締め切られる。しかも，余白には何も記載されない。

第 6 条　[帳簿作成の施行日]

すべての卸売商人・小売商人および両替人・銀行家は，現行王令の公布後６カ月以内に新取引日記帳および新登録簿を作成する。当該書類（帳簿）は，上記の命令に従い署名，丁数および花押される。新帳簿は，旧帳簿の中に妥当な所（もの）があれば，それを記入できる。

第 7 条　[通信文の保管・控え書]

すべての卸売商人および小売商人は，受け取った通信文（lettres missives）を一括して保管し，書かれた（発送した）通信文の控え書（copie）を登録簿に記載する。

第8条 ［財産目録の作成］

同様に，すべての小売商人は，6カ月という期間内に，自己に帰属するすべての動産・不動産および債権・債務に係わる財産目録を作成し，これに署名する。当該財産目録は2年ごとに照合され，新たに作成される。

第9条 ［帳簿・財産目録の提示］

取引日記帳，登録簿ないしは財産目録の提示または提出は，会社の相続（succession），財産共有（communauté）および分割，場合によっては破産をも除いて，裁判所において要求もされなければ命令もされない。

第10条 ［帳簿の提示］

少なくとも，卸売商人または小売商人が取引日記帳および登録簿を使用する場合，または当事者（la partie）が帳簿についての信憑性を要求する場合には，帳簿の提示は争点に係わるところを参照するために要求され得る。

1673年商事王令は，卸売商人および小売商人(注2)に「帳簿を備え」（同令第1条）と定めた。すなわち，商人には，商業帳簿の作成が義務づけられたことになる。その帳簿で重要な項目である「債権・債務」は，売上帳・仕入帳によって明らかになる。このことは，帳簿の証拠能力という視点からも重要視された（岸［1987］p. 222）。それに加えて「家事費用に充てられた貨幣額」も記載すべきものとして，私用に充てられた支出も含めた。なぜなら，1673年商事王令は，破産および破産犯罪を防止するために，商人に私用の財産状態をも明らかにするよう，商業帳簿の作成を義務づけたからである。このことは，1721年宣誓書が商業を営むにあたり，悪意（mauvaise foi）よりも慎重性の欠如の方が重要な問題であると認識していた（Dongois［1721］p. 216）ことからも明らかである。すなわち，破産犯罪よりも，危険な投資などが原因で破産し経済的混乱を招くことの方が国益に反すると解されていたことを示す。そこで，商業において現実に生じた被害が危機的に拡大することを阻止し，この被害を予見する手段を模索したのである（Dongois［1721］p. 217）。なお，家事費支出の記帳は，1673年商事王令以前からの卸売商人の慣習であった（岸［1987］p. 221）。

このことを会計規則に照らしてみると，財産目録の重要性が理解できる。すなわち，1673年商事王令は，「すべての小売商人は，6カ月という期間内に，

財産目録を作成し，これに署名する。」（同令第8条）と定めた。そして，その財産目録の作成期間について，「財産目録は2年ごとに照合され，新たに作成される。」（同令第8条）と定めた。また，1721年宣誓書は，商事裁判官（Juges & Consuls）が倒産したかもしくは倒産しそうな商人の財産目録を封印・作成に係わる署名をおこなうと定めた（Dongois［1721］p. 219）。

　1673年商事王令が商人主義に立脚していることから，とりわけ問題になるのが 'négocians' と 'marchands' の解釈に相違があることである。'négocians' を大規模商人，'marchands' を小規模商人と解すると，小規模商人に対してのみ財産目録の作成を義務づけたことになる（1673年商事王令第8条）。これは，大規模商人が複式簿記の記帳から誘導して財産目録を作成していたので，あえて財産目録の作成を命じる必要性がなかったことによるものと解される（岸［1987］p. 260）。また，小規模商人ほど危険な投資によって破産する可能性が高く，その防止のために強制されたものと解される。これに対して，'négocians' と 'marchands' が規模の違いを示したものではないと解するならば，大規模商人と小規模商人のいずれかを問わず，すべての商人が財産目録の作成を義務づけられていたことになる。というのも，財産目録は，商業帳簿の一部を構成していたからである。この解釈に基づけば，小規模商人に財産目録を作成する必要性を強調したにすぎないと解される（同令第8条）。さらに，同令第8条において，注目すべき点は，商業用，私用を問わず，商人が所有するすべての財産を財産目録に記載することである。

1-1-2　会社の創立規定

　1673年商事王令は，第Ⅰ巻第Ⅳ篇「会社（Des sociétés）」において，会社創立を初めて認めた。ここで，1673年商事王令が定める会社に係わる条文を示すと，つぎのとおりである（Code［1762］pp. 14-21）。

第1条　[会社創立]

　すべての合名会社または合資会社（société générale ou en commendite）は，成文による，公証人の前または私署の下で創立される。当該会社は，会社定款の内容に対しておよびそれ以外のことで，証人によるいかなる証明も受け入れない

し，帳簿上の額またはそれより低い価値にも拘わらず，定款の作成前，そのときまたはその後，指摘されたことを申し立てできない。

第2条　[商人の登録]

会社抄本（extrait des sociétés）は，小売商人および卸売商人が大規模であろうと小規模であろうとに拘わらず，商事裁判所の書記課（Greffe de la Juridication Consulaire）に登録される。場合によっては，市役所の書記課に登録される。それでなければ，所在地裁判官の書記課または領主の書記課に登録される。抄本は，公共の場で公表された書類の中から推論される。すべてのことに対して，社員間，ならびに社員と債権者の間に疑念があったとしても，過去の定款および契約は無効とはならない。

第3条　[社員の署名]

会社抄本は，社員または会社を認める人の署名がなければ登録されない。会社には社員の氏名，通名（surnoms），資格および住所が記載される。場合によっては，特別条項として定款の署名，会社が開始し清算しなければならない期間について記載される。成文により，同時に記録され，公表された定款がなければ，経営が継続していると見做されない。

第4条　[定款の変更]

社員の変更，署名に係わる新約定または新条項を伴ういかなる定款も登録され，公表される。このことは公表日になされる。

第7条　[連帯責任]

いかなる社員も会社負債を連帯して負わなければならない。会社に係わる署名のときに，署名しただけにすぎなくとも同様な扱いとなる。

第8条　[有限責任]

合資会社員（associés en commandite）は，会社への拠出額を超えて損失を被ることがない。

1673年商事王令は，sociétéを原型とする合名会社と合資会社という会社形態を認めていた。当時の会社は，原則として無限責任の社員から構成されていた（同令第7条）。ただし，合資会社には有限責任の社員も認められていた（同令第8条）。また，1673年商事王令は，商人主義に立脚しているので，商人と非商

人を分けた。ここでの商人は無限責任を負う社員である。ところが，合資会社で認められた有限責任社員は，商人の資格を持ち得ない。したがって，合資会社は，商人と非商人の利益共同体としての性質を帯びることになり，商人と資本家の接近を導くことになった（山本［1972］p. 23）。

1-2　財産状態表の証明力

　Louis 13，Louis 14の治世において，重商主義政策が推進された。Cobert 蔵相が商工業を振興したことによって，フランス経済は大きく躍進した（野村［1970］p.25）。当時，ようやく普及し始めた有限責任会社の制度とそれに対する商人の無自覚，さらに，当時のフランス経済における会社の破産，破産犯罪の件数が著しく増加した。そのため，フランス経済が大混乱をきたした（青木［1972］p.6）。そこで，債権者，出資者の保護を目的として，1673年商事王令は，第Ⅰ巻第XI篇「破産・破産犯罪（Des Faillites & Banqueroutes）」を定めた。ここで，1673年商事王令が定める破産・破産犯罪に係わるおもな条文を示すと，つぎのとおりである（Code［1762］pp. 40-44）。

第1条　［破産・破産犯罪の日］
　破産または破産犯罪は，債務者（débiteur）となる日，または封印紙が財貨に貼られる日をもって生じると見做される。

第2条　［状態表の提示］
　商人は，破産したときに，債権者（Créanciers）に商人自らが証明した状態表（état certifié）を与えなければならない。当該表には，商人が所有していたものすべて，および商人が為すべきことのすべてが記載される。

第3条　［帳簿・登録簿の再提出］
　卸売商人，小売商人および銀行家は，第Ⅲ篇第Ⅰ条，第Ⅱ条，第Ⅳ条，第Ⅴ条，第Ⅵ条および第Ⅶ条で定められた形式で丁数，花押されたすべの帳簿および登録簿の再提出が求められる。上記の書類は，商事裁判所の書記課に戻される。場合によっては，卸売商人，小売商人および銀行家による選択で，市役所の書記課または債権者の手に戻される。

第11条 ［登録簿・取引日記帳の提出義務］

　大規模な取引ならびに小規模な取引を営む卸売商人と小売商人，および銀行家は，破産時に，朕が本法で命じたように，署名，丁数された登録簿および取引日記帳を提出しなければ，破産犯罪人と見做され得る。

第12条 ［破産犯罪人の刑罰］

　破産犯罪人は，特別訴訟手続によって訴追され，死刑に処せられる。

　商人には，会社が破産したときに，その財産有高を証明する状態表の作成が義務づけられた（1673年商事王令第2条）。このことは，商人が会社の利害関係者である債権者に状態表を提示することを意味することになる。規定上，会計規則の準拠性に係わる条文はみられない。しかしながら，会計規則に準拠して財産目録を作成することによって，破産時の債権者に対する財産目録への信頼性が得られるものと解することができる。そして，債権者は，破産の財産状態表を閲覧することによって，破産状況を把握することになる。もっとも，破産状態を証明するのは商人自らであったという限界も指摘できる。

　商人は，登録簿および取引日記帳を商事裁判所に提出しなければ，破産犯罪人として起訴される。有罪になると，死刑に処せられる（1673年商事王令第11条・第12条）。このことは，商業帳簿の作成義務を強化したものであり，商人に対して会計規則の準拠性を強く求めたものといえる。

　1673年商事王令の最大の欠陥は，財産評価規定が欠如していたことである。この点については，J. Savary が『完全なる商人（Le parfait négociant）』において記述している箇所から，当時の会計慣行を推測することができる（Savary [1675] p. 264）。J. Savary は，商品評価を中心に取得原価を基礎とした低価主義を骨格とする評価論を展開した。このことが商品の妥当な価格政策に結び付くものとなることを指摘した（岸 [1975] p. 264）。基本的には，取得原価規準を勧め，商品の過大評価による未実現利益の計上を戒める。その一方で，陳腐化などによる時価が下落した場合には，例外的にその低い時価を採用して価格下落損失または品質低下損失を計上すべきであるとした（森川 [1978] p. 20）。上述のことから，J. Savary は慎重な利益計算の必要性を説いていたと解される。

1-3 結　　論

　以上，商業帳簿の作成目的という視点から，1673年商事王令の基本原則である正規性の役割を明らかにしてきた。商業帳簿における最も重要な書類が財産目録である。財産目録は，その作成過程と結果に分けられた。財産目録の作成過程は，1673年商事王令の「商業帳簿の作成規定」に従って当該目録を作成することである。このことは，物的属性である会計規則の準拠性を満たすことによって得られた。

　通常財産目録は，商人が会社の経営状態を把握するために，「商業帳簿の作成規定」に従って作成された。このことは，商人が会計規則という客観的基準に従って財産目録を作成することになったことを意味する。そこで，商人自身の主観的判断をできるだけ排除できるようになったことにより，財産目録が会社の経営状態を把握する上での重要な会計書類になったのである。したがって，商人が客観的基準である1673年商事王令に準拠して財産目録を作成するようになったことが，財産目録の作成結果に対する信頼性を高める役割を果たしたといえる。

　破産財産目録は，債権者からの信頼を得るために，商人自らが証明した財産有高と商行為を状態表という商業帳簿で提示したものである。状態表の中核的書類である財産目録も「商業帳簿の作成規定」に従って作成される。だからこそ，財産目録が客観的会計資料として，債権者からの信頼を得られるまでに至ったのである。さらに，商人は，破産時に商業帳簿を提出しなければ破産犯罪人として処罰された。よって，「商業帳簿の作成規定」に従って，登録簿および取引日記帳が作成されることになった。ここで，1673年商事王令における商業帳簿の作成を表で示すと，「表1-3　商業帳簿の作成」となる。

表1-3　商業帳簿の作成

作成過程	作成結果
物的属性：実質的正規性	なし
人的属性：なし	

1673年商事王令は，規定上，正規性に係わる直接的な条文を明示しなかった。ところが，商人は，財産目録が破産時の物的証拠として活用されるので，法律に準拠して当該目録を作成した。これは，実質的に正規性が法制化されていたことを示している。この意味で，本章で取り上げた1673年商事王令の基本原則である正規性は歴史的意義がある。

　なお，1673年商事王令は，商業帳簿の作成過程における人的属性について言及していなかった。また，その作成結果に係わる基本原則についても言及していなかった。

注　釈

(注1)　Roy de France et de Navarreは，1830年までフランス王国が名乗っていた名称である。

(注2)　中村宣一朗氏は，négocians を大規模商人，marchands を小規模商人と区別している。安藤英義氏は両者を特に使い分けていない。

第2章
1807年商法における真実性の確立
―正規性の条文化―

2-0 序　　論

　フランスの会計規則は，1673年3月にS. Germain en Laye（サン・ジェルマン・アン・レイ）で公布された商業に係わるフランス国王Louis（ルイ）14世王令（Ordonnance de Louis XIV. Roy de France et de Navarre, pour le Commerce. Donnée à S. Germain en Laye au mois de Mars 1673）（以下，1673年商事王令と略する）が制定されて以来，経済社会の発展変化を反映してたび重なる改正を経て今日に至っている。会計規則を定めるための指導的な役割を担っているのが，会計の基本原則である。したがって，基本原則の目的は，経済社会からの要請を受け入れることによって会計規則を形成することにある。そしてまた，経済社会を反映するかたちで，定められるという関係にある。その究極的な目的は，経済社会の変化を会計規則に反映させるところにある[注1]。

　1807年9月10日商法（Code de commmerce du 10 septembre 1807）（以下，1807年法と略する）[注2]を本章で取り上げる理由は，1807年商法が株式会社に係わる世界初の一般立法であることによる（森川［1978］p. 46）。また，1673年商事王令の基本原則が実質的に引き継がれたことによって，商業帳簿の真実性および正規性が明文化されたところに歴史的意義をもつからである。1673年商事王令における財産目録の機能は，通常時の経営管理機能と破産時の物的証拠機能に分けられていた。後者の機能を強調することによって，Ségur（セギュール）は，1673年商事王令を1807年商法に改正する理由をつぎのとおり示した（Ségur [1807] p. 44）。すなわち，商人による破産および破産犯罪の防止を強化すると

いう2つの理由からである。1つめの理由である破産については，商人が過度の支出などにより商人自身の営業状態が財産目録から危険であることを知り得る。慎重な配慮に欠けた投機によって債務者の財産を危険に晒したときに，1807年商法がこの商人を軽犯罪（punitions correctionnelles）として罰することになる。2つめの理由である破産犯罪について，商人が破産犯罪人として告訴されるのは，この商人が商業帳簿を正規に作成しなかったとき，または法律が定める手続きを満たしていなかったときである。

1807年商法における商業帳簿の作成目的は，裁判所が商行為の事実を証拠資料として認証するに耐えうるものを作成することにある。そして，この帳簿を作成するための基本原則が真実性および正規性である。まず，真実性は，商業帳簿の作成結果に係わる基本原則である。この原則は，法廷での証拠力のある商業帳簿を作成するための指導的役割を果たす。また，具体的な会計規則の制定過程に重大な影響を与える。他面において，真実性は，商業帳簿の作成過程において，具体的な会計規則の適用によって体現されるものである。つぎに，正規性は，商業帳簿の作成過程に係わる基本原則である。そこで，商人が経営活動の継続性を前提とする会計規則に準拠して商業帳簿を作成しても，破産時の真実性を満たし得ないとの指摘もある。ところが，1807年商法は，破産時の特別な会計処理規定を設けていない。よって，通常時と破産時を区別して基本原則の役割を論じる必要がなかったと解される。

Burlaud（ビルロー）*et. al.* は，基本原則と会計慣行の論理的関係についてつぎのように述べている（Burlaud *et. al.* [1998] p. 41）。すなわち，所与の前提として，経営活動の継続性および慎重性の原則は，会計慣行として定着している。だから，真実性および正規性との論理的結び付きを明らかにせずとも受け入れられている。ここでの会計慣行は，会計規則とは直接的な繋がりがなく，むしろ経営活動の基本的方針として倒産を前提としないという考え方，および経営者の基本的姿勢として危険を回避するという考え方との結び付きが強いと解される。

商業帳簿の特性は物的属性に大きく依存するが，それだけではなく人的属性にも依存する。ここでの物的属性とは，商業帳簿を作成するための会計規則の整備状態である。人的属性とは，会計規則を理解し，商業帳簿を作成する会計

人の信義と技能のことである。物的属性である商業帳簿の作成規定は，作成目的を実現するために制定される会計規則そのものであるがゆえに，その規則の特性は作成目的から推測できる。したがって，法廷での商業帳簿の証拠力は，会計規則が充分に整備されることだけに依存するのではない。同時に，人的属性である会計人の能力にも影響を受ける。会社の取引活動が複雑になれば会計規則も複雑になる。かつ，会計人には，複雑な会計規則を理解し適用できるだけのヨリ高度な専門能力が求められる。そこで，商業帳簿の特性は，会計規則の充実度だけではなく会計人の信義と技能の関連でも検討されなければならない。すなわち，1807年商法における商業帳簿の作成目的は，法廷での証拠力である。

会計人の専門能力には，個人の能力に応じて一定の幅がある。これは個人の技能水準に差異があることから生じるものである。この幅が証拠力に影響を与えると推定される。

本章の研究目的は，商業帳簿の作成目的という視点から，1807年商法の基本原則である真実性および正規性の役割を明らかにすることである。この検討に際しては，つぎのことがらが論点となる。

① 破産時の商業帳簿が真実であるためには，商人が会計規則に準拠して商業帳簿を作成しなければならない。
② 1673年商事王令では明文化されなかった基本原則が1807年商法では明文化されたけれども，実質的にその役割は変わらない。
③ 個々の会計人が同程度の熟練度までに達したとしても，会計人の能力には個人差が生じる。このことから，基本原則の適用においては，その許容範囲と見做される一定の幅が生じることになる。

2-1　1807年商法の概要

2-1-1　商業帳簿の作成規定

1807年商法は4巻648カ条から成り立っている。これは，第Ⅰ巻第Ⅱ篇「商業帳簿（Des livres de commerce）」において，1673年商事王令の商業帳簿規定を実質的に引き継ぐことによって，10カ条から成り立っている（安藤［1985］p.

21)。1673年商事王令は商人主義に立脚している。これに対して，1807年商法は商行為主義に立脚し，新たに客観主義を導入した。この導入によって，1807年商法が商行為（acte de commerce）という概念を据え，商人，非商人を問わず，等しくその適用を受けるという立場を表明した（森川［1978］p. 42）。このことは，1789年のフランス革命により，ギルド仲間という商人階級が消滅したことにも由来する（滝沢［2001］p. 80）。ここで，1807年商法が定める商業帳簿の作成に係わる条文を示すと，つぎのとおりである（Code［1807］pp. 3-5）。

第 8 条　［商業帳簿の作成］

　　すべての商人（tout commerçant）は取引日記帳（livre-journal）を備える。取引日記帳には，毎日，債権・債務，商業や卸売業の取引，手形の引受けまたは裏書が記載される。しかも，通常，科目（titre）の重要性を問わず，商人の収支に係わるすべての科目が記載される。また，取引日記帳には，月々，家事費用（dépense de sa maison）に充てられた額が記載される。商業上，使用されるその他の帳簿は，取引日記帳から完全に独立しているが必要不可欠な帳簿ではない。

第 9 条　［財産目録の作成］

　　私署財産目録には，毎年，動産と不動産および債権と債務が記載される。しかも，年毎に，財産目録を一束に纏める目的で特定の登録簿（registre）にこれを控える。

第10条　［財産目録の締切］

　　取引日記帳および財産目録には，年に一度，花押および検印が付される。信書控帳（le livre de copies de lettres）は，この手続きに従う必要がない。いかなる帳簿も，日付順に，空白や欠落がなく，外への持ち出しが禁止され保管される。

第11条　［商業帳簿の保管期間］

　　上記第 8 条および第 9 条に基づき作成が義務づけられる帳簿には，商事裁判官の 1 人または市町村長もしくは助役により，民事の手続きに従い無料で丁数が付され，花押および検印が付される。商人には，これらの帳簿を10年間保管する義務がある。

第12条　［商業帳簿の正規性］

　　商業帳簿は，正規に作成されていれば，商人間での商行為の証拠として裁判官

によって認められ得る。

第13条　［商業帳簿の作成手続］
　商業を営む個人に作成が義務づけられている帳簿は，前条で定めた手続きに従っていなければ，裁判所での証拠として扱われない。しかも，帳簿を作成した個人の利益として提示されても認められないこともある。このことは，「破産および破産犯罪」の巻への準拠を侵害するものではない。

第14条　［帳簿・財産目録の提出］
　帳簿および財産目録は，会社の相続，財産共有，分割の訴訟事件，および破産の場合以外には，裁判所においてその提出を請求されるものではない。

第15条　［帳簿の提示］
　訴訟中における帳簿の提示は，裁判官から争点に関する部分を抜粋するために，職責上請求されることはない。

　1807年商法は，すべての商人に「取引日記帳を備える。」(同法第8条) として，商業帳簿の作成を義務づけた。義務づけられる商業帳簿は，単式 (en partie simple) ないしは複式 (en partie double) によって作成される (Alauzet [1868] p. 108)。複式は偶発的誤謬の放置を許さない。だから，商業状態と成果に関してヨリ正確に表示できるという利点がある。この点に関して，単式は複式よりも劣る。けれども，単式を定期的に活用しているならば非難の対象とはならない。

　当時では，多くの商人が取引日記帳，信書控帳および財産目録を作成していた (Alauzet [1868] p. 108)。これらの主要簿以外の帳簿は，商業の特殊性に応じて補助簿の名称で作成していた。補助簿の中で最も重要なのが元帳 (grand-livre) である (Alauzet [1868] p. 108)。このことは，元帳が当時の主要簿として位置付づけられておらず，商法上，補助簿として取り扱われていたことを意味する。Alauzet (アロゼ) によると，元帳は，現金帳 (livre de caisse)，支払手形帳 (livre d'échéance)，為替手形帳 (livre des trites ou billets)，当座帳 (brouillard) と結び付いた要約表となる (Alauzet [1868] p. 108)。すなわち，元帳は，項目に対応することによって商人間の取引の要約表となる。これによって，債務者ないしは債権者であることが一目瞭然となる。それに加えて「家事費用に充てら

れた額」(同法第8条)も記載すべきものとして，私用に充てられた支出も含まれていた。なぜなら，破産犯罪の防止のためには，私用の財産状態も明らかにする必要があったからである。

　1673年商事王令と比較すると，「私署財産目録には，毎年，動産と不動産および債権と債務が記載される。」(同法第9条)と定めた。また，財産目録の作成対象については，「小売商人」から「すべての商人」へと拡張した。さらに，作成期間については，「半年」から「1年」へと延長して財産状態を表示することを義務づけた。

　コンセイユ・デタ (Conseil d'Etat：行政最高裁判所と訳せる) は，財産目録が毎年作成されることを定めた (Alauzet [1868] p.108)。すなわち，法律上の財産目録は，可能な限り完全な方法で，商人の真実な財務状態 (véritable situation financière du commerçant) を表示しなければならないこととした (Alauzet [1868] p.111)。また，破毀院 (Cour de cassation) は，財産目録をもってして単に商品の物理的存在を確認するだけではなく，市場価値 (valeur vénale) をも確認すべきであると判断した。なぜなら，市場価値が不当に過大表示されると，財産目録には偽造 (faux) されたものが含まれることになるからである。

　商業帳簿の作成規則 (règle de la tenue des livres) は，すべての商人に強制されるものである (Alauzet [1868] p. 114)。取引日記帳には，ある商品に係わる支払いが実施されるたびに，その取引日で余白を置かずに記載される。また，誤謬が明らかになったときには，誤謬を発見した日の日付で修正されなければならない。抹消して書き改めたり，行間への書き込みはできない。

　取引日記帳に署名されず，花押されず，丁数されなくても，商人が破産したときには，これらの欠如をもってして詐欺 (fraude) とは見做されない (Alauzet [1868] p. 115)。これは，法律によって定められた手続き (formalité) への遵守に対する商人の不注意 (négligence) と判断される。ただし，この不注意が許されるのは，商人の善意 (bonne foi) があるときに限られる。

　第12条［商業帳簿の正規性］は，商業帳簿が正規に作成されているという条件のもとで，商人間での商行為に係わる訴訟 (contestations) にのみ適用される。すなわち，正規な商業帳簿は，商行為に係わる商人間での証拠として裁判官によって認められる。ただし，商業帳簿は，証拠として強制的に受理される

ものではない。なぜなら，被告人としての商人は，反対証拠を提示する権利を常に有するからである（Alauzet［1868］p. 126）。

第13条［商業帳簿の作成手続］では，不正規な商業帳簿はいかなる場合でも第三者に対して役に立たず，立証の端緒（commencement de preuve）とさえもなり得ないと定めた（Alauzet［1868］p. 130）。これに対する批判として，ドイツ商法第35条は，不正規な商業帳簿でも不正規性の内容を認めた上で，その範囲内での法廷の信用性を得ることができると定めた。したがって，不正規な商業帳簿は，無条件で法的効力を失うものではない。相対的に有効となる。もっとも，不正規性は，第三者によってのみ指摘されるもので，双務取引のある社員間での指摘では過失（faute）となる（Alauzet［1868］p. 132）。例えば，双務取引の当事者として，同じ取引事実の記載が商人間で合意されたとしても，商業帳簿が正規であると断定できない。この場合，商業帳簿は法廷での証拠として援用できなくなる。

2-1-2 会社の設立規定

1807年商法は，第Ⅰ巻第Ⅲ篇「会社（Des sociétés）」において，1673年商事王令が認めた合名会社および合資会社の創立に加えて，初めて株式会社の設立を認めた。これは，株式会社に係わる世界初の一般立法である（大隅［1971］pp. 51-52）。そして，同法での会社規定は，1966年商事会社法第505条の新設により削除されたものの，約160年にわたって株式会社創立の拠り所とされた。ここで，1807年商法が定める株式会社に係わる条文を示すと，つぎのとおりである（Code［1807］pp. 7-10）。

第19条　［会社形態］
　本法は，つぎの3つの形態からなる商事会社を認める。すなわち，合名会社（société en nom collectif），合資会社（société en commandite）および株式会社（société anonyme）である。

第23条　［無限責任社員と有限責任社員］
① 合資会社は，1人または複数の連帯責任社員と1人または複数の単なる出資者としての社員との間における契約によって成り立つ。後者の社員は有限責任

社員（commanditaire）ないしは合資社員（associé en commandite）と呼ばれる。
② 合資会社は社号のもとで運営される。その社号は，必然的に1人または複数の連帯責任社員の名称でなければならない。

第26条　［有限責任］

有限責任社員（associé commanditaire）は，会社に拠出したかもしくは拠出しなければならなかった額を超えて損失を被ることがない。

第32条　［経営責任］

取締役（administrateurs）は，受託した資金の運用以外の責任を取らない。経営者は，経営上の理由から，会社債務に係わるいかなる個人的責任も負わなければ連帯責任も負わない。

第33条　［社員責任］

社員は，会社持分額内での損失以外の損失を負わない。

第34条　［株式会社株式の均等区分］

株式会社の資本は，株式として区分するだけではなく1株当りの価値が等しい株券として均等区分する。

第37条　［株式会社の創立］

株式会社は，国王の許可（autorisation du Roi）なしには存在せず，株式会社を創立する証書についても国王の承認（approbation）なしには存在しない。この承認は，行政機関の規定で定められた様式に基づいて与えられなければならない。

第38条　［合資会社株式の均等区分］

合資会社の資本は，会社の種類に対して定められる規則から離脱することなく，同様に株式として区分できる。

　株式合資会社（société en commandite par actions）は，1673年商事王令が創立を認めた合資会社の後身である。だから，株式合資会社と合資会社では，会社構成員の視点からは本質的に変わらない。すなわち，合資会社の構成員は，無限責任社員および有限責任社員の2つの社員群から構成される。同様に株式合資会社も2つの社員群から構成される。ところが，合資会社は人的会社であるから，その有限責任社員が所有する持分は容易には譲渡できない。けれども，株式合資会社は物的会社であるから，その有限責任社員が所有する株式は自由に

表 2-1-1　会社形態の比較

	1673年商事王令	1807年商法
人的会社	合名会社 合資会社	合名会社 合資会社
物的会社		株式合資会社 株式会社

譲渡できる（中村他［1996］p. 277）。ここで，1673年商事王令の会社形態と1807年商法の会社形態の比較を表で示すと，「表2-1-1　会社形態の比較」となる。

株式の自由譲渡という視点からは，株式合資会社と株式会社は同じである。ところが，会社の創立規定という視点からは異なっていた（Juglart *et. al.*［1982］p. 1039）。すなわち，株式合資会社は自由創立が認められたので，大事業が迅速に台頭してきた。その反面，憂慮すべき不幸・災難，混乱，破滅を引き起こした（山本［1969］p. 23）。これに対して，株式会社の創立には国王の許可が必要であった（1807年商法第37条）[注3]。そして，社員には「会社持分額内での損失以外の損失を負わない。」（同法第33条）として，株主の有限責任を明示した。さらに，株式会社の資本は，「1株当りの価値が等しい株券として均等区分する。」（同法第34条）として，資本を株式として均等区分することを指示した。このことが株式会社の基本的な特徴となる。ここで，株式合資会社と株式会社の比較を表で示すと，「表2-1-2　株式合資会社と株式会社の比較」となる。

表 2-1-2　株式合資会社と株式会社の比較

	株式合資会社	株式会社
株式の自由譲渡	自由譲渡	自由譲渡
会社の設立規定	自由設立	国王許可

2-2　正規性と真実性の規定

1807年商法は，第Ⅲ巻「破産および破産犯罪（Des faillites et des banqueroutes）」において初めて貸借対照表の作成を定めた[注4]。破産状態ないしは破産犯罪による被害状況を把握するために，1807年商法は，貸借対照表を作成する手続き

および作成される貸借対照表の表示能力を定めた。前者の手続きについては，第12条［商業帳簿の正規性］および第13条［商業帳簿の作成手続］で定められている。後者の表示能力については，第470条［貸借対照表の作成］，第471条［貸借対照表の真実性］および第594条［破産犯罪人の起訴］で定められている。ここで，貸借対照表の作成手続および表示能力に係わる規定を示すと，つぎのとおりである（Code［1807］p. 147, p. 186）。

第470条 ［貸借対照表の作成］

破産人は，破産宣告前に貸借対照表ないしは取引消極側・積極側状態表（état passif et actif de ses affaires）を作成し，自ら保管することを要する。破産人は，貸借対照表ないしは取引状態表を官吏（agents）が作業開始してから24時間以内に担当官吏に引き渡すことを要する。

第471条 ［貸借対照表の真実性］

貸借対照表には，債務者（débiteur）によって所有される動産の項目とその評価額および不動産の項目とその評価額が記載されなければならない。また，当該対照表には，債権・債務状態表（état des dettes actives et passives），損益計算表（tableau des profits et pertes），支出表（tableau des dépenses）が含まれなければならない。貸借対照表は，債務者によって真実であること（véritable）が認証され，日付が付され，そして署名されなければならない。

第594条 ［破産犯罪人の起訴］

破産犯罪人として起訴できるのは，つぎのことが明らかにされ得るときである。すなわち，破産人が帳簿を保管していないか，もしくは帳簿が積極側および消極側についての真実な状態（véritable situation active et passive）を示していないときである。なお，破産人が免責（sauf-conduit）を得ているならば，法廷には呼び出されない。

1807年商法において，初めて貸借対照表の作成が定められた（同法第470条）。商人が破産をもって債務者となると，破産時に作成される貸借対照表（以下，破産貸借対照表と称する）は，債務者の営業に係わる積極側と消極側の状態表となる。この資料によって，破産した原因，破産状況が明らかになる（Alauzet［1867］p. 25）。というのも，この資料には，債務者が所有するすべての流動

財・非流動財の項目と金額が記載されるからである。それらだけではなく，積極側・消極側の負債状態を示す債権・債務状態表，財産目録，損益計算表，支出表も含まれる。とりわけ，財産目録については，完全で正確なものが求められた。すなわち，財産目録は単に営業状態を表示しただけではなく，商人が所有するすべての資産（tout l'actif du commerçant）を計上した。その価額は，市場価値で示されることとされていた（Alauzet [1868] p. 92）。

破産貸借対照表は，帳簿組織を前提とせずに，商人の積極側項目・消極側項目の一定時における状態表である限り，財産目録の要約表であると解される。損益計算表は，貸借対照表から独立した計算書としての位置を確立していなかった。単に資本の部の内訳明細表として機能するのみであった[注5]。

また，債務者は，自ら貸借対照表が真実であることを認証しなければならない（1807年商法第471条）。ここでは，貸借対照表が財産目録の要約表と位置づけられていた。だから，財産目録の真実性を明らかにすれば，貸借対照表の真実性を明らかにしたことになる。そこにおいて真実性が満たされるためには，財産目録が法廷での証拠資料として認められなければならない。その証拠能力は，物的属性と人的属性に依存する。前者の物的属性は，当時の会計慣行に準拠して財産目録を作成していれば満たされる。後者の人的属性は，会計人に善意があることにより満たされる。すなわち，たとえ正規な財産目録でなくとも，会計人に善意があれば破産時での詐欺（fraude）とは見做されず，法廷での証拠資料として認められることになる（Alauzet [1868] p. 115）。

破産貸借対照表は，破産時に積極側項目と消極側項目の内容・金額を検証する。締め切られていない勘定があれば，それらの勘定処理によって変わってくる。そこで，破産貸借対照表の修正を認める見解と認めない見解に分かれることになる（Alauzet [1867] p. 25）。Pardessus（パルドゥス）は，前者の見地から破産人だからといって善意がないとは断定できず，破産貸借対照表を修正することによって，破産人の債務状態が明らかになるとされる。これに対して，Bédarride（ベタリッドゥ）は，後者の見解に依拠して，破産人に誤謬の修正を認めると破産人が邪心を持つ可能性もあるとの理由から，破産貸借対照表を修正しなくても債務状態表を検証できるとした。また，債務状態表に欠落があったとしても，債権者に何ら不利益を及ぼすものではないとした。

さらには，貸借対照表が積極側財産および消極側財産についての真実な状態を表していないならば，商人は破産犯罪人として起訴され得る（同法第594条）。言い換えれば，貸借対照表が財産状態の真実性を満たしていれば，商人は破産犯罪人として起訴されることから免れる。したがって，真実性には破産犯罪を未然に防ぐ効果があるともいえる。また，真実な貸借対照表は，会計規則に準拠して作成することにより得られる。このことは，「商業帳簿は，正規に作成されていなければならない。」という規定（同法第12条）によって明らかになる。したがって，商業帳簿において最も重要な計算書である貸借対照表が正規であるならば，真実な状態を表すことになる。なお，ここでの会計規則は当時の会計慣行と推定される。

2-3 正規性と真実性の関係

真実性は，正規性の遵守によって体現される。すなわち，商人が商行為の事実を当時の会計慣行である会計規則に従って記録し商業帳簿を作成すれば，その帳簿は会社財産の真実性を表すことになる。したがって，正規性は真実性を支える原則であるといえる。すなわち，両原則の関係は，会計規則の充実度 (m) を介在して説明することによって，ヨリ明らかになる。ここでの充実度 (m) とは，会計規定が法律として，また商慣習として整備されている度合を意味する。そこで，充実度 (m) と正規性 (r) の関係を関数 $f(m)$ で説明すると，つぎのとおりになる。すなわち，まず会計規則の充実度 (m) を 0～100 までを正規化して区分表示する。0 は会計規則が全く存在しない状態を示す。反対に，100は会計規則が完全に整備された状態を示す。つぎに，正規性 (r) も 0～100 までを正規化して区分表示する。0 は会計規則に全く準拠しない状態を示し，反対に100は会計規則に完全に準拠する状態を示す。

-会計規則の充実度 (m) と正規性 (r) の関数 $f(m)$：

$0 \leq f(m) \leq 100 \quad m_1 \leq m_2$ のとき

$$f(m_1) \leq f(m_2) \cdots\cdots\cdots\cdots\cdots\cdots\cdots\cdots\cdots\cdots ①$$

$$f\{\lambda m_1 + (1-\lambda) m_2\} \leq \lambda f(m_1) + (1-\lambda) f(m_2) \cdots\cdots ②$$

但し $\lambda \in (0, 1)$

①式で示したとおり，$f(m)$ は，会計規則の充実度 (m) が上昇すれば，会計規則に準拠する度合が上昇する関数である。すなわち，ヨリ会計規則が整備されれば，ヨリ会計基準への準拠性が高まる関係を示す。また，②式で示したとおり，$f(m)$ は，0 からある点までの間，充実度 (m) の上昇率が正規性 (r) の上昇率を上回るけれども，ある点から100までの間は反対に下回る。すなわち，会計規則が整備される度合が高まるほどには，会計規則への準拠性が高まらない関係を示す。ここで，$f(m)$ を図で示すと，「図2-3-1 会計規則の充実度 (m) と正規性 (r) の関係」となる。会計規則の充実度 (m) がある点 (m_e) に達すると，正規性 (r) は (r_e) の点に位置づけられる。両者の交点は (R_e) となる。

-正規性 (r) と真実性 (v) の関数 $f(r)$：

　　$0 \leq f(r) \leq 100$　$r_1 \leq r_2$ のとき

図 2-3-1　会計規則の充実度 (m) と正規性 (r) の関係

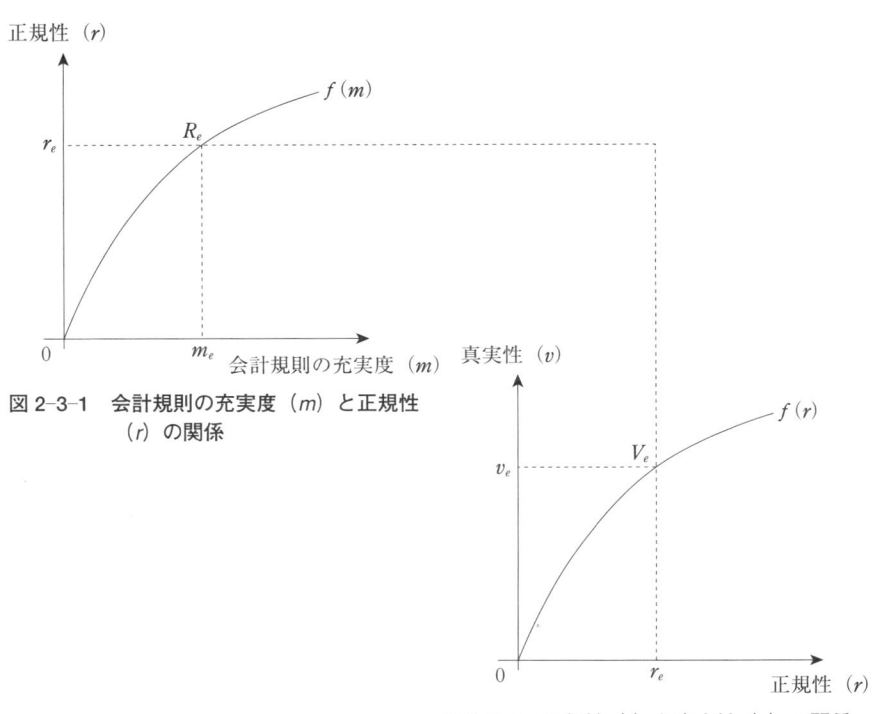

図 2-3-2　正規性 (r) と真実性 (v) の関係

$$f(r_1) \leq f(r_2) \quad \cdots\cdots\cdots\cdots\cdots\cdots\cdots\cdots\cdots\cdots\cdots\cdots ③$$
$$f\{\lambda r_1 + (1-\lambda) r_2\} \leq \lambda f(r_1) + (1-\lambda) f(r_2) \cdots\cdots ④$$

但し $\lambda \in (0, 1)$

③式で示したとおり，$f(r)$ は，ヨリ会計規則への準拠性が高くなれば，ヨリ会社財産の真実な状態が明らかになる関係を示す。また，④式で示したとおり，$f(r)$ は，会計規則の準拠性の度合が高くなるほどには，会社財産の真実な状態が明らかにならない関係を示す。ここで，$f(r)$ を「図2-3-2　正規性 (r) と真実性 (v) の関係」で示すと，上述のとおりになる。正規性の位置 (r_e) は，会計規則の充実度 (m) との関係で決まる。よって，真実性 (v) は，自動的に (v_e) の点に位置づけられる。両者の交点は (V_e) となる。

2-4　会計規則の充実度と理解度の関係

経済取引形態の多様化にともない，会計規則の充実度 (m) がヨリ一層求められる。また，会計人による会計規則の理解度 (c) がヨリ重要となってくる。ここでの理解度 (c) とは，商業帳簿を作成するときに必要な会計規則を理解し，適用できるだけの会計人の判断能力である。会計規則の充実度 (m) と理解度 (c) の関係は，前者の充実度 (m) が上昇すれば，後者の理解度 (c) が下降することを示す。ただし，上昇率は逓減していく。ここで，両者の関係を関数 $g(m)$ で表すとつぎのとおりになる。

－会計規則の充実度 (m) と会計規則の理解度 (c) の関数 $g(m)$：

$0 \leq g(m) \leq 100 \quad m_1 \leq m_2$ のとき

$$g(m_1) \leq g(m_2) \quad \cdots\cdots\cdots\cdots\cdots\cdots\cdots\cdots\cdots\cdots ⑤$$
$$g\{\lambda m_1 + (1-\lambda) m_2\} \leq \lambda g(m_1) + (1-\lambda) g(m_2) \cdots\cdots ⑥$$

但し $\lambda \in (0, 1)$

⑤式で示したとおり，$g(m)$ は，会計規則の充実度 (m) が上昇すれば，会計規則の理解度 (c) が強く求められる関係を示している。また，⑥式で示したとおり，$g(m)$ は，0 からある点までの間，充実度 (m) が上昇する。ある点から100までの間は反対に下回る。

ところが，会計規則の理解度 (c) は，会計人の学識，職歴などの熟練度 (p)

に応じて変動する。会計規則の理解度（c）と会計人の熟練度（p）の関係は，後者の熟練度（c）が上昇すれば，前者の理解度（c）も上昇することを示す。ここで，両者の関係を関数 $h(p)$ で表すとつぎのとおりになる。

―会計人の熟練度（p）と会計規則の理解度（c）の関係 $h(p)$：

$0 \leq h(p) \leq 100 \quad p_1 \leq p_2$ のとき

$$h(p_1) \leq h(p_2) \cdots\cdots\cdots\cdots\cdots\cdots\cdots\cdots\cdots ⑦$$

$$h\{\lambda p_1 + (1-\lambda)p_2\} \leq \lambda h(p_1) + (1-\lambda) h(p_2) \cdots\cdots ⑧$$

但し　$\lambda \in (0, 1)$

⑦式で示したとおり，$h(p)$ は，会計人の熟練度（p）が上昇すれば，会計規則の理解度（c）が上昇する関係を示している。また，⑧式で示したとおり，$h(p)$ は，0 からある点までの間，熟練度（p）の上昇率が理解度（c）の上昇率を上回る。けれども，ある点から100までの間は反対に下回る。また，同程度の熟練度（p）に達していても，会計人によって個人差が生じる。よって，会計規則の理解度（c）が異なってくる。この理解度の幅は，下限値の関数 $\{h_{min}(p)\}$ と上限値の関数 $\{h_{max}(p)\}$ によって示される。ここで，個々の会計人が同程度の熟練度に達したと見做されたある点（p_e）において，個人差によって生じた理解度の幅がその下限値と上限値との幅 $[c_{min}, c_{max}]$ によって示される。

くわえて，会計規則の充実度（m）が上昇すれば，会計人の熟練度（p）も上昇する関係にある。この関係を関数 $k(m)$ と示すとつぎのとおりになる。

―会計規則の充実度（m）と会計人の熟練度（p）の関係 $k(m)$：

$0 \leq k(m) \leq 100 \quad m_1 \leq m_2$ のとき

$$k(m_1) \leq k(m_2) \cdots\cdots\cdots\cdots\cdots\cdots\cdots\cdots\cdots ⑨$$

$$k\{\lambda m_1 + (1-\lambda)m_2\} \leq \lambda k(m_1) + (1-\lambda) k(m_2) \cdots\cdots ⑩$$

但し　$\lambda \in (0, 1)$

⑨式で示したとおり，$k(m)$ は，会計規則の充実度（m）が上昇すれば，会計人の熟練度（p）が上昇する関係を示している。また，⑩式で示したとおり，$k(m)$ は，0 からある点までの間，充実度（m）の上昇率が熟練度（p）の上昇率を上回る。けれども，ある点から100までの間は反対に下回る。会計規則の充実度（m）がある点（m_e）に達すると，熟練度（p）は（m_e）の点に位置づけら

れる。両者の交点は (M_e) となる。ここで，$g(m)$，$h(p)$ および $k(m)$ を図で示すと，「図2-4-1 会計規則の充実度 (m)，会計規則の理解度 (c) および会計人の熟練度 (p) の関係」となる。

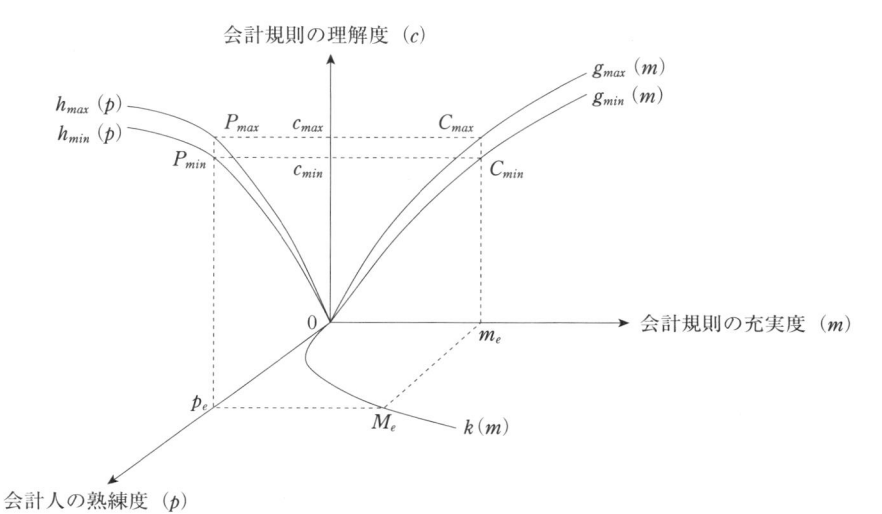

図 2-4-1 会計規則の充実度(m)，会計規則の理解度(c) および会計人の熟練度(p) の関係

ここで明らかにされたことは，正規性 (r) には関数 $f(m)$ 上のある点 (R_e) に対して一定の幅があることである。なぜなら，会計人の熟練度 (p) が同程度 (p_e) であっても，会計規則の理解度 (c) には幅 $[c_{min}, c_{max}]$ が生じるからである。この幅 $[c_{min}, c_{max}]$ が正規性 (r) に幅 $[r_{min}, r_{max}]$ を与えることになる。このことを図で示すと，「図2-4-2 会計規則の充実度 (m) と正規性 (r) の関係」となる。ところが，正規性の幅 $[r_{min}, r_{max}]$ の範囲内であれば，真実性の度合が一定 (v_e) であることを示す。このことを図で示すと，「図2-4-3 正規性 (r) と真実性 (v) の関係」となる。

貸借対照表が真実であれば，裁判所で商行為の事実として認証しうる証拠資料として採用される（1807年商法第471条）。ところが，真実性を支える正規性には会計人の職能によって幅 $[r_{min}, r_{max}]$ が生じる。この幅の範囲内であれば，真実性があると認められる。裁判所では，許容範囲の真実性を満たした貸借対照

図 2-4-2　会計規則の充実度（m）と正規性（r）の関係

図 2-4-3　正規性（r）と真実性（v）の関係

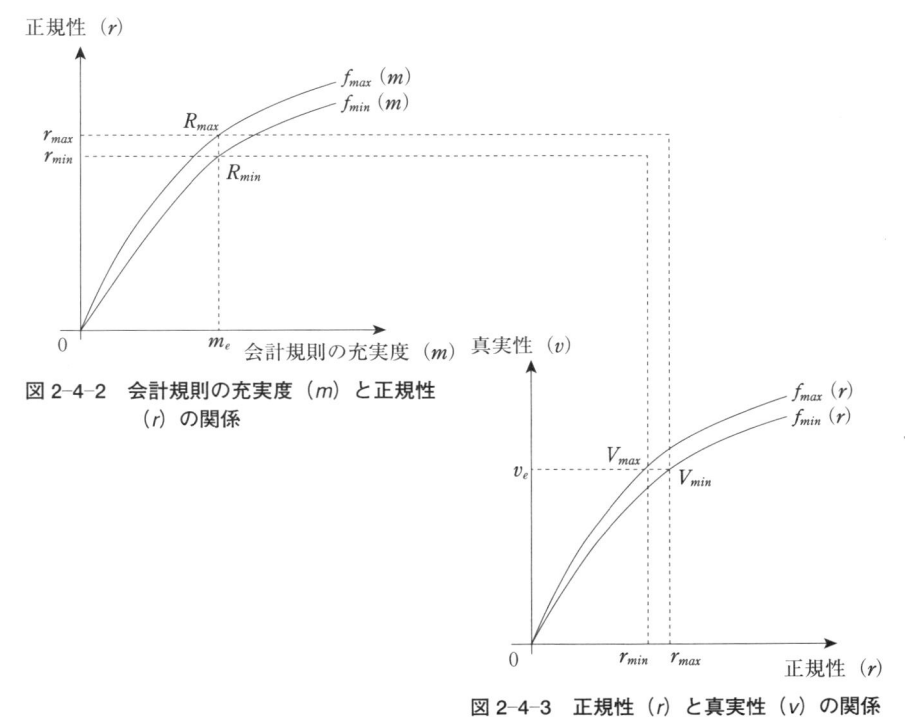

表が法廷での証拠資料として採用されることになる。

2-5　結　　論

　以上，商業帳簿の作成目的という視点から，1807年商法の基本原則である真実性および正規性の役割を明らかにしてきた。また，個々の会計人が同程度の熟練度までに達したとしても，会計人の職能には個人差が生じる。だから，基本原則には，その許容範囲としての一定の幅が生じる仕組みを明らかにしてきた。真実性には，破産貸借対照表が真実であるならば，商人が破産犯罪人として起訴されることから免れるという役割がある。この役割を支える条件が，会計規則の準拠性，すなわち，正規性である。この正規性には，商人が当時の会

計慣行に準拠して商業帳簿を作成していれば，この帳簿を裁判所で商行為の事実として認証するという役割がある。また，正規性の遵守によって真実性が実現される。したがって，商人が当時の会計慣行に準拠して破産貸借対照表を作成すれば，この対照表の真実性が保たれることになる。つまり，当該対照表に法廷での証拠力が与えられるといえる。

ところが，正規性には，会計人としての個々の専門能力に応じて一定の幅が生じることになる。たとえ会計規則の充実度が同程度であったとしても，会計規則の理解度には一定の幅が生じることになる。この幅が真実性にも一定の幅を生じさせることなる。結果的に，正規性の許容範囲内として認められる一定の幅の範囲内であれば，真実性の度合にも一定の幅が生じることになる。そこで，法廷での証拠力にも一定の幅が生じることになる。ここで，1807年商法における商業帳簿の作成について表で示すと，「表2-5　商業帳簿の作成」となる。

表 2-5　商業帳簿の作成

作成過程	作成結果
物的属性：正規性	真実性
人的属性：なし	

1673年商事王令を改正し，1807年商法を定めた理由は，破産および破産犯罪の防止を強化することであった。このことは，商人が債務者として商行為を第三者である債権者に説明できるように求めたことである。そこで，破産時の商業帳簿がヨリ重要になった。1673年商事王令は，破産時の商業帳簿として状態表の作成を定めた。これは破産財産目録のことである。1807年商法は，破産時の商業帳簿として破産貸借対照表の作成を定めた。これは財産目録の要約表のことである。破産財産目録から破産貸借対照表への移行にともない，後者の真実性が要請された。この要請を満たすための条件が正規性である。すなわち，正規な破産貸借対照表は真実であると言明できることになった。

本章では1807年商法の基本原則を検討し，その結果として，人的属性が物的属性に与える影響が存在することを制度上，初めて明らかにした。このことは，会計人の信義と技能の関係が1807年商法に内在していたことを示したものとして，歴史的な意義がある。

注　釈

(注1) フランス法は，2つの重要な事件（1789年革命と1804年民法典の編纂）を基軸にして，古法，中間法および近代法という，つぎの3つに時代区分される（滝沢［2001］p.17）。

　　　　第Ⅰ区分　古　法　紀元1世紀〜1789年
　　　　第Ⅱ区分　中間法　1789年〜1804年
　　　　第Ⅲ区分　近代法　1804年〜現在

　　古法は，ローマ法，ゲルマン法および教会法が相互に影響し合い混ざり合って，フランス固有の法として形成されていった。中間法は形式的にも内容的にもその様相が一変された。形式面では地域的な不文の慣習法が支配する状況から，全国画一的で制定法が規律する法体系が形成され，内容面では絶対王政と封建的社会体制を支えてきた法から，近代市民法体系へと転換された。近代法は，中間法の成果を基本的に維持しつつ，発展・修正してゆく。

(注2) Napoléon五法典として，民法典（Code civil des français, 1804），民事訴訟法典（Code de procédure civile, 1806），治罪法典（Code d'instruction criminelle, 1808），刑法典（Code pénal, 1810）が制定された（滝沢［2001］p.17）。Napoléon五法典の編纂は，慣習法主義に伴う法源の内容の多様性と不確実性を一掃した。これにより，予測可能性と法的安定性が格段に向上した。

(注3) 1807年商法は，株式会社の特質である株主有限責任制から生ずる弊害を防止するという配慮から，創立許可主義を採用した。このために，実際には株式会社はあまり普及せず，むしろ創立の自由が保証された株式合資会社が好んで利用された。なお，1867年には株式会社も株式合資会社と同様に自由創立が認められるようになった。

(注4) 1673年商事王令第3章第8条の'inventaire'は「財産目録」と訳される。この王令の起草者であるJ.Savaryによると貸借対照表も財産目録に含まれるものと解釈されていた。ところが，規定上，bilanという用語が初めて使われたのは1807年商法のときである。

(注5) 1867年会社法は，損益計算書を貸借対照表から独立した計算書として作成する旨，定めた。

第3章
1867年会社法における不正確性の確立
──真実性から正確性への移行──

3-0 序　　論

　1867年7月24日に株式組織会社に係わる法律が制定された（Loi du 24 Juillet 1867 sur les sociétés par actions）（以下，1867年会社法と略する）。これは，1807年商法第Ⅰ巻第Ⅲ篇「会社（Des sociétés）」の規定（第18条～第64条）を株式合資会社（sociétés en commandite par actions）の規定と株式会社（sociétés anonymes）の規定に分けて書き改められたものである。このことを図で示すと，「図3-0　株式組織会社」となる。

```
株式組織会社 ┬─ 株式合資会社（第1条～第20条）
            └─ 株式会社（第21条～第47条）
```
図3-0　株式組織会社

　株式会社の設立については，許可主義を廃止し準則主義を導入した（安藤［1985］p. 21）[注1]。この準則主義の導入により，1867年会社法では，債権者および一般株主を保護するための規定が設けられた。上述のとおり改正された会社法は，株式組織会社に係わる規定が当初67カ条からなる。フランスにおいては，最初の単行法としての会社法である（早稲田［1971］p. 4）。

　1867年会社法は，組織的な帳簿記録を前提とした財務計算書類の作成を要請していた。これらの計算書類には，財産目録，貸借対照表および損益計算書が含まれる。とりわけ，帳簿組織からの誘導法により作成される決算時の貸借対照表（以下，決算貸借対照表と称する）が重要となる。なぜなら，決算貸借対照表が経営者の経営行為を会社外部の債権者や一般株主に説明できるような計算書

として作成されたからである。また，損益計算書は，決算貸借対照表における資本の部の内訳明細書として配当可能利益計算の原因と結果を明らかにした。

1867年会社法が1807年商法の「正規性」を「不正規性の違反」と改めたのは，物的属性である会計規則の複雑化によるもの，および人的属性である会計人の処理能力によるものである。これは，財務計算書類を作成するにあたり，実地棚卸から組織的な帳簿記録への移行にともなう複雑化にある（森川［1978］p. 105）。また，1867年会社法が1807年の「真実性」を「不正確性の違反」と改めたのは，正確性の概念が，表現上，いかなる微妙な差異をも排除する厳密性と結び付くからである（Goré［1973］p. 170）。この改正は，真実性の内容をヨリ限定したものと解される。

本章の研究目的は，財務計算書類の作成目的という視点から，1867年会社法の基本原則である「不正規性の違反」および「不正確性の違反」の役割を明らかにすることである。この検討に際しては，つぎのことがらが論点となる。

① 組織的な帳簿記録を前提とした決算時の財務計算書類が正確であるためには，経営者が会計規則に準拠して財務計算書類を作成するだけではなく，会計規則の厳格な適用が求められている。
② 1807年商法の「正規性」と「真実性」が1867年会社法の「不正規性の違反」と「不正確性の違反」へと改められた理由がある。
③ 会計人の能力には個人差が生じることを考慮して，「正規性」とせずに「不正規性の違反」と改められた理由がある。

3-1　1867年会社法の概要

ここで，1867年会社法が定める株式会社に係わる条文を挙げると，つぎのとおりである（Code［1921］pp. 27-32）。

第21条　［株式会社の創立］
① 株式会社（sociétés anonymes）は，将来，政府の許可なしでも創立できるようになる。
② 株式会社は，社員の人数に拘わらず，重複原本での私署による証書によって

創立できるようになる。

③　株式会社は，商法第29条，第30条，第32条，第33条，第34条および第36条の規定，ならびに本篇の規定に従う。

第34条　[財務計算書類の作成]

①　すべての株式会社は，半年ごとにその積極側と消極側の状態（situation active et passive）に係わる要約状態表（état sommaire）を作成しなければならない。

②　この状態表は，監査人の利用に供される。

③　くわえて，会社の動産と不動産およびすべての債権と債務（dettes actives et passives）の表示を含む財産目録は，商法第9条に従って毎年作成される。

④　財産目録，貸借対照表および損益計算書（compte des profits et pertes）は，総会の少なくとも40日前に監査人の利用に供される。これらは株主総会に提出される。

第35条　[株主の権利]

①　総会の招集の少なくとも40日前に，すべての株主は，会社の所在地において，財産目録および株主名簿を閲覧することができる。かつ，財産目録の要約たる貸借対照表および監査人報告書（rapport des commissaires）の写しを送付させることができる。

第36条　[法定積立金]

①　毎年の純利益（bénéfices nets）の中から少なくとも1/20を控除し，積立金（fonds de réserve）の設定に充てる。

②　この控除は，積立金が会社資本金（capital social）の1/10に達したときには義務でなくなる。

1867年会社法は，株式会社に対して，「半年ごとにその積極側と消極側の状態に係わる要約状態表」（同法第34条①）を作成することを義務づけた。くわえて，「会社の動産と不動産およびすべての債権と債務の表示を含む財産目録は，商法第9条に従って毎年作成される。」（同法第34条③）と定め，年度財産目録の作成を義務づけた。その作成方法については，「監査役会員は，毎年，総会で，財産目録において知り得た不正規性および不正確性を指摘しなければならな

い。」(同法第10条②)ことを要求した。さらに,「貸借対照表および損益計算書」(同法第34条④)の作成をも義務づけた。このことは,1867年会社法がフランス商法史上初めて決算貸借対照表の作成を義務づけたことを示すものである。さらに,損益計算書の作成をも要求した。このことは,会計規則の基礎に組織的な帳簿記録の算出機能としての複式簿記が予定されていることを意味する(森川[1978] p. 105)。

1867年会社法は,法定積立金について「毎年の純利益の中から少なくとも1/20を控除し,積立金の設定に充てる。」(同法第36条①)と定めた。ここで,利益を会社内部に留保させることにより,債権者を保護した。ただし,その上限として「積立金が会社資本金の1/10に達したとき」(同法第36条②)には,この義務が免除される。

配当可能利益計算については,1867年会社法第45条第③により第10条③に従うことが指示されている。すなわち,財産目録がない,または財産目録の成果以外で確認された場合には,株主に対して配当利益の返還請求ができる(同法第10条③)と定められた。それゆえ,財産目録を基礎にして計算された成果が配当可能利益となる。つまり,株主に対して返還請求できるのは,財産目録以外の計算書を基礎にした配当のみである。

3-2　不正規性の違反・不正確性の違反に係わる規定

1867年会社法第10条[監査役会員の職務]は,株式合資会社の規定において,監査役会員(membres du conseil de surveillance)は財産目録から知り得た不正規性および不正確性(irrégularités et inexactitudes)を株主総会に報告しなければならないことを定めた。また,同法第33条[監査人の権限]は,株式会社の規定において,監査人は会社取引を監査する権限を有することを定めた。ここで,監査に係わる条文を示すと,つぎのとおりである(Code [1921] p. 23, p. 31)。

第10条　[監査役会員の職務]
① 監査役会員は,会社の帳簿,現金,有価証券および資産価値を検証する。
② 監査役会員は,毎年,総会で財産目録において知り得た不正規性および不正

確性を指摘し，報告する。場合によっては，経営者によって提案された配当についての反対理由を調査し，報告する。

③ いかなる配当金の返還請求（répétition de dividendes）も株主に対して実施され得ない。但し，配当が財産目録の欠如または財産目録によって確認された成果以外で為されたときには，この限りではない。

④ 返還請求の行為は，その行為が始まったとき，配当金の配当日から5年で時効となる。

⑤ 時効は現行法の公布時に始まる。また，この時効については，引き続き旧法に従って同時期から5年を越えなければならないことになる。その時効の中には，旧法の適用による経過期間が含まれる。

第32条　［監査人の任命］

① 株主総会は，社員ないしは非社員の中から監査人（commissaires）を任命する。任命された監査人は，取締役（administrateurs）によって示された会社状態，貸借対照表およびその他の計算書について株主総会に報告する。

② 貸借対照表およびその他の計算書の承認に係わる審議（délibération）が監査人の報告より先行されたときは，これを無効とする。

③ 株主総会による監査人の任命が欠如したり，もしくは任命された監査人の内の1人ないし複数が監査を妨害し，または拒否したときに，監査人の任命ないしは代替は，会社所在地の商事裁判所長の命令，利害関係者の申請，正式に招集される取締役によっておこなわれる。

第33条　［監査人の権限］

① 株主総会の開催について定款に定める時期に先立って3カ月間，監査人は，会社利益が妥当であると判断するためにいつでも帳簿を閲覧し，会社取引（opérations）を調査する権限を有する。

② 監査人は，緊急の場合，いつでも株主総会を招集できる。

　1867年会社法は，株式合資会社における監査役会の制度を継続し，株式会社における会社創立の自由を認めた上で監査制度を導入した。J. Sigaut（シゴ）によると，従来の政府許可を廃止して会社の自由創立が認められたために，株式会社に監査制度が導入された。これに対して，商人は，監査制度が監視委員

会（commission de police）に変わるのではないかと警戒した（野村［1970］p. 26）。監査人は，株主総会で選ばれた後に，会社の経営状態，貸借対照表およびその他の計算書について株主総会に報告しなければならない（同法第32条①）。これは，会計監査としての職務の遂行である。しかも，監査人は，会社利益が妥当であると判断するためにいつでも帳簿を閲覧し，会社取引を調査する権限も有する（同法第33条①）。これは，業務監査としての職務の遂行である。監査人は，会計資料の内容を検証するだけではなく，会社取引の内容も調査する任務を負っている。G. Riper（リペール）によると，監査機関は会社の一機関である。なお，商法上，会社とは単なる委託契約を結んでいるにすぎない機関と解される（早稲田［1981］p. 1071）。

3-2-1 不正規性の違反の解釈

「正規性の遵守」を否定的に表現した「不正規性の違反」は，当時の会計規則ないしは会計慣行に準拠しないで財産目録を作成することを禁止したものである。ここで，正規性を明白と不明に分けると，つぎのとおりになる。

① 会計規則に準拠する
② 会計規則に準拠しているかどうか不明である
③ 会計規則に準拠しない

上記の3つの分類を「正規性の遵守」という視点から検討すると，つぎの3つの解釈が成立つ。第1の解釈である会計規則の準拠性は，当時の会計規則に従って財産目録を作成することである。これは正規性の遵守と解される。第2の解釈である会計規則の準拠性が不明であるということは，当時の会計規則では必ずしも会計規則に準じて厳格に会計処理できないということである。したがって，正規であるとは断定できない。第3の解釈である会計規則の準拠性がないということは，当時の会計規則の違反として明示されているにも拘わらず，これを無視して会計処理することである。これは正規性の違反であるといえる。他方，上述の分類を「不正規性の違反」という視点から検討すると，第1の解釈は不正規でないといえるので，「正規性の遵守」かつ「不正規性の違反」となる。第2の解釈は不正規であるとは断言できない。すなわち，このケースは「正規性の違反」かつ「不正規性の違反」となる。第3の解釈は，不正

規であるといえる。すなわち、このケースは「正規性の違反」かつ「不正規性の無違反」となる。以上のことから、1867年会社法は、第3の解釈である「正規性の違反」かつ「不正規性の無違反」を不正規性と認めて、これを採択した。第2の解釈である不明な正規かつ不明な不正規を正規であると認めたのは、まず不正規を決めてから正規を決めるからである。ここで、3つの解釈を表で示すと、「表3-2-1　正規性の幅」となる。

表3-2-1　正規性の幅

	正規性の幅
正規性の遵守・不正規性の違反	正　規　性
正規性の違反・不正規性の違反	正　規　性
正規性の違反・不正規性の無違反	不正規性

1867年会社法の「不正規性の違反」は、その役割という視点では1807年の正規性と同じものである。ところが、1867年会社法が1807年商法の「正規性」を「不正規性の違反」と改めたのは、会計規則の準拠性が不明なものまでも正規性に含めるためである。すなわち、正規性には一定の幅が生じることになる。なぜなら、1867年会社法が決算制度を導入したことで、決算時に会計人の判断能力がヨリ求められるようになったからである。また、減価償却費の計上にともない、見積計算の拡張が生じたことにも由来する。これらのことより、1867年会社法は、会計規則を適用する側の人的属性として、個々の会計人の信義と技能に応じて正規性に一定の幅が生じることを制度的に認めたことになる。

3-2-1　不正確性の違反に係わる解釈

正確性は、財産の真実な状態を表示することと解される。なぜなら、正確は真実であり、正確性の追求は真実性の追求に繋がると考えられていたからである。言い換えると、会計規則の正確性とは、会計人が会計規則を厳密に適用して会計処理することを意味する。当該処理の結果、作成された商業帳簿は真実であると見做すことになる。これは、会計人による会計規則の適用力である。この適用力は1807年商法では取り上げられなかった。論理的には、会計人による会計規則の理解力が正規性の度合と相関関係にある。このことから、1867年

会社法は，会計規則への適用力に一定の幅が生じるものと認めた。そして，この幅が存在するゆえに，1867年会社法は不正確性を定めたと解される。「正確性の遵守」の否定的な表現である「不正確性の違反」は，当時の会計規則ないしは会計慣行を一定の幅をもって適用し財産目録を作成することを求めたものである。これは，不正確な財産目録の作成を禁止したものである。ここで，正確性を明白と不明に分けると，つぎのとおりになる。

① 会計規則を厳密に適用する
② 会計規則を厳密に適用しているかどうか不明である
③ 会計規則を厳密に適用しない

上記の3つの分類を「正確性の遵守」という視点から検討すると，つぎの3つの解釈が成り立つ。第1の解釈である会計規則への厳密な適用は，会計人が当時の会計規則を適切に理解して財産目録を作成することである。これは正確性の遵守であると解される。第2の解釈である会計規則への厳密な適用が不明であるということは，当時の会計規則では必ずしも厳密に会計処理ができないということである。したがって，厳密に適用しているとはいえず，正確であるとは断定できない。第3の解釈である会計規則への厳密な適用がないということは，当時の会計規則では厳密に会計処理できるのにも拘わらず，これを無視して会計処理しないことである。これは「正確性の違反」であるといえる。他方，上述の分類を「不正確性の違反」という視点から検討すると，第1の解釈は不正確でないといえる。だから，「正確性の遵守」かつ「不正確性の違反」となる。第2の解釈は不正確であるとは断言できない。すなわち，このケースは「正確性の違反」かつ「不正確性の違反」となる。第3の解釈は，不正確であるといえる。すなわち，「正確性の違反」かつ「不正確性の無違反」となる。前述と同様に，1867年会社法は，第3の解釈である「正確性の違反」かつ「不正確性の無違反」を不正確であると認めて，これを採択した。第2の解釈である不明な正確かつ不明な不正確を正確であると認めたのは，明白な不正確性以外のケースを正確性があるものと定める。ここで，3つの解釈を表で示すと，「表3-2-2 正確性の幅」となる。

1867年の不正確性は，その役割という視点からは1807年の真実性と同じものである。すなわち，1867年会社法が1807年商法の「真実性」を「不正確性の違

表 3-2-2　正確性の幅

	正確性の幅
正確性の遵守・不正確性の違反	正　確　性
正確性の違反・不正確性の違反	正　確　性
正確性の違反・不正確性の無違反	不正確性

反」と改めたのは，会計規則の厳密な適用が不明なものまでも正確性に含めるためである。このことから，正確性には一定の幅が生じるといえる。これは，正規性が一定の幅をもつことによる影響である。

　1867年会社法は，1807年商法の「正規性」を「不正規性の違反」に改め，かつ「真実性」を「不正確性の違反」に改めた。これは，不正規および不正確を排除することによって，配当計算の基礎となる財産目録が当時の会計規則に照らして違反しているのか否かを明らかにするためである。

　1867年会社法第34条③は，1935年8月8日施行令・法律第4条（以下，1935年施行令・法律と略する）によって改められた。改正法によると，監査人の職務については，「報告書を作成する監査人は，その報告書をもってして，総会から委ねられた職務の行使状況をその総会で説明し，顕示することがあれば，その箇所の不正規性および不正確性を指摘しなければならない。」と定められた。こうして，不正規性および不正確性は，改正法においても引き継がれた。さらに，立法府（législateur）は，不正確な貸借対照表（bilan inexact）の公表（publication）に対する違反規定を設けた。違反した企業は，刑法第405条による規定に従って処罰されることとなった。

3-3　不正規性の違反と不正確性の違反の関係

　1867年会社法の「不正規性の違反」は，正規性が明白であるものと不明であるものからなる。よって，「不正規性の違反」は一定の幅をもっていたと解される。また，「不正確性の違反」も同様に正確性が明白であるものと不明であるものからなる。よって，「不正確性の違反」も一定の幅をもっていたと解される。ここでの「不正確性の違反」は，「不正規性の違反」によって体現され

る。すなわち，商人が商行為の事実を当時の会計慣行である会計規則に従って記録し商業帳簿を作成すれば，その帳簿は会社財産の不正確性の違反を表すことになる。したがって，不正規性の違反は不正確性の違反を支える原則であるといえる。ここに，両原則の関係は，会計規則の充実度（m）を介在して説明することによってヨリ明らかになる。ここでの充実度（m）とは，会計規定が法律として，また商慣習として整備されている度合を意味する。そこで，充実度（m）と不正規性の違反（$\bar{r}$）との関係を関数 $f(m)$ で説明すると，つぎのとおりになる。すなわち，まず会計規則の充実度（m）を 0〜100までを正規化して区分表示する。0 は会計規則が全く存在しない状態を示す。反対に，100 は会計規則が完全に整備された状態を示す。つぎに，不正規性の違反（$\bar{r}$）も 0〜100までを正規化して区分表示す。0 は会計規則に全く準拠しない状態を示す。反対に，100は会計規則に完全に準拠する状態を示す。

－会計規則の充実度（m）と不正規性の違反（$\bar{r}$）の関数 $f(m)$：

　　　$0 \leq f(m) \leq 100 \quad m_1 \leq m_2$ のとき

$$f(m_1) \leq f(m_2) \cdots\cdots\cdots\cdots\cdots\cdots\cdots\cdots\cdots\cdots\cdots\cdots\cdots ①$$
$$f\{\lambda m_1 + (1-\lambda) m_2\} \leq \lambda f(m_1) + (1-\lambda) f(m_2) \cdots\cdots ②$$

　　　但し　$\lambda \in (0, 1)$

①式で示したとおり，$f(m)$ は，会計規則の充実度（m）が上昇すれば，会計規則に準拠する度合が上昇する関数である。すなわち，ヨリ会計規則が整備されれば，ヨリ会計基準への準拠性が高まる関係を示す。また，②式で示したとおり，$f(m)$ は，0 からある点までの間，充実度（m）の上昇率が不正規性の違反（$\bar{r}$）の上昇率を上回る。けれども，ある点から100までの間は反対に下回る。すなわち，会計規則が整備される度合ほど，会計規則への準拠性が高まらない関係を示す。なお，不正規性の違反（$\bar{r}$）には一定の幅 $[\bar{r}_{min}, \bar{r}_{max}]$ がある。だから，$f(m)$ は $[f_{min}(m), f_{max}(m)]$ という一定の幅をもつことになる。ここで，$f(m)$ を図で示すと，「図3-3-1　会計規則の充実度（m）と不正規性の違反（$\bar{r}$）の関係」となる。会計規則の充実度（m）がある点（m_e）に達すると，不正規性の違反（$\bar{r}$）は（$\bar{r}_{min}$）と（$\bar{r}_{max}$）の点に位置づけられる。両者の交点は（$\bar{R}_{min}$）と（$\bar{R}_{max}$）となる。

－不正規制の違反（$\bar{r}$）と不正確性の違反（$\bar{e}$）の関数 $f(\bar{r})$：

$0 \leq f(\bar{r}) \leq 100$　$\bar{r}_1 \leq \bar{r}_2$ のとき

$$f(\bar{r}_1) \leq f(\bar{r}_2) \cdots\cdots\cdots\cdots\cdots\cdots\cdots\cdots ③$$

$$f\{\lambda \bar{r}_1 + (1-\lambda)\bar{r}_2\} \leq \lambda f(\bar{r}_1) + (1-\lambda) f(\bar{r}_2) \cdots\cdots ④$$

但し　$\lambda \in (0, 1)$

　③式で示したとおり，$f(\bar{r})$ は，ヨリ会計規則の準拠性が高くなれば，ヨリ会社財産の真実な状態が明らかになる関係を示す。また，④式で示したとおり，$f(\bar{r})$ は，会計基準の準拠性が高くなる度合ほど，会社財産の真実な状態が明らかにならない関係を示す。なお，不正確性の違反（$\bar{e}$）には一定の幅 $[\bar{e}_{min}, \bar{e}_{max}]$ がある。だから，$f(\bar{r})$ は $[f_{min}(\bar{r}), f_{max}(\bar{r})]$ という幅をもつことになる。ここで，$f(\bar{r})$ を図で示すと，「図3-3-2　不正規性の違反（$\bar{r}$）と不正確性の違反（$\bar{e}$）の関係」となる。不正規性の違反の位置（$\bar{r}_{min}$）は会計規則の充実度

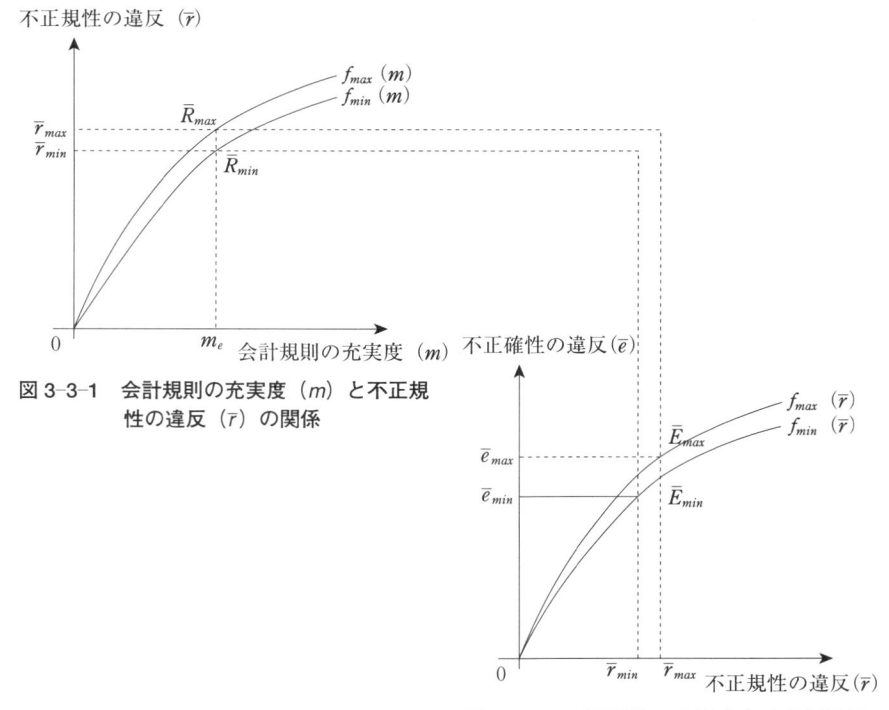

図3-3-1　会計規則の充実度（m）と不正規性の違反（$\bar{r}$）の関係

図3-3-2　不正規性の違反（$\bar{r}$）と不正確性の違反（$\bar{e}$）の関係

（m）との関係で決まるので，不正確性の違反の位置は自動的に（$\bar{e}_{min}$）に位置づけられる。また，（$\bar{e}_{max}$）の点も同様に論理的に決定される。

経済取引形態の多様化にともない，会計規則の充実度（m）がヨリ一層求められる。また，会計人による会計規則の理解度がヨリ重要となってくる。ここにおける理解度とは，商業帳簿を作成するときに必要な会計規則を理解し，適用する際の会計人の判断能力である。ところが，会計規則の理解度は，会計人の学識や職歴などの熟練度に応じて変動する。会計規則の理解度と会計人の熟練度の関係は，会計人の熟練度が上昇すれば，理解度も上昇することになる。つまり，1867年会社法は，会計人の能力に幅があることを考慮して，不正規性の違反および不正確性の違反の意義を定めたものと解することができる。

3-4 結　　論

以上，財務計算書類の作成目的という視点から，1867年会社法の基本原則である「不正規性の違反」および「不正確性の違反」の役割を明らかにしてきた。財務計算書類は，組織的な帳簿記録に基づき作成されていた。それらの計算書類の中でも，中核的な存在が決算貸借対照表であった。この対照表は，経営者による経営管理目的を満たしながら，会社外部の債権者や株主との間に生じる利害関係を調整する機能も果たしていた。このことは，法定積立金が資本金の1/10に達していないときには，少なくとも純利益の1/20を法定積立金として積み立てなければならず，また擬制配当を禁止していたことからも明らかである。

株式会社の自由設立が認められたことによる弊害として，破産ないしは破産犯罪が頻繁に生じるようになった。この弊害を是正し，株主を保護するために，監査制度が導入された。株式合資会社の監査役会，株式会社の監査人会は，監査の際に，財務計算書類における不正規かつ不正確な会計処理を指摘することになった。なぜなら，決算制度の導入と見積計算の拡張にともない，会計人の判断に委ねられる余地が大きくなったからである。そこで，不正規性の違反について監査するとき，監査人は会計人が会計規則に対する準拠性を有しているのか否かに限定して監査した。すなわち，監査人は会計規則への準拠，

かつその準拠が不明確なときも会計規則に準拠していると解し，正規性に一定の幅をもたせることにした。これは，会計人の能力には個人差があることを前提として，準拠性の最低限を定めたものである。これによって，会計情報の質をある程度にまで保つようにできた。

また，財務計算書類が一定の幅をもって不正規性の違反であったとしても，不正確性の違反はその幅の範囲内で満されることになる。正確性は，会計規則の厳格な適用によって勘定科目の計上能力と計上額を厳密化する役割を担っていた。ところが，1867年会社法は，決算制度の導入と見積計算の拡張にともない，基本原則の役割を定めなければならなかった。これは，会計人の技能には個人差があることを前提として，満たすべき厳密性の最低限を定めることによって会計情報の精度をある程度まで保つようにしたものである。ここで，1867年会社法における財務計算書類の作成について表で示すと，「表3-4　財務計算書類の作成」となる。

表3-4　財務計算書類の作成

作成過程	作成結果
物的属性：不正規性の違反	不正確性の違反
人的属性：なし	

1807年商法の真実性を改め，1867年会社法が不正確性の違反を定めたのは，真実性の概念が曖昧すぎて財務計算書類の利用者には理解できなかったからである。正確性は，勘定科目の計上能力と計上額を厳密化することである。この厳密化を達成することによって，真実になると考えられていた。この意味では，正確性の概念は真実性の概念に反するものではない。正確性は，曖昧であった真実性の内容を示した点に意義があったと解される。

なお，1867年会社法は，人的属性に係わる基本原則を定めなかったが，不正規性の概念を援用して会計人の技能には個人差があることを認めた。

注　釈

（注1）　1867年会社法は，1807年商法第37条を削除した。

第4章 1966年商事会社法における誠実性の確立

――正確性から誠実性への移行――

4-0 序　　論

　1867年7月24日に株式組織会社に係わる法律（Loi du 24 Juillet 1867 sur les sociétés par actions）（以下，1867年会社法と略する）が近代会社法典として整備された。その後，100年が経過して，1966年7月24日に商事会社に係わる法律第66-537号が制定された（Loi n° 66-537 du 24 juillet 1966 sur les sociétés commerciales）（以下，1966年商事会社法と略する）。これは，1957年3月25日 Rome（ローマ）条約第54条③に基づき，加盟6カ国（フランス，西ドイツ，イタリアおよびベネルクス3国）の会計法を統一化するために制定された。その具体的な会計規則の内容が Plan comptable général 1957（以下，PCG 57と略する）[注1]である。

　PCG 57は，会計高等委員会（Conseil Supérieur de la Comptabilité）によって公表された。そして，経済・財務大臣（Ministre des Affaires Economiques et Financiers）および経済国務大臣（Secrétaire d'Etat aux Affaires Economiques）による1957年5月11日付省令によって承認された。PCG 57は，財務計算書類の作成に係わる会計原則を体系化したものである。また，PCG 57それ自体は，企業に対して直接的な強制力をもたない。だから，法律によって，PCG 57に基づく財務計算書類の作成が強制された。具体的には，1959年12月28日法律第59-1472号第55条（以下，1959年法と略する）によって，PCG 57の適用期間が暫定的に5年間と定められた。さらに，国家会計審議会の提案により，同法第55条の適用を継続させるために，1962年4月13日施行令第62-470号（以下，1962年施行令と略す

る）がPCG 57の適用を企業に強制した。

　PCG 57は，会計標準化の実現を目指し，時間と空間における比較にとって不可欠となる同質性，および商工業企業の要請と手段に応じた柔軟性を両立させようと試みた（PCG［1965］p. 21）。このことは，会計規則の統一化を目指すものではなかった。単に，会計規則の基礎となるものを定めたことを意味する。あわせて，会計年度および企業を基軸とした比較の重要性を唱えていた。さらには，個々の経営環境の下での異質性を考慮して，会計処理の柔軟性を容認した。上述の要請を取り入れながらも，1966年商事会社法は，伝統的な要請である経営者のための経営管理目的，債権者や株主の保護目的を満たすべき財務計算書類の作成を求めた。

　1807年商法は，1953年9月22日に商業帳簿の作成に係わる施行令（Décret 22 septembre relatif ā la tenue des livres de commerce）によって改正された。ここでは，便宜上，同令により改正された1807年商法を1953年改正商法と称する。会計の基本原則である誠実性（sincérité）は，1953年改正商法の総則では定められていない。しかも，1966年商事会社法の総則でも定められていない。1966年商事会社法第228条による会計監査人の職務との係わりで初めて誠実性が定められている。これは，1867年会社法の「不正確性の違反」を改めたものである。すなわち，1867年会社法は，人的属性による財務計算書類の表示能力に差が生じることを認めながらも，人的属性に係わる基本原則を定めなかった。ところが，1966年商事会社法が初めて人的属性に係わる基本原則として誠実性を定めたのである。

　国民議会では，正確性ないしは誠実性のいずれの概念を採択すべきであるかが議論された。最終的には，誠実性の概念が採択された。ところが，誠実性の概念は，Plan comptable général 1982（以下，PCG 82と略する）で定義されるまで明らかにされていなかった。だから，この概念を主観的に解するのかそれとも客観的に解するのかが論議された。ここでは，会計上の誠実性たる概念は，民法上の誠実性たる概念に基づいて解釈された。F. Goré（ゴレ）によると，会計上の主観的誠実性は，民法上の故意に結び付けられて解釈された。また，会計上の客観的誠実性は，民法上の過失に結び付けられて解釈された。後に，証券取引委員会は，1969年の報告書において正規性および誠実性を定義してい

る。そこでは，後者の誠実性が客観的に解された。これ以後は，この見解が社会的合意を得るようになった。

本章の研究目的は，財務計算書類の作成目的という視点から，1966年商事会社法の「正規性」および「誠実性」の役割を明らかにすることである。この検討に際しては，つぎのことがらが論点となる。

① 物的属性である会計規則は，取引の大規模化とそれにともなう多様化，ならびに減価償却費や引当金の計上による見積計算の拡張化によってヨリ複雑になってきた。この複雑化によって，人的属性である会計人の信義と技能が重要な役割を担うことに至った。

② 継続性の原則は，1966年商事会社法によって条文化された1つの具体例である。この原則を通じて，正規性と誠実性の関係が明らかになる。

4-1 1953年改正商法の概要

商法の会計規則は，1807年商法の制定以来，1953年施行令による改正に至るまで，根本的な見直しがなされなかった。同施行令による改正では，とりわけ第8条と第9条の改正が重要である（野村［1990］p. 5）。これらは，1953年改正商法が定める商業帳簿の作成に係わる主要な条文であり，その内容はつぎのとおりである（Code［1967］p. 9）。

第8条　[商業帳簿の作成]

（1953年9月22日施行令による改正）商人としての資格を有する自然人または法人は，取引日記帳（livre-journal）を保管しなければならない。当該日記帳には，毎日，企業取引を記録しなければならない。もしくは，少なくとも毎月これらの取引を集計しなければならない。なお，自然人または法人は，これらの取引を検証可能にする資料を保管しなければならない。

第9条　[年度財務諸表の作成]

① （1953年9月22日施行令による改正）同様に，商人としての資格を有する自然人または法人は，企業の積極側項目と消極側項目について毎年棚卸をおこなう。しかも，貸借対照表および損益計算書（compte des ses pertes et profits）

を作成するためには，すべての勘定を締め切らなければならない。
　②　貸借対照表および損益計算書は，財産目録帳（livre d'inventaire）から作成（copier）される。

　1807年商法は，商人に家事費用に充てられた額をも取引日記帳に記録することを義務づけていた（同法第8条）。これに対して，1953年改正商法は，企業取引のみを取引日記帳に記録するに留めた。私用取引については，別に記録することになった。これで，私用取引と公用取引の区別ができるようになった。したがって，商業帳簿には企業取引のみを記録することになった。

　1807年商法は，商人に対して毎年，財産目録の作成を義務づけていた（同法第9条）。これに対して，1953年改正商法は，企業に貸借対照表の積極側項目と消極側項目について毎年棚卸をおこなうことを求めた。また，貸借対照表および損益計算書を作成するためには，すべての勘定を締め切らなければならないと定めた（同法第9条①）。これは，決算財務計算書類の作成を義務づけたものである[注2]。さらに，貸借対照表と損益計算書は，財産目録帳を基礎にして作成される（同法第9条②）。上述のことから，1953年改正商法は，複式簿記を前提とした会計規則を設けたことになる。これは，フランスの商法上，財務計算書類の作成に関する最初の規定である。

　1953年改正商法第Ⅰ篇第Ⅲ章「会社（Des sociétés）」の規定から，株式形態会社の特徴である株主の有限責任制度および株式の均等区分を検討すると，つぎのとおりになる。すなわち，株主の有限責任については，1807年商法が1953年施行令によって改正されず，「社員は会社での持分額を限度として損失を被る。」（1953年改正商法第33条）という規定はそのまま継承された。さらに，株式の均等区分については，原則として1807年商法と同様に，「株式形態会社の会社資本は，株式を均等に区分し，しかも名目上，同等の価値を持つ株券にする。」（同法第34条①）と定められた。ここに，一般投資家からの資金拠出が容易となり，くわえて優先株の発行（同法第34条②）が容認された。この優先株は，その他の株式と比較すると，利益配当ないしは会社資産の帰属については優先権（droits d'antériorité）が与えられる。ただし，議決権（droit de vote）については同等に扱われた。

4-2 1966年商事会社法の概要

　1966年商事会社法は，1867年会社法を1世紀ぶりに全面的に改正したものである。この法は，509カ条からなる規定で構成される。その第Ⅰ篇第Ⅵ章第Ⅰ節「会社計算書（Comptes sociaux）」には，会計規則が設けられた。ここで，1966年商事会社法が定める会社計算書に係わる主要な条文を挙げると，つぎのとおりである（Code［1967］pp. 910-912）。

第340条　［年度計算書類の作成義務］
① 　各会計年度の締切時に，取締役会（conseil d'administration），執行役会（directoire）または業務執行者（gérants）は，この締切時に存在している積極側および消極側の各種項目に係わる財産目録を作成する。
② 　同様に，取締役会，執行役会または業務執行者は，一般経営計算書（compte d'exploitation général），損益計算書および貸借対照表を作成する。
③ 　取締役会，執行役会，または業務執行者は，前期（exercice écoulé）における会社の状態および活動について記述した報告書を作成する。
④ 　本条で定められた書類は，施行令によって定められた条件に従い，会計監査人の利用に供する。

第341条　［様式・評価規則の継続性］
① 　一般経営計算書，損益計算書および貸借対照表は，会計年度ごとに，前年度と同じ様式および同じ評価規則（méthode d'évaluation）で作成される。
② 　しかしながら，変更（modification）の提案がなされた場合には，総会は，新旧双方の様式および評価規則に従って作成された計算書を検討する。しかも，取締役会，執行役会，または業務執行者の報告書，場合によっては会計監査人の報告書に基づいて，提案された変更を採択するのか否かを決定する。

第342条　［償却・引当金の設定］
① 　利益が計上されず，または計上されても不充分である場合にも，貸借対照表が誠実（sincére）であるためには，必要な償却および引当金を設定しなければならない。

② 固定資産の価値減少は，使用（usure），技術革新（changement des techniques）またはその他の原因によって生じる場合には，償却によって確認されなければならない。その他の資産についての価値減少および蓋然的損失と費用については，引当金を設定しなければならない。

第343条　［創立費の償却］

本法第348条第2項の規定に拘わらず，会社の創立費（frais de constitution de la société）は，利益分配前に償却される。

第344条　［純利益の算定］

当期の純収益（produits nets de l'exercice）から会社の一般費用ならびにすべての償却費および引当金を含んだ費用を控除して，純利益（bénéfices nets）が算定される。

第345条　［法定積立金］

① いかなる決議も以下のことに反すると無効となる。すなわち，有限責任会社（sociétés à responsabilité limitée）および株式組織会社（sociétés par actions）において，当期純利益を減少させるものは，繰越損失がある場合にはその填補であり，『法定積立金』といわれる積立金（fonds de réserve）を設定する場合には，その充当金としての少なくとも当該利益額の1/20の控除である。

② 当該控除は，法定積立金が会社資本金の1/10に達すると義務でなくなる。

第346条　［分配可能利益］

① 分配可能利益は，当期利益（bénéfice net de l'exercice）を基礎にして，当該利益から繰越損失（pertes antérieures），および本法第345条にて定められた控除額を引き，かつ当該利益に繰越利益（report bénéficiaire）を加えたものである。

② さらに，株主総会は，当該総会が処分できる積立金取崩額を分配に充てることができる。この場合，株主総会の決議に取り崩しがなされる積立金項目が明示される。

第352条　［賞与の範囲］

① 賞与の額は，つぎの項目を控除した後の分配可能利益の1/10を超えることができない。

　1) 会社資本として払込済でしかも未償還である額，または定款で定められた

第1次配当の5/100を示す額であり，これはその額の5/100を超えている場合である。
2) 総会の決議に基づいて実施される積立金。
3) 次期繰越金（sommes reportées à nouveau）。
② さらに，賞与の決定については，本法第346条第2項で定められた条件に従って取り崩された額が分配に充てられるので，その額を加えることができる。資本組入額または発行差金の取崩額は，賞与の計算上，算入され得ない。

　1966年商事会社法は，会社に会計年度末に財産目録を作成することを義務づけた。そして，決算書類として一般経営計算書，損益計算書および貸借対照表を作成し，これらの計算書類には当期の会計数値だけでなく前期の会計数値も同時に記載することを定めた（同法第340条）。フランスは，1673年商事王令以来，財産目録を主要な会計資料として位置づけてきた。そして，貸借対照表は，財産目録の要約表として位置づけられてきた。ところが，まず1867年会社法が決算制度を導入したことにより，貸借対照表は財産目録と同等の重要性をもつようになった。そして，損益計算書は，貸借対照表資本の部の内訳明細書として位置づけられていた。つぎに，1966年商事会社法が損益法を導入したことにより，損益計算書は，貸借対照表と同等の重要性をもつようになった。上述のとおり，フランスは，従来の財務計算書類を廃するのではなくこれを改め，さらに新たな財務計算書を追加した。こうすることによって，フランス会計は変革する時代に対応した。

　しかも，これらの計算書類の作成方法および評価規則については，前年度と同じ様式および同じ評価規則を適用する。これらの変更が提案される場合には，株主総会が新旧双方の様式および評価規則に従って作成された計算書類を検討して判断する（同法第341条）。

　1966年商事会社法は，貸借対照表の誠実性を確保するために，利益の計上額に拘わらず，必要な償却費および引当金を計上しなければならないと定めた（同法第342条①）。固定資産の費用計上については，原則として資産の価値減少が確定的であれば償却の設定により費用計上する。また，蓋然的であれば引当金の設定により費用計上する。会社の創立費は，利益分配前に償却される（同

法第343条)。これは，繰延資産に該当するものであり，会社法上，初めて取り入れられた処理である。このことは，フランス会社法上，損益法思考が導入されていたことを示す証となる。

　純利益は，当期の純収益から会社の一般費用ならびにすべての償却費および引当金を含んだ費用を控除して算定される(1966年商事会社法第344条)。このことを式で示すと，つぎのとおりである。

　　　純利益＝純収益－(一般費用＋償却費・引当金)

　純利益は分配可能利益の基礎額となる。これを減少させるものとして繰越損失，法定積立金，反対に増加させるものとして繰越利益が挙げられる(同法第346条①)。ここで問題になるのが法定積立金の設定に係わる規定である。1966年商事会社法は，法定積立金といわれる積立金を設定する場合には，その充当金として少なくとも当期純利益の1/20の控除であると定めた(同法第345条①)。また，法定積立金が会社資本金の1/10に達する場合には，この積立金の設定が義務でなくなる(同法第345条②)。このことから，同法は，法定積立金の設定を強制することにより債権者を保護していることがわかる。

　賞与の額は，つぎの項目を控除した後の分配可能利益の1/10を超えることができないと定めた(1966年商事会社法第352条①)。その控除項目としては，①会社資本として払込済でしかも未償還である額，②定款で定められた第1次配当額，③総会の決議に基づき実施される積立金，④次期繰越額である。反対に，その加算項目としては，本法第346条②で定められた条件に従って取り崩された額である。

4-3　正規性の規定

　会計規則の準拠性を示す正規性に関しては，会計規則の形成過程およびその規則間の優先順位が重要な課題となる。すなわち，会計規則の形成過程は，経済発展の動向とともに変化し，一定の方向へと推移していった。また，会計規則の準拠性には優先順位がある。そこで，その規則への準拠度合を階層的に把握することとする。本節では，正規性の概念を明らかにするために，会計規則

の形成過程および会計規則の起源を検討する。

4-3-1　会計規則の形成過程

　ある経済事象を会計処理する手続きは，まず企業がそれを採用することによって適用され始める。つぎの段階として，その会計手続が長年にわたって継続して適用される。そのうちに，この会計手続が慣習として定着する。その形成過程を経て，会計処理手続の存在事実が確認できる。すなわち，既存の会計処理手続は，「法たる慣習（usages de droit）」として定着する以前に，まず「事実たる慣習（usages de fait）」という会計慣行（coutumes）として定着する（Goré [1973] p. 169）。民法第1159条と第1160条によると[注3]，慣用は，契約の当事者が暗黙裡に参照したものと推定されるところの補完的法原則である。したがって，当事者の意思を明らかにできない場合には，当事者の意思を解釈するにあたり，慣用が援用される。会社が財務計算書類を作成し，公表する領域においては，会計人が強制法に違反しないかぎり，会計慣行として継続適用されてきた会計処理手続が援用される（山口［1986］p. 83参照）。

　このとおりに，「事実たる慣習」が「法たる慣習」より先行する。だから，「事実たる慣習」が法によって追認されることによって，初めて「法たる慣習」となる。このことを会計領域にあてはめて考察すると，会計処理手続の適用という事実が存在する。そして，それが継続的であるという事実だけでは，既存の会計処理手続が会計慣行であると見做されない。「事実たる会計慣習」は，判例によって認められた場合のみ会計慣行となる。そのときには，裁判所が「事実たる会計慣習」を社会通念としての商業会計の正規性として認定されるべきか否かを，訴訟（procés）内容に基づいて識別しなければならない（Goré [1973] p. 169）。それにも拘わらず，「事実たる会計慣習」は重要である。なぜなら，「事実たる会計慣習」が財務計算書類の正規性を認定するための基礎となるからである。正規性を広義に解すると，準拠すべき会計規則の範囲には，「事実たる会計慣習」も含まれる。したがって，会計監査人は，1966年商事会社法第228条を斟酌することにより，財産目録，一般経営計算書，損益計算書および貸借対照表の正規性を保証しなければならない。

4-3-2 会計規則の起源

　正規性は法規（règle de droit）への準拠である。準拠すべき会計規則の起源は，まず法律ないし命令の基本規定（textes législatifs ou réglementaires）である。つぎに，一般に認められた慣習（usages）および原則（principes）である（Goré [1973] p.167）。前者の中核を成すのは商法「第Ⅱ篇　商業帳簿（Des livres de commerce）」である。これは，商人に年度計算書類（以下，誤解を招く恐れがない場合には財務計算書類と記する）の作成を強制する。後者の中核を成すのはPCGである。これ自体では，企業に財務諸表（以下，誤解を招く恐れがない場合には財務計算書類と記する）の作成を強制できない。しかし，法律，施行令および省令によって，法的な強制力が確保できる。

　PCG 47が制定されたのは計画経済の時代である。この基本目的は，マクロ経済からの要請として，国家会計および統計分析に必要なデータを引き出すことにあった（Vienne [1983] p.3）。この適用は，1947年10月22日施行令によって公共企業および混合経済会社に対して義務づけられた。これに対して，PCG 57が制定されたのは自由経済の時代である。この基本目的は，ミクロ経済からの要請として企業収益力を測定することにあった（Vienne [1983] p.3）。

　租税施行令は，原則として会社に対する納税義務だけを定める。ところが，1965年10月28日租税施行令第65-968号は，財務計算書類の表示様式，会計定義および評価規則についても定めた。そして，同令は，1971年1月6日租税施行令第71-86号により改正された。改正後の施行令は，会社一般に対して，国税庁に提出する財務計算書類の様式を定めた。また，上場企業に対して，貸借対照表の様式，一般経営計算書の作成条件の明確化，損益計算書での所得税額の表示を強制した。結果的には，同令による会計規則が株主総会に提出する財務計算書類の様式にも影響を与えることになった。さらに，同令は，PCG 57による評価規則と同じものであったために，国家会計審議会によって提案された財務計算書類の様式を普及させる要因にもなった（Goré [1973] p.168）。

　フランスでは，法律と命令の基本規定が統一的な体系を成していない（Goré [1973] p.169）。それゆえに，会計規則の起源による適用の優先順位が不明となる。F. Goré は，規則準拠性の優先順位について，つぎのとおり指摘した（Goré [1973] p.169）。

① 基本的に商法規定に照らしての適切な判断
② 租税規定による必然的な影響の受入れ
③ 実務慣行に照らしての適切な判断

　実務慣行の中核を成すのは，国家会計審議会によって公表されたPCG 57である。PCG 57を補足するものとして，国家会計審議会による意見書，専門会計士・認可会計士協会上級審議会による勧告書などがある。

　ここで，具体例として減価償却費の計上規定を取り上げることにする。租税一般法第39条では，会社に対して逓減償却の実施が容認された。そこで，租税上の優遇措置を採ることにより，ときおり固定資産の価値減少に対応しない額が計上（usure）される。また，技術革新による陳腐化などの理由により計上されることもある。ところが，1966年商事会社法第342条が減価償却を定義したことによって，固定資産の価値減少に対応しない額の計上が禁止された。この矛盾する規定に対して，専門会計士・認可会計士協会上級審議会は，1966年に公表した勧告書（"Principes comptables" n° 3, 1966）で，株主に通知する貸借対照表の末尾に理論的な減価償却による計上額の記載を奨励した。

4-4　誠実性の規定

　誠実性の解釈が国民議会（Assemblée Nationale）で論議されたのは，1937年8月31日施行令・法律第6条の「会社計算書に係わる情報の正確性を監査する。」が，1966年商事会社法第228条②の「会社計算書に係わる情報の誠実性を検証する。」に改められたときであった。本節では，誠実性の概念を明らかにするために，誠実性を採択した根拠およびその会計機能を検討する。

4-4-1　誠実性の採択根拠

　1966年商事会社法第228条で定められた会計監査人の職務との係わりで，国民議会では，誠実性ないしは正確性のいずれの概念を採択すべきであるのか，活発な議論が展開された[注4]。各種職業機関から提案された意見に従って，政府草案では誠実性の概念が採択された。その理由として，誠実性は，なによりもまず正確な質的表現（qualificatif exact）を避けることができるからである

(Goré [1973] p. 170)。しかし，国民議会では正確性の概念が採択された。

　Le Douarec（ル・ドゥアレック）は，国民議会で正確性の概念を採択する理由として，つぎのとおり報告した（Goré [1973] p.170）。すなわち，「正規性は，各自が何を意味するかを知っているけれども，誠実性はまったくの主観的概念である。誠実性は，何を意味するかを知るのが大変困難である。そして，私たちは，株主を保護するためにも，会計監査人が単に財産目録の正規性のみを保証するだけではなく，その正確性をも保証しなければならないと考えた。」

　これに対して，E. Dailly（ダイリー）は，国民議会で誠実性の概念を採択する観点から，つぎのとおり反論した（Goré [1973] p. 170）。すなわち，「正確性の概念は，表現上，いかなる微妙な差異をも排除する厳密性と結び付くし，かつ辞書には真実（vérité）に合致することが正確性であると書いてある。ところが，会計監査人が棚卸資産の正確性を保証することは不可能である。例えば，40,000から50,000種類の商品を扱う会社，特殊な領域で営業する中規模企業は，多種・多様な商品を個別的に分類して正確に棚卸することができない。顕著な実例として，金物店（quincaillerie）が挙げられる。引当金の計上は，本質的に不正確性の要素を含むので正確性を排除する。会計監査人は，引当金の計上が正確であると証言できないけれども，単に引当金の計上が誠実に見積られたといえる。すなわち，危険が合理的な方法で見積られたといえる。」F. Goréは，正確性より誠実性を採用する事例として，つぎの2つを挙げている（Goré [1973] pp. 170-171）。

（1）帳簿外の評価

　会計人が会計帳簿の対象とならない会計事象を会計処理するときに，誠実性が援用される。会計帳簿の対象とならない会計事象とは，会計期間中に取引日記帳に記入されない項目である。これは決算整理事項であると解される。会計の対象となる経済事象を直接的に認識し測定できない場合に，誠実性がその事象の実態を財務計算書類に如実に表すために援用される。財務計算書類が誠実であるといえるためには，これらの計算書類に記入される会計数値が合理的な見積りからかけ離れてはいけない。この合理的な見積りの検証については，会計監査人が客観的方法に基づいておこなわなければならない（Villeguérin [1984] p. 731）。ここでの客観的方法とは，ある規範，規則に基づいて判断する手法で

あると解される。会計監査人は，会社の会計計算による総合的管理組織，とりわけ内部監査制度を利用する。かつ，証憑書類を参照して財務計算書類の誠実性を検証する。これをもってして，この誠実な計算書類には，正確な会計数値が表示されたとは断定できない。しかし，企業の外部利害関係者の承認を得るだけの充分な合理性は満たされたといえる。

(2) 会計規則の選択

会計人が会計規則を選択し適用するときに，誠実性が援用される。このときに，会計処理方法の選択範囲をその源泉先からみると，まず法律ないし命令の基本規定，つぎに一般に認められた慣習および原則による会計規則から選択し適用する。いずれの場合も，同一の会計事象について，2つ以上の会計規則が容認されているときには，会計人が企業の財政状態について，不忠実な写像 (image infidèle) を与えない会計規則を選択し適用すべきである。さらに，選択範囲を拡大解釈すれば，現行の法と会計慣行による会計規則以外の規則をも適用可能となる。ある経済事象が現行の会計規則に従って評価されたとする。それによって算出された数値がその経済的実態とかけ離れていると判断された場合には，会計人が適用した現行の会計規則から離脱できる。この離脱は，誠実性の援用によっておこなわれたといえる。ただし，形式条件，すなわち表示形式の規定は，常に遵守されなければならない。現行法の会計規則からの離脱については，1967年商事会社施行令第244条で許容された[注5]。この具体例として，会社の有価証券 (portefeuille des sociétés) に係わる評価損の計上が挙げられる。証券取引委員会は，単に資本参加証券 (titres de participation) に係わる評価損の計上だけではない。投資目的有価証券 (titres de placement) に係わる評価損の計上をも許容した。これは，PCG 57および1965年施行令における投資目的有価証券の評価規則から離脱することを意味する。この離脱を正当化する根拠として，証券取引委員会は，有価証券の評価規則を選択し判断する拠り所として客観性を指摘した。これは，会計人の過失責任を問うという立場から指摘されたものである。

4-4-2 誠実性の機能

民法第1150条による故意は，義務の不履行による意図的な非行[注6]である。

他の条文（民法第1147条，第1153条④）では，悪意（mauvaise foi）という用語が使用されている。同条の過失（faute non intentionnelle）によると，契約時に予見されたかまたは予見しえた損害については，責任を負わされることになる（山口 [1986] p. 217）。

F. Goré の見解によると，会計上の誠実性たる概念は，私法（droit privé）上の誠実性たる概念に基づいて解釈される（Goré [1973] p. 170）。この視点から，会計上の誠実性たる概念を検討すると，つぎのとおり展開される。すなわち，会計人は，財務計算書類を作成するときに，その作成上の故意ないしは過失について責任を負わなければならない。まず，財務計算書類作成の義務違反に係わる故意とは，会計人が悪意をもって恣意的な会計操作をすることである。つぎに，財務計算書類作成の義務違反に係わる過失とは，会計人が払うべき通常の注意義務を履行しないで，会計規則を不的確に適用することである。

故意責任が問われるのに，過失責任が問われない会計上の主観的誠実性は，会計人の信義と結び付くことになる。すなわち，会計規則の恣意的操作によって作成された財務計算書類には，主観的誠実性が欠如しているといえる。故意という意味での主観性によると，会計人が恣意的な会計操作をおこなっていないならば，通常の注意義務を怠った場合でも，あるいは結果的に作成された財務計算書類が会社の経済的実態を表示していないとしても，主観的誠実性が確保されたといえる。また，故意の有無による責任が問われないのに，過失責任が問われる会計上の客観的誠実性は，会計人の技能と結び付くことになる。すなわち，財務計算書類に記載される数値が合理的な見積値とかけ離れていないときに，当該書類に誠実性があるといわれる。過失という意味での客観性によると，会計人が恣意的な会計操作をおこなっているのか否かを問わず，通常の注意義務を怠った場合には，結果的に作成された財務計算書類が会社の経済的実態を表示しなくなる。そこでは，客観的誠実性が欠如しているといえる。

証券取引委員会は，1969年の報告書で客観的誠実性を支持する立場から，つぎのとおりに述べている。すなわち，「業務執行者の立場から，帳簿価値を適正に評価するときに，または危険および減価を合理的に見積るときに，誠実性が援用される。」この報告書を支持する立場から，A. Reydel（レイデル）は，誠実性が道徳の質，および見積と価値の判断に係わる概念であると指摘した

(Reydel [1975] p. 648)。それに対して，主観的誠実性を主張する論者もいる。例えば，Pleven（プレヴァン）はつぎのように述べている（Pleven [1970] p. 17)。すなわち，「会計監査人は，作成された会計資料が誠実であることを証言する。すなわち，本質的に概算値を計上する項目に対して，会計監査人は，選択権のあるときの選択について，経営者の善意を検証する。」ここで述べられている「経営者の善意」とは，経営者が悪意をもって恣意的な会計操作をしないことである。「経営者の善意」が達成されなかった場合には，1967年9月23日政令第67-820号46条によって不正確な貸借対照表の表示および公表に対する罰則（délit）[注7] が定められている[注8]。不正確な貸借対照表が罰則の対象となるためには，法的要素，物的要素および道徳的要素が同時に成立しなければならない（Goré [1973] p. 167)。ここで，特に重要なのが道徳的要素である。すなわち，貸借対照表を表示・公表する経営者の悪意が問題となる。経営者の意思により，貸借対照表が表示または開示される。だから，悪意は，表示または開示された貸借対照表を無効にする程の不正確性の認識をもってして成立する。したがって，経営者は，貸借対照表が会社の実在的状況（situation réelle）を表さないことを知りつつ開示した場合に，その責任が問われることになる（Goré [1973] p. 167)。

4-5　正規性と誠実性の関係

本節では，継続性の原則を通じて，正規性と誠実性の関係を明らかにするために，一般に認められた基本原則の中で，最も重要な慣行原則（véritable principe coutumier）である継続性の原則（principe de fixité）（Goré [1973] p. 169）を取り上げる。さらに，現行の会計規則からの離脱の条件を検討する。

4-5-1　継続性の原則の定義

継続性の原則とは，一度，採用された会計規則を継続して適用することを要請したものである。この原則により，企業の経営成果およびその財産についての推移（évolution）が認定可能となる（Goré [1973] p. 169)。継続性の原則は，1966年商事会社法第341条①で，一般経営計算書，損益計算書および貸借対照

表が各会計期間を通して前年度と同じ形式と同じ評価規則によって作成されると定められた。また，同条②において，継続性の原則が相対的であることを示した。すなわち，変更の提案がなされた場合に，構成員総会または株主総会は，新旧双方の作成方法および評価規則に従って作成された計算書類を検討しなければならない。一方において，取締役会，執行役会または業務執行者の報告書ならびに会計監査人の報告書に基づいて提案された変更については，その採否を決定しなければならない。この規定から，財務計算書類の形式的継続性および実質的継続性からの離脱が可能となる。前者の継続性とは，表示としての慣習的基準である。これに対して，後者の継続性とは，評価としての慣習的基準である。この慣習的な評価規則から離脱する具体例として，償却計算の変更，棚卸資産・仕掛工事・固定資産の取得原価の修正，資産項目の再評価，租税要請による引当金の計上などが挙げられる (Goré [1973] p. 170)。

1966年商事会社法第341条②によると，現行法の会計規則から離脱して作成される新財務計算書類と同条①に従って作成される旧財務計算書類の両者が公表される。そこで初めて，両者の比較が可能となる。同条の施行条件を定めた1967年商事会社施行令第244条によると，評価規則の変更については，現行法の評価規則以外の方法が財産目録および貸借対照表に記載される会社資産 (biens) について適用された場合に，必要に応じて取締役会，執行役会または業務執行者の報告書に記載されると定められた。そして，同条では，貸借対照表の注記 (notes en annexe au bilan)，または経営組織報告書 (rapport de l'organe de gestion) に離脱の根拠とその結果を明らかにすることが定められた (Goré [1973] p. 170)。例えば，継続性の原則により，会計人は，通常，同一の会計事象について2つ以上の評価規則が認められている場合に，そのうちの1つを選択し適用したならば，この方法を継続して適用しなければならない。なお，同令第244条では，評価規則の選択範囲が拡張されたので，現行法で認められている評価規則以外の方法をも選択し適用できることになる。

4-5-2 離脱の条件

ここで問題になるのが，現行法の評価規則からの離脱条件である。現行法の評価規則から離脱できるのは，採用された評価規則が会社状況の不忠実な写像

を与える場合だけである。なぜなら，現行法の評価規則から離脱して作成された財務計算書類が会社の不忠実な写像を与えていないときに，財務計算書類は，正規性および客観的誠実性の要請を満たしたといえるからである。ところが，1967年商事会社施行令第224条は，現行法からの離脱を容認したのにPCG 57からの離脱を容認したとは断定できない。この点について，F. Goré は，誠実性を根拠としてPCG 57からも離脱できると主張した（Goré［1973］p. 171）。この見解によると，法およびPCG 57の会計規則から離脱していても，財務計算書類は正規であるといえる。このことを図で示すと，「図4–5 正規性と誠実性の関係」となる。

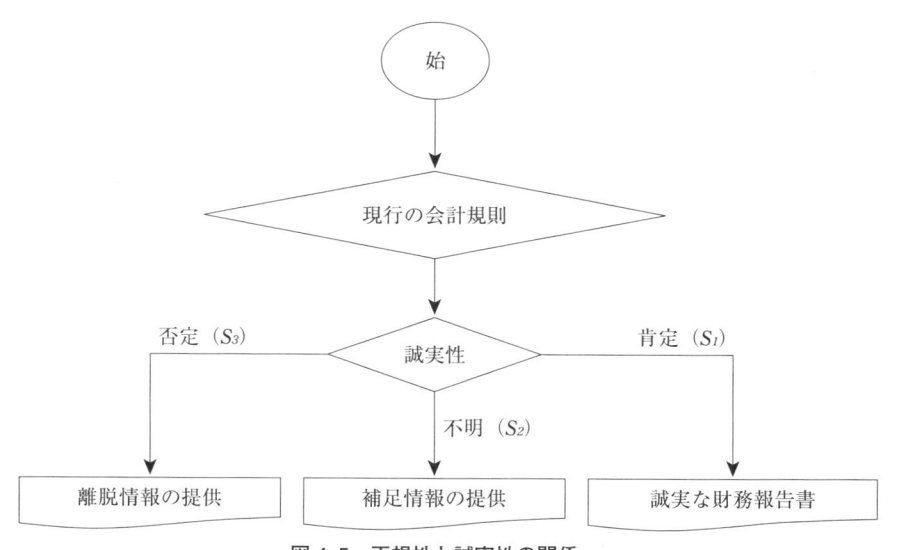

```
                    ┌─────┐
                    │  始  │
                    └──┬──┘
                       ↓
                 ◇現行の会計規則◇
                       ↓
     否定（S₃）   ◇ 誠実性 ◇   肯定（S₁）
       │         不明（S₂）        │
       ↓            ↓              ↓
  ┌─────────┐ ┌─────────┐ ┌──────────────┐
  │離脱情報の提供│ │補足情報の提供│ │誠実な財務報告書│
  └─────────┘ └─────────┘ └──────────────┘
```

図 4–5　正規性と誠実性の関係

「図4–5」は，財務計算書類の作成順序を示している。会計人は，現行の会計規則に準拠して財務計算書類を作成する手段として，つぎの3通りが想定できる。財務計算書類が誠実であるケース（S_1），誠実であるのか否か不明であるケース（S_2）および誠実でないケース（S_3）である。（S_1）のケースでは，会計人は現行の会計規則に準拠することにより，正規かつ誠実な財務計算書類を作成することができる。（S_2）のケースでは，会計人は補足情報を提供すること

により，正規かつ誠実な財務計算書類を作成することができる。(S_3) のケースでは，会計人は現行の会計規則から離脱し，専門職業機関の意見書・勧告書などに準拠することによって正規かつ誠実な財務計算書類を作成することができる。

4-6 結　　　論

　以上，財務計算書類の作成目的という視点から，1966年商事会社法の正規性および誠実性の役割を明らかにしてきた。物的属性に係わる基本原則が正規性である。これは会計規則の準拠性のことである。その起源は，立法府による法律，行政府による規定，国家会計審議会による規則および専門職業機関による意見書・勧告書などである。本章で取り上げた国家会計審議会による規定はPCG 57である。これは，会計慣行を体系化したものといわれる。そこでは，省令により会社に対する法的な強制力が課せられた。専門職業機関による意見書・勧告書などには，法的な強制力が備わっていない。それなのに，これらの意見書・勧告書などに準拠して，会社が財務計算書類を作成する。例えば，これらの計算書類に基づいて株主が意思決定し，損害を被ったときに，株主が訴訟を起こしたとする。この場合，商業裁判所では，これらの計算書類が訴訟に対する抗弁に相当するだけの事実として証拠力を備えているものと認められるからである。

　人的属性に係わる基本原則が誠実性である。これは，主観的なものと客観的なものに分けられる。主観的誠実性は，会計人の信義に基づいた会計規則の適用である。これは民法上の故意責任と結び付くことから，財務計算書類の作成過程における人的属性と係わりをもつことになる。また，客観的誠実性は，会計人の技能に基づいた会計規則の適用である。これは民法上の過失責任と結び付くことから，財務計算書類の作成過程と係わりをもつことになる。すなわち，この誠実性は，会計規則の合理的な適用ないしその妥当性に立脚するものである。だから，会計人に対しては，会社の経済的実態を財務計算書類に如実に描写するよう要請したものとなる。一会計期間を人為的に区分して期間損益を計算するにあたって，会計人は決算期に収支に基づき資産価値の増減を認

識・評価しなければならない。この会計行為が証憑書類に基づいておこなわれるならば直接的である。そうでなければ間接的であるといえる。資産価値の増減を直接的に認識ないし評価できる場合には，会計人がこの資産価値の流れを直接的に把握した後，会計数値を財務計算書類に表示する。これに対して，資産価値を間接的にしか認識ないし評価できない場合には，会計人がこの資産価値を合理的な見積計算により把握した後，会計数値を財務計算書類に表示する。例えば，投資目的有価証券に係わる評価損の計上については，この証券が会社から流出ないし消滅するまで，その評価額が未確定である。したがって，証券市場で成立した価格に基づき評価損を計上すると，客観的誠実性を満たすといえる。さらに，この誠実性を展開すると，会計人がある会計事象について，現行の会計規則に準拠して会計処理しても取引実態を表していないと判断したならば，会計人は，客観的誠実性を根拠として，現行の会計規則から離脱して現行の会計規則以外の規則を適用できる。なぜなら，離脱の法的根拠が1966年商事会社法第341条②に示されたからである。しかし，この規定によると，現行の評価規則からの離脱を許容するが強制ではない。だから，離脱すべき状況下でも現行の会計規則に準拠した財務計算書類をも作成できる。その結果，財務計算書類が不誠実になろうとも，法的な制裁措置の対象とはならない。罰則規定の対象となるのは，不正確な貸借対照表を公表した場合に限られる。ここで，1966年商事会社法における財務計算書類の作成について表で示すと，「表4-6　財務計算書類の作成」となる。

表4-6　財務計算書類の作成

作成過程	作成結果
物的属性：正規性	なし
人的属性：主観的誠実性　　　　　客観的誠実性	

　上述のことから，1966年商事会社法による正規性は，会計規則の準拠性であると結論づけられる。誠実性は，これを客観的に解するならば，会計規則適用の妥当性を判断する基準となる。また，誠実性を拡大解釈するならば，現行の会計規則から離脱するかどうかの判断をも含むことになる。したがって，会計

の概念上，誠実性が正規性を包括することになる。ところが，財務計算書類の作成過程では，誠実性よりも正規性が優位となる。

注　釈

（注1）　Plan Comptabl Généralは，ドイツの占領下で1942年に初めて設定された（以下，PCG 42と略する）。PCG 42は航空機産業に適用された。そして，PCG 42は，公的企業への適用を考慮して1947年に改訂された（以下，PCG 47と略する）。さらに，PCG 47は私的企業への適用も考慮して1957年に改訂された。

（注2）　1867年会社法は，第34条④で決算貸借対照表の作成を義務づけた。

（注3）　民法第1159条「不明瞭なものは，契約が締結された地域において慣用されている所に従って解釈されるものとする。」

民法第1160条「契約においては，それに明示されていないものであっても，慣用されている条項をこれに補完しなければならない。」

（注4）　1867年会社法第32条①は，1937年8月31日施行令・法律第6条によって，つぎのとおりに改められた。「通常株主総会は，3年の任期を務める1人ないし複数の監査人（commissaires）を任命する。任命された監査人は，職務上，会計の帳簿（livres），現金（caisses），有価証券（portefeuille）および資産価値（valeurs）を検証（vérifier）するにあたって，財産目録および貸借対照表の正規性および誠実性を監査（contrôler）し，かつ取締役会報告書に掲載される会社計算書（comptes de la société）に係わる情報の正確性（exactitude）を監査する。」同法第6条は，1966年商事会社法第228条②によって，つぎのとおりに改められた。「(1969年1月6日法律第69-12号による改正)「監査人は，取締役会または執行役会の報告書，および株主に対する資料に掲載される会社の財務状況と計算書について，その情報の誠実性を検証する。」すなわち，1937年施行令・法律第6条における「会社計算書に係わる情報の正確性を監査する。」が，1966年商事会社法第228条②における「会社の財務状況と計算書類について，その情報の誠実性を検証する。」と改められた。

（注5）　1967年会社施行令第244条「財産目録および貸借対照表に計上される資産（biens）の評価について，現行の立法措置規定（dispositions）によって定められた会計規則と異なるものが適用される場合には，取締役会，執行役会または業務執行者の報告書にその旨を記載する。」

(注6) 非行には，加害者が為すべからざることを為す行為と，為すべきことを為さなかった不行為がある。行為には，主観的要素および客観的要素によるものがある。前者による行為の有責性は，非行が自覚ある意思（volonté concient）ないし能力ある自由な意思（volonté capable et libre）に由来するときに，加害者の責に帰せられる。後者による行為の違法性（caractère illicite）には法令の規定の侵犯による非行と法令の規定の侵犯によらない非行があるので，法令の規定がない場合の非行は，慣習的法規範（régles coutumières）の侵犯事実によって成立する。この場合，きわめて注意深い人（personne très diligence）あるいは少なくとも通常の注意力をもった人（personne normalement diligence）と同じように行動しなかった事実をもってして非行と見做される。特定の職業ないし業務に従事する者については，現行の一般的な規範や要求されている技術に違反する行為，またはより一般的・基本的な道徳の規範（善意，誠実，正直など）に違反する行為について，この非行概念が適用される。

(注7) 民法上のdélitは，民法上の不法行為である。「故意による不法行為（délit）」と「過失による不法行為（quasi-délit）」がある。刑法上のdélitは，包括する犯罪一般の総称概念である。狭義の意味で「軽罪」および広義の意味で「重罪」と「違警罪」がある。

(注8) 1967年9月23日政令第67-820号46条「1年から5年の禁固および10,000フランから300,000フランの罰金を課せられる商人ないし業務執行者は，法人格の権利ないしそれに相当する実態を有しているので，継続する営業活動を臨時的に区切って，一般経営計算書，損益計算書，債権・債務状態表，または特権・担保の資産・負債状態表について悪意をもって，不正確または不充分に表示したかないしは表示させようとする。」

第Ⅱ編　フランス型会計とイギリス型会計の調和化

第5章
1948年イギリス会計法における真実性・公正性のイギリス的解釈
―― 慣習法における基本原則の役割 ――

5-0 序論

　　1929年に New York（ニュー・ヨーク）の株式市場が大暴落した。アメリカの実質的国民総生産（Gross National Product）が1933年にかけて30％も低下し，卸売物価も年に10％以上も下落した[注1]。この恐慌のため，アメリカの輸入が激少した。物価水準の大きな下落を通じて，アメリカの主な輸入先であるイギリス経済は，国際金融恐慌に巻き込まれていった。失業者数が250万人を超え，国際収支も赤字に転じた。こうして，イギリス経済の苦境は深まっていった（川北［1999］p. 352）。この経済状況のなかで，イギリス政府は，失業手当の10％削減などの緊縮政策を実施するとともに，1931年には金本位制の再停止を断行した。さらに，1932年には輸入関税法を制定して保護貿易体制を採用した（川北［1999］p. 353）。

　　この金融恐慌は，一般投資家に過大な被害をもたらした。そこで，1943年にイギリス商務省は，会社法改正委員会を設置した。この委員会は，Cohen（コーヘン）判事を委員長として，会計士（R. Kettle）を含む総勢13人の委員と幹事1人からなる。ここでは，財務情報開示の強化，投資家や大衆の利益を保護するための規定を検討することになった（山浦［1993］p. 239）。その結果，1948年英会社法（Companies Act 1948）は，Cohen 委員会の勧告を受け入れて，1929年英会社法（Companies Act 1929）第134条①の「真実かつ正確な概観（true and correct view）」を改めた。そして，改正後の第149条①においては，「真実かつ

公正な概観（true and fair view）（以下，真実性・公正性と称する）と定められた。

イギリスは，1973年に欧州経済共同体（Communauté Economique Européenne）に加盟した。この共同体は，1957年3月25日にフランス，西ドイツ，イタリア，ベルギー，オランダおよびルクセンブルクの間で結ばれた条約に基づき創立された（山口 [1984] p. 3）。イギリスの加盟前は，フランス・ドイツ型会計の特徴を反映させたEC第4号指令原案が作成された。そして，1971年11月10日にEC理事会（Conseil des Ministres）に提出された。加盟後は，この原案とイギリス型会計の調整がおこなわれることになった。その結果，EC第4号指令原案が改正され，1978年7月25日に第54条③-g特定会社の年度計算書類処理に係わる第4号指令（Fourth council directive of 25 July 1978 based on article 54 (3) (g) of the treaty on the annual accounts of certain types of companies）（以下，EC第4号指令と略する）が公布された。

そこで，イギリスは，EC第4号指令を国内法として導入するために1948年英会社法を改正した。その結果，1981年英会社法（Companies Act 1981）が制定された。1948年英会社法第149条①の真実性・公正性は，EC第4号指令第2条③においてその基本原則として定められた。

1948年英会社法第149条は，1981年英会社法第1条①で1948年法第149A条と変更された。しかし，その内容は改められずにそのまま同法に引き継がれた。そこで，変更前と後の名称を区別するために，変更後の名称を示すときは，1948年英会社法第149A条と記述することにする。また，1948年英会社法第149条は，その内容を1948年英会社法第149A条と改められ，1981年英会社法第1条第1項第149号（以下，1981年英会社法第149号と略する）として新設された。このことを図で示すと，「図5-0　1948年英会社法第149条の名称変更」となる。

（変更前）1948年英会社法第149条 → （変更後）1948年英会社法第149A条
（改正前）1948年英会社法第149条 → （改正後）1981年英会社法第1条第1項第149号

図5-0　1948年英会社法第149条の名称変更

1948年英会社法第149条は，EC第4号指令原案第2条を改める基礎となった。また，EC第4号指令第2条を定める基盤となった。定められたEC第4号指令第2条との調和化のために，イギリスでは1981年に1948年英会社法第149条を改めた。

第5章 1948年イギリス会計法における真実性・公正性のイギリス的解釈　83

　イギリスは，財務計算書類の作成目的を定めてから，その目的を達成するための物的属性である会計規則を定める。この決定思考からは，財務計算書類の作成結果がその作成過程より優先されることになる。1948年英会社法では，財務計算書類の作成結果に係わる基本原則が真実性となる。もっとも，一般投資家の保護という観点からは，財務計算書類の表示能力が問われることになる。また，財務計算書類の作成過程に係わる基本原則が公正性となる。ここでは，物的属性である会計規則の性能が問われることになる。

　ところが，1981年英会社法がフランス・ドイツ型会計と調和化した結果，財務計算書類の作成過程がその作成結果と同程度までの重要性をもち始めたといわれる。このことは，1981年英会社法が現行の会計規則の準拠性をどのように位置づけているかによって明らかになる。

　本章の研究目的は，財務計算書類の作成目的という視点から，1948年英会社法第149A条の真実性・公正性と1981年英会社法第149号の真実性・公正性を比較し，両者の質的相違を明らかにすることである。この検討に際しては，つぎのことがらが論点となる。

① 1948年英会社法が慣習法として形成されてきたなかで，真実性は財務計算書類の作成結果に係わる基本原則である。また，公正性はその作成過程に係わる基本原則である。

② 大陸法として形成されてきたフランス・ドイツ型会計との調和化の結果，1981年英会社法の真実性・公正性は1948年英会社法の真実性・公正性と質的に変わった。

5-1　1948年英会社法の概要

　1948年英会社法は，462カ条と18付則から構成されていた。ここで，本法の基本原則として定められた第149A条を示すと，つぎのとおりである（Act [1948] pp. 89-90）。

　1948年英会社法第149A条　[会社計算書の内容・様式に係わる一般規定]
　　① 会社が作成するすべての貸借対照表は，財務年度末における会社の事業状態

についての真実かつ公正な概観を与えるべきである。また，会社が作成するすべての損益計算書は，財務年度における利益または損失についての真実かつ公正な概観を与えるべきである。

② 会社が作成する貸借対照表および損益計算書は，本法第8付則の要求を遵守すべきである。

③ 本条の以下の規定または本法第8付則第Ⅲ部で明確に定められている場合を除き，前項および本法第8付則の要求は，本法第1項の一般要求かまたは本法のいかなる他の要求かのいずれか一方を害さないものとすべきである。

④ 会社取締役が申し立て，商務省が同意すると，会社との係わりで本条のいかなる要求をも修正し得る。この修正は，会社の状況に適応させる目的で，会社が作成する貸借対照表または損益計算書に記載される事項に及ぶ。但し，本条第1項の要求を除く。

1948年英会社法第149A条①は，会計の基本原則を真実性・公正性と定めた。また，会社が作成する財務計算書類は，貸借対照表および損益計算書から構成される。その作成目的として，真実性・公正性を求めることが明らかになる。ところが，この概念が英会社法によって定義されていない。そこで，その解釈が問題となる。

本法第149A条④は，会計の離脱機能について定めたものである。義務を表す表現としてはmust（ねばならない），shall（すべきである）およびmay（できる）がある。これらの表現は，義務の度合に応じて使い分けられているものと解される。ある人が義務を果たさない場合に，mustは法的制裁措置を受ける。shallは，法的制裁措置を受けないが社会的制裁措置を受ける。そして，mayは，法的制裁措置も受けなければ社会的制裁措置も受けないがヨリ望ましい行為へと改めることを期待する。本条①は，「与えるべきである（shall give）」の文言を使用していることから，会社取締役に財務計算書類の真実性・公正性を確保するよう，最高の遵守義務を表したものとなる。また，本条④は，「修正し得る（may modify）」の文言を使用していることから，真実性・公正性を確保するために，本条の要求に対する修正を期待するものと解される。

第5章　1948年イギリス会計法における真実性・公正性のイギリス的解釈　85

5-2　1981年英会社法の概要

　EC第4号指令第2条は，1948年英会社法第149条の真実性・公正性をその基本原則として導入するために，EC第4号指令原案第2条を改めた。イギリスでは，1981年会社法第1条①において1948年英会社法第149条を1948年英会社法第149A条と改めた。

　まず，EC第4号指令第2条③との調和化のために，1948年英会社法第149A条①が1981年英会社法第1条①第149号②に導入された。それゆえに，同法第149A条①と同法第1条①第149号②は同じ文言となる。また，EC第4号指令第2条③は，1948年英会社法第149A条①に基づいてEC第4号指令原案第2条③を改めたものである。よって，同法第149A条①の規定内容を改める必要がなかった。つぎに，EC第4号指令第2条④との調和化のために，1981年英会社法第1条①は，1948年英会社法第149A条を下記のとおり改めた。なお，1981年英会社法は，119カ条と4付則から構成されている。ここで，1981年英会社法の基本原則を示すと，つぎのとおりである（Act［1981］pp. 1-2）。

1981年英会社法第1条［会社計算書の様式・内容について遵守すべき一般規定］
①　1948年法第149条は，第149A条と変更されるべきである。以下の条文は，第149A条として同法に挿入されるべきである。

149-①　会社計算書は，1976年会社法第1条に基づいて作成される。また，本法第8付則の要求を遵守すべきである。当該要求は，貸借対照表および損益計算書の様式と内容，ならびに附属明細書の記載方法により提供されるいかなる追加情報も定める。但し，当該要求を適用し得る場合に限る。

149-②　このとおりに作成される会社の貸借対照表は，その財務年度における会社の事業状態についての真実かつ公正な概観を与えるべきである。また，このとおりに作成される会社の損益計算書は，その財務年度における会社の利益または損失についての真実かつ公正な概観を与えるべきである。

149-③　会社の計算書または附属明細書に記載される項目については，1976年会社法第8付則の要求および1948年会社法から1981年会社法までのすべての

他の要求より優先する。

　　a） 会社の貸借対照表または損益計算書は，1976年会社法第8付則の要求および1948年会社法から1981年会社法までのすべての他の要求に従って作成される。それにも拘わらず，本条第2項を遵守するために充分な情報を提供しない場合には，必要とされるいかなる追加情報も貸借対照表または損益計算書ないしは附属明細書によって提供されなければならない。

　　b） いかなる会社においても，その特別な状況下において，いかなるそのような要求への遵守が会社の貸借対照表または損益計算書との関連で本条第2項を遵守しても（たとえ追加情報が本項第a号に従って提供されようとも），貸借対照表または損益計算書の作成を妨げることがある。この場合，会社取締役は，貸借対照表または損益計算書を作成する際に当該要求から離脱すべきである。但し，本条第2項を遵守するために必要な場合に限られる。

149-④　いかなる会社取締役も会社計算書に係わるいかなる要求からも離脱するときは，当該離脱の詳細，理由および影響を附属明細書に記載すべきである。

　真実性・公正性は，法律上会計の基本原則として明記される。そして，真実性・公正性を与えるために，「いかなる必要な追加情報をも貸借対照表または損益計算書ないしは附属明細書に提供されなければならない。」と定めた（1981年英会社法第149号③a）。ここでは，mustという最高度の遵守義務を示す表現を使用している。したがって，真実性・公正性を与えるために必要な追加情報の提供が義務づけられたものと解される。具体的には，EC第4号指令第2条⑤との調和化のために，1948年英会社法第149A条④が1981年英会社法第149号③および第149号④においてつぎのとおり改められた。すなわち，第1に1948年英会社法第149A条は，補足機能を有していない。これに対して，1981年英会社法第149号③aは，補足機能を有する。現行法の会計原則に準拠して財務計算書類を作成しても，この計算書類が会社の事業状態および利益または損失についての真実性・公正性を与えないことがある。この場合，現行法の会計規則

から離脱するほどではないけれども，追加情報の提供によって損なわれた真実性・公正性を充分に補うことができる。このことは，会計規則の準拠性を強化するものである。第2に同法第149A条④では，may modifyを使用する。同法第149号③bでは，shall departを使用する。このことは，同法第149号③bが同法第149A条④より離脱の必要性を強調していることを示す。第3に同法第149A条④は，離脱の正当性について触れていない。これに対して，同法第149号④は，離脱の詳細，理由および影響を附属明細書に記載することによって正当づけられることを指摘する。「表5-2-1 1948年英会社法の基本原則と1981年英会社法の基本原則の比較」は，EC第4号指令原案第2条の改正基礎となった1948年英会社法第149A条の基本原則と，EC第4号指令第2条との調和化のために導入された1981年英会社法の基本原則を比較したものである。

表 5-2-1 1948年英会社法の基本目的と1981年英会社法の基本原則の比較

	1948年英会社法第149A条	1981年英会社法第1条第1項
遵守機能	第149A条①	第149号②
補足機能	な し	第149号③a
離脱機能	第149A条④	第149号③b・第149号④

5-3 真実性・公正性の解釈

　真実性・公正性は，英会社法によって定義されていない。そこで，T. Lee（リー）の見解に従ってその解釈を試みることにした。T. Leeは，会計監査人の立場から真実性・公正性を解釈している。けれども，財務計算書類の作成者の立場からも同じ解釈が成り立つ。

　監査意見の主要目的は，株主およびその他の利害関係者に自ら率直に得られた合理的な確証（resonable assurance）をもって利用できる信頼可能な情報を提供することである。株主などは，この情報と正当な注意（due care）をもって意思決定する（Lee［1982a］p. 184）。会計情報の信頼性は，財務計算書類を作成する側の取締役に対する要請である。正当な注意は，財務計算書類を利用する側の株主およびその他の利害関係者に求める義務である。すなわち，彼らにも会

計情報についての一定の理解能力が求められる。T.Lee によると,「真実かつ公正な概観」は,真実性（truth）と公正性（fairness）の概念から構築される。会計監査人によって検証される会計情報との関連では,前者が照応性（corresponding），後者が客観性（objective）を意味する（Lee［1982b］p. 50）。

まず,真実性とは,財務計算書類に記載される会計情報が照応しようとする経済的事象,活動および取引となるよう,しかるべき方法で定量化され伝達されることを意味する（Lee［1982b］p. 50）。ここでの,照応性とは,会社経営者が財務計算書類で伝達しようとする経営活動の実態（reality of the business affaires）と会計情報との突合せである（Lee［1982b］p. 36）。しかしながら,このことは,会計情報が財務計算書類の利用者による特定のニーズ（specific needs）とは必ずしも関連することを意味しない（Lee［1982b］p. 50）。それゆえに,会計情報の真実性は,抽象的な適合性の概念であるといわれる。つまり,経済的実態との適合性である。

つぎに,公正性とは,会計情報が客観的であり,会社にとっていかなる特定部門の利益（any particular sectional interests）をも害しない方法で測定され,開示されることを意味する（Lee［1982b］p. 50）。この方法で作成される会計情報は,株主と同程度に株主以外の利害関係者（non-shareholders）にとっても信頼できるものとなる（Lee［1982b］p. 50）。ここでの客観性とは,会計情報が客観的で検証可能な証拠となる基準（basis of objective and verifiable evidence）に基づいて作成される。したがって,たとえその利用者の利益と必要性を害することがあったとしても,会社の財務会計機能の定量化と伝達に偏向（bias）がなかったことを意味する（Lee［1982b］p. 36）。

企業活動は,会計技法を通じて会計情報となる。だから,会計情報の量・質

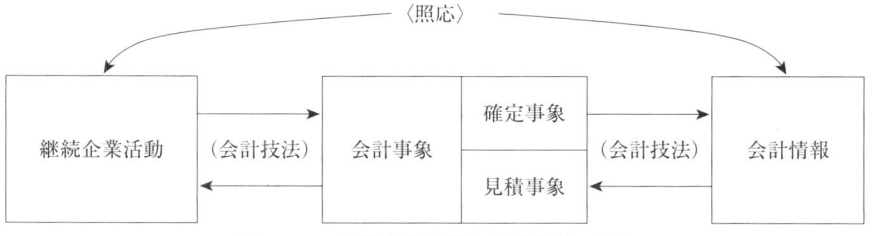

図 5-2-1　継続企業活動と会計情報の照応

は，選択・適用される会計技法によって異なる。「図5-2-1　継続企業活動と会計情報の照応」で示すとおり，継続企業を前提とするかぎり，一会計期間における会計事象は確定事象と見積事象に分類できる。とりわけ後者に付記された会計数値とその経済的実態数値の一致は，測定する財務年度末の時点で検証できない。そこで，検証可能な証拠となる基準が問題となる。すなわち，検証可能な証拠となる基準は，会計数値と経済的現実数値の一致を検証することではない。両者が一致するものと見做しうるような社会的承認が得られるのか否かが判断の基準となる。したがって，両者の一致を検証できないけれども，一致と見做しうる範囲内であれば，同一の会計事象について複数の代替的会計技法からの選択適用を容認せざるをえない。このような場合には，会社経営者の主観的判断に基づく会計技法の選択適用を容認することになる。だからこそ，客観的証拠となる基準が問題となる。具体的には，1981年会社法第1付則第Ⅱ部第A節および会計実務基準書（Statements of Standard Accounting Practice 以下，SSAPと略する）が，制度上および慣習上の客観的証拠となる基準である。なお，この基準は会社経営者の主観的判断を制約する効果をもつ一方で，その枠内で会社経営者の主観的判断が介入する余地を残している。

　1981年会社法第1付則第Ⅱ部第A節「会計原則」の内容は，つぎのとおりである（Act［1981］p. 140）。

⑨　[**真実性・公正性**]
　　以下の第15項を条件として，会社計算書に計上される金額は，当該計算書に表示される項目を遵守して，以下の第10項から第14項までにおいて設定される会計諸原則に従って決定されるべきである。
⑩　[**継続企業の原則**]
　　会社は，継続企業として事業を続けるものと仮定されるべきである。
⑪　[**会計方針の継続性の原則**]
　　会計方針は，ある財務年度からつぎの財務年度へと継続して適用されるべきである。
⑫　[**慎重性の原則**]
　　いかなる項目の金額も慎重性の基準に従って決定されるべきであり，とりわ

け，
- a） 貸借対照表日に実現された利益のみが損益計算書に計上されるべきである。
- b） すべての負債と損失が会社計算書と関連する財務年度または前年度に生じたかまたは生じる場合には，当該負債または損失は，当該計算書と関連する財務年度に計上されるべきである。たとえ当該負債または損失が貸借対照表日と取締役が署名する日との期間にのみ表れようとも，本法第155条に従って計上される。

⑬ ［収益・費用の期間帰属の原則］

すべての収益と費用は，会社計算書がその財務年度と関連している場合に，収入または支出の日に拘わりなく計上されるべきである。

⑭ ［総額主義の原則］

いかなる項目の総額を測定する際においても，個々の資産または負債は，計上するときに個別的に測定されるべきである。

⑮ ［会計諸原則からの離脱条件］

会社取締役はいかなる財務年度においても会社計算書を作成する際に上述で設定される会計諸原則のうちのあるものから離脱する特別な理由があると申し出るならば，当該取締役はそのようにおこなうことができる。但し，離脱の詳細，理由および影響については附属明細書に明示されるべきである。

継続企業の原則は，その他の会計諸原則と質的に異なる。なぜなら，会計公準としての性格を有し，企業活動の継続を前提とすることから，この原則は真実性・公正性の両者に関係する。また，会計方針の継続性は，会計技術の側面から会計情報の信頼性を支える。ここでの信頼性は，会計処理方法の継続適用によって会計人の恣意的な会計操作をできるだけ排除できるという意味で，公正性に係わる原則となる。だから，公正な会計情報は客観的となる。これは，継続する企業活動の現実と会計情報の具体的適合性の概念である。すなわち，会計技術的適合性である。

したがって，真実性・公正性は，照応性と客観性を同時に満たされなければならない。両者のうちいずれかが欠如しても，会計情報の信頼性は得られない

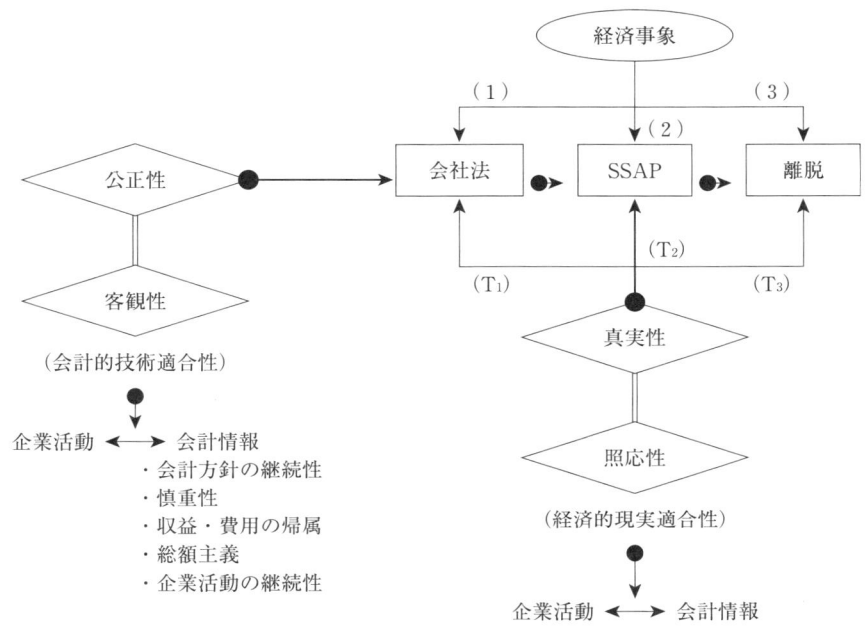

第5章　1948年イギリス会計法における真実性・公正性のイギリス的解釈　91

```
                                経済事象
                        (1)      │      (3)
                         ↓    (2)↓       ↓
    公正性 ─●─────→  会社法 ─●─ SSAP ─●─ 離脱
      ◇                ↑      ↑        ↑
                      (T₁)   (T₂)     (T₃)
    客観性                      │
      ◇                       真実性
  (会計的技術適合性)              ◇
       ↓                        │
  企業活動 ←→ 会計情報           照応性
       ・会計方針の継続性         ◇
       ・慎重性
       ・収益・費用の帰属    (経済的現実適合性)
       ・総額主義                ↓
       ・企業活動の継続性    企業活動 ←→ 会計情報
```

図 5-2-2　真実性・公正性の質的構造

(Lee [1982b] p. 37)。T. Lee の見解を参照しながら，真実性・公正性を質的階層図で示すと，「図5-2-2　真実性・公正性の質的階層」となる。

「図5-2-2」では，(1)，(2) および (3) が経済事象を会計処理するための準拠すべき規定の順位を示す。会社経営者は，まず会社法 (T_1) に準拠して会計処理する。その際に，この処理が真実性を満たすのか否かを判断する。満たしていないと判断したときは，補足情報の提供によって真実性が確保できるのか否かを判断する。それでもできないと判断したときは，会社法から離脱して新たな会計処理を検討する。会社経営者は，つぎにSSAP (T_2) に準拠して会計処理する。その際に，この処理が真実性を満たすのか否かを判断する。満たしていないと判断したときは，補足情報の提供によって真実性が確保できるのか否かを判断する。それでもできないと判断したときは，SSAPから離脱して新たな会計処理を検討する (T_3)。なお，会社法とSSAPから離脱する新たな会計処理方法は，専門職業機関が提案したものに限られると解する。

5-4 結　　論

　以上，財務計算書類の作成目的という視点から，1948年英会社法第149A条の真実性・公正性と1981年英会社法第149号の真実性・公正性を比較し，質的相違を明らかにしてきた。財務計算書類の作成目的は，企業の経営実態を会計情報として開示することによって，その利用者である株主や債権者を保護することにある。1948年英会社法の真実性は，財務計算書類の作成結果に係わる基本原則である。そして，財務計算書類が企業の経営実態を表すように働きかける。すなわち，財務計算書類が企業の経営実態を表していれば，これらの計算書類は真実であるといえる。また，公正性は，財務計算書類の作成過程に係わる基本原則である。そして，物的属性である会計規則が企業の経営実態を表すための技能として働く。だからこそ，財務計算書類は，会計規則に準拠して作成される。その結果，これらの計算書類が企業の経営実態を表していれば，この規則は公正であるといえる。

　1948年英会社法の基本原則は，会計規則への最も高い遵守義務を表す遵守機能と会計規則からの離脱機能を備えている。この原則は，会計事象たる慣習の中から構築されてきたものである。よって，同じ慣習を持合わせていない国々の会計人には理解しがたい側面を有していた。この原則がEC第4号指令の基本原則として採択されたときに，その定義が検討された。その結果，イギリスでは，1981年英会社法第149号に基本原則を導入した。この原則は，従来の遵守機能と離脱機能に新たに補足機能を備えたものである。そして，1948年英会社法の基本原則と同じ役割を果たすことになった。これに対して，1981年英会社法は，会計規則の準拠性を高める効果を有することになる。なぜなら，補足情報を充実させることによって，現行の会計規則の準拠性に幅を持たせることになったからである。

　上述のことから，1948年英会社法では，真実性が公正性より優先されて機能していた。これに対して，1981年英会社法では，公正性が真実性と同程度の重要性をもつことになった。ここで，英会社法における財務計算書類の作成について表で示すと，「表5-4　財務計算書類の作成」となる。

表 5-4 財務計算書類の作成

作成過程	作成結果
物的属性:公正性	真実性
人的属性:なし	

　なお,英会社法は,人的属性である会計人の信義と技能については言及していない。

注　釈

(注1)　百科事典［1998］:世界大百科事典,日立デジタル平凡社。

第6章
1978年 EC 第4号指令における真実性・公正性のフランス的解釈
―成文法における基本原則の役割―

6-0 序 論

　1957年3月25日に，フランス，西ドイツ，イタリア，ベルギー，オランダおよびルクセンブルクの間で欧州経済共同体（Communauté Economique Européenne）の設立に係わる条約が調印された。そして，1958年1月1日に発効された（山口［1984］p. 3）。これは，フランスと西ドイツの対立を解消する試みから端を発したものであった。この趣旨に賛同して，1973年にイギリス，アイルランドおよびデンマーク，1981年にギリシャ，そして1986年にはスペインおよびポルトガルが欧州経済共同体に加盟した[注1]。これらを表で示すと，「表6-0-1　欧州共同体加盟12カ国」となる。

　1971年11月10日に EC 理事会（Conseil des Ministres）に提出された EC 第4号指令原案は，フランス・ドイツ型会計を中心として作成されたものである。その後，1978年7月25日に第54条③-g 特定会社の年度計算書類処理に係わる第4号指令（Fourth council directive of 25 July 1978 based on article 54 (3) (g) of the treaty on the annual accounts of certain types of companies）（以下，EC 第4号指令と略する）が公布された。これは，イギリスが超国家的国際機構である欧州共同体への加盟を嫌っていたにも拘わらず加盟したことにより，フランス・ドイツ型会計とイギリス型会計の調整を必要としたからである。すなわち，EC 第4号指令原案を改正したものとなる。

　EC 第4号指令原案第2条③は，1965年ドイツ株式法第149条①「可能な限り

第6章 1978年EC第4号指令における真実性・公正性のフランス的解釈　95

表6-0-1　欧州共同体加盟国12ヵ国

加盟国名	加盟年度
フランス	1958年
西ドイツ	1958年
イタリア	1958年
ベルギー	1958年
オランダ	1958年
ルクセンブルク	1958年
イギリス	1973年
アイルランド	1973年
デンマーク	1973年
ギリシャ	1981年
スペイン	1986年
ポルトガル	1986年

確実な写像」に基づいて定められた。これは会計規則の準拠性を内容とするものである。これに対して，EC第4号指令第2条③は，1948年英会社法第149条①の「真実かつ公正な概観（true and fair view）（以下，真実性・公正性と略する）」をその基本原則として定めた。

　イギリスは，EC第4号指令との調和化のために1948年英会社法（Companies Act 1948）を改正し，1981年英会社法（Companies Act 1981）を制定した。この基本原則については，1948年英会社法第149条を1981年英会社法第1条第1項第149号と改めた。

　フランスは，1953年改正商法が1983年4月30日に欧州共同体委員会第4号指令との会計義務の調和化に係わる法律第83-353号（Loi n° 83-353. Mise en harmonie des obligations comptables avec la IVᵉ directive du conseil des communautés européennes du 25 juillet 1978）（以下，1983年EC第4号指令調和化法と略する）によって改められた。1983年改正商法第9条⑤において「忠実な写像（image fidèle）（以下，忠実性と略する）」がその基本原則として定められたのである。ここでは，便宜上，改正後の1953年改正商法を1983年改正商法と称することにする。

　本章の研究目的は，フランス・ドイツ型会計の視点から，イギリスの慣習法において形成されてきた真実性・公正性をどのようにして成文法に組み込んだのかを明らかにすることである。この検討に際しては，つぎのことがらが論点

となる。

① EC第4号指令原案は，成文法といわれるフランス・ドイツ型会計の正規性および誠実性を採り入れることによって，財務計算書類の作成過程を重視する。
② EC第4号指令は，イギリス型会計の真実性・公正性を採り入れることによって，財務計算書類の作成結果を重視する。ここにおいて，フランス的に解釈すると真実性・公正性は忠実性という概念で捉えられる。

6-1　欧州共同体の設立経緯

欧州共同体は，欧州の人々が昔から理想的に考えてきた欧州統合を具現化したものである（藤原・田中 [1994] p. 27）。その流れは，欧州各国の経済的統合から始まり，政治的統合へと展開してきた。ここで，欧州共同体の設立経緯を表で示すと，「表6-1　欧州共同体の流れ」となる。

表6-1　欧州共同体の流れ
1958年　欧州経済共同体（EEC）の設立
1965年　欧州共同体（EC）の設立
1993年　欧州連合（EU）の設立

6-1-1　欧州経済共同体の設立

1950年にフランス外相は，フランスとドイツの対立を解消し，両国間での戦争を物理的に不可能にして，「不戦共同体」を作り上げるよう提案した（藤原・田中 [1994] p. 27）。この具体的な試みが，石炭と鉄鋼の共同管理であった。1952年には，欧州石炭鉄鋼共同体（European Coal and Steel Community）が設立された（Paris（パリ）条約）。加盟国となったフランス，ドイツ，イタリア，オランダ，ベルギーおよびルクセンブルクの間では，石炭・鉄鋼の単一共同市場が設けられた。そして，関税・貿易制限の撤廃が目標として掲げられていた。なお，イギリスは，欧州石炭鉄鋼共同体が超国家的な機構であることから，この共同体の趣旨に賛同せず参加しなかった（藤原・田中 [1994] p. 30）。

さらに，加盟国間での経済的結び付きを強固なものにするために，1958年に

第6章 1978年EC第4号指令における真実性・公正性のフランス的解釈　97

欧州経済共同体および欧州原子力共同体（European Atomic Energy Community）が設立された（Rome（ローマ）条約）。

6-1-2 欧州共同体の設立

欧州共同体は，1965年に欧州石炭鉄鋼共同体，欧州経済共同体および欧州原子力共同体を統合して構築されたものである。統合された機構を図で示すと，「図6-1　欧州共同体の構成」となる。

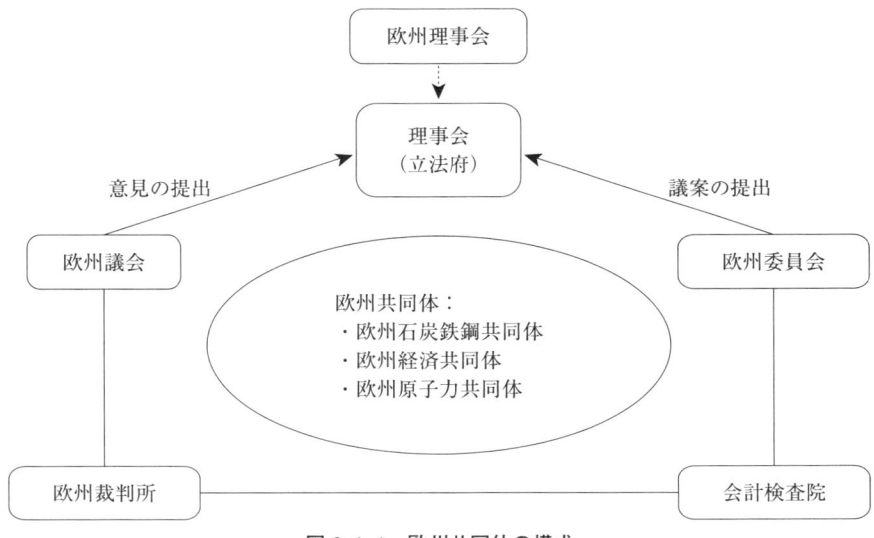

```
                    ┌──────────┐
                    │  欧州理事会  │
                    └─────┬────┘
                          ⋮
                    ┌─────▼────┐
                    │   理事会   │
                    │  (立法府)  │
                    └──────────┘
      意見の提出  ↗            ↖  議案の提出
  ┌────────┐      ╭────────────╮      ┌────────┐
  │ 欧州議会 │      │  欧州共同体：  │      │ 欧州委員会 │
  └────────┘      │ ・欧州石炭鉄鋼共同体 │      └────────┘
                  │ ・欧州経済共同体  │
                  │ ・欧州原子力共同体 │
                  ╰────────────╯
  ┌────────┐                            ┌────────┐
  │ 欧州裁判所 │                            │ 会計検査院 │
  └────────┘                            └────────┘
```

図 6-1-1　欧州共同体の構成

欧州共同体は，主権国家の間で締結された国際条約によって設立された国際機構である。しかし，いわゆる政府間国際機構とは異なり，超国家的国際機構といわれている（藤原・田中［1994］pp. 41-42）。なぜなら，この共同体の決定事項は，加盟国に対して強制力を伴うものであるからである。

欧州共同体の基本的な政策決定の仕組みは，欧州委員会（European Commission）が発議する。そして，EC理事会（European Council）が決定をおこなう。その過程で，欧州議会（European Parliament）や経済社会評議会が諮問を受け意見を提出することとなっている（藤原・田中［1994］p.42）。理事会は，加

盟国の政府代表より構成される。通常，出席者に応じて外相理事会，蔵相理事会などと呼ばれる。理事会は，欧州共同体の決定をおこなう立法府である（藤原・田中［1994］p. 45）。

EC理事会は，1974年にParisで開催されたEC 9カ国首脳会議で首脳会議を常設化することを決定した（藤原・田中［1994］p. 49）。EC理事会は，欧州共同体の日々の問題を議論する場ではない。むしろ，加盟国の指導者たちが欧州共同体の統合に係わる理想を語り合う場として考えられた（藤原・田中［1994］p. 49）。

1979年には，欧州通貨制度（European Monetary System）が導入された。また，1986年に単一欧州議定書が調印された。域内市場は，「物，人，資本，用役の自由な移動が保証された域内国境のない領域」というように定義された。これらの取り決めによって，加盟国間での経済的結び付きが加速された。

6-1-3　欧州連合の設立

欧州共同体は，1993年に市場統合が完成した勢いに乗じて，通貨，政治統合も一挙に進める方針を固めた。1991年にオランダのMaastricht（マーストリヒト）で開いた首脳会議では，これらの規定を欧州共同体の憲法である「欧州連合条約」に盛り込むことに成功した（藤原・田中［1994］p. 117）。そして，1993年に欧州連合（European Union）が設立された（Maastricht条約）。欧州連合は，欧州共同体と2つの政府間協力（共通外交安全保障政策および司法・内務協力）の3つの柱からなる（藤原・田中［1994］p. 131）。

この条約の改正により，欧州共同体の柱について経済通貨同盟，機構改革，欧州市民権，政策領域の再定義と拡張が実現していった。そして，欧州経済共同体条約の条文の多くが改められた。また，多くの条文も追加された（藤原・田中［1994］p. 131）。これによって，欧州連合は，欧州共同体を基盤として，引き続き経済通貨統合を進めた。そして，ついに共通外交安全保障政策，司法・内務協力などの幅広い協力を目指す政治・経済統合体となったのである。

司法・内務協力は，国家主権の根幹に位置するものである。これは，犯罪捜査，裁判での協力と庇護，出入国管理などの共通化，域内国境での検問の廃止，第三国に対する共通ルール作りを目指すものであった（藤原・田中［1994］

p. 131)。一方,共通外交安全保障政策は,その樹立を決定するに留まった(藤原・田中［1994］p. 131)。経済通貨同盟(Economic and Monetary Union)は,欧州域内での欧州通貨制度を基盤として金融面での統合を図るべく単一のEC通貨の発行を目指した。2002年には,ユーロ建通貨の流通が開始された。

6-2　EC第4号指令原案の概要

　EC第4号指令原案第2条は,フランス・ドイツ型会計の特徴である会計義務の成文化を指向したものである。そして,成文化された会計規則の枠内で,会社の財産,財務状態および諸成果についての可能な限り確実な写像を与えることを要請した。これに対して,EC第4号指令第2条は,フランス・ドイツ型会計にイギリス型会計の特徴である会計義務の慣習化を導入したものである。同条においては,1948年英会社法第149条をその基本原則として位置づけた。したがって,慣習法の国で形成されてきた真実性・公正性の解釈が新たな会計の問題として浮上してきた。

　欧州共同体委員会は,1957年Rome条約第54条第g号に基づいて,1971年11月10日にEC第4号指令原案を理事会に提出した。この原案指令は,加盟国内に対して,社員(associés)の利益と同様に第三者の利益を保護するために,会社に求める会計義務に関する調和化を目指したものである(CCE［1973］p. 3)。ここで,EC第4号指令原案第2条を示すと,つぎのとおりである(CCE［1973］pp. 7-8)。

EC第4号指令原案第2条　［年度計算書類の作成］
① 　年度計算書類は,貸借対照表,損益計算書および附属明細書から構成される。当該書類は,貸借対照表,損益計算書および附属明細書をもって1組を形成する。
② 　年度計算書類は,正規かつ誠実な会計をおこなうための諸原則(principes d'une comptabilité régulière et sincère)の要請を満たさなければならない。
③ 　年度計算書類は明瞭に作成されなければならない。そして,当該書類の評価と様式に係わる規定の枠内で,会社の財産,財務状態および諸成果についての

可能な限り確実な写像を与えなければならない。

EC第4号指令原案第2条が正規かつ誠実な会計原則を基本原則として定めたのは，つぎの2つの理由からである（山口［1984］p. 201）。すなわち，第1に，「正規かつ誠実な会計をおこなうための諸原則」の内容と範囲を明確に限定することが不可能であるからである。第2に，これらの諸原則を成文化することは，むしろ加盟国に存在する各種の会計専門機関によってなされるべきであるからである。

本指令原案第2条③が「可能な限り確実な写像を与えなければならない。」と定めたのは，つぎの理由からである（CCE［1973］p.8）。すなわち，この規定は，会社の財産状態，財務状態ならびに諸成果状況について「可能な限り確実な写像」を要求した。かつ，この主要な目的は，財務計算書類を作成する際に常に追求されなければならない。ところが，財務計算書類の様式と評価規則に係わる規定によっては，「確実な写像」が異なる場合がある。「可能な限り」がその場合の様式と評価規則を選ぶ判断基準となる。もっとも，この規定をもってして，企業の現実的状況が充分に明示されるとは限らない。なぜなら，ある状況下では「可能な限り確実な写像」が表示できないこともあり得るからである。そこで，この規定には，上述の目的を適切に達成するために説明的文言による補完が要求されることになる。上述の採択理由からは，つぎの3点が指摘できる。すなわち，第1に，財務計算書類の目的として，「会社の財産状態，財務状態および諸成果についての可能な限り確実な写像を与える。」を要求している。けれども，この規定は現行の会計技術ではその限界があることを指摘している。第2に，同一の会計事象について複数の代替的会計方法が容認される。その枠内での選択適用によっては，異なる会計数値が算出されることになる。しかし，「可能な限り確実な写像を与えること」になる。第3に，会計規則の準拠性を強制しながらも，ある状況下では企業活動の実態を適切に表すことができないこともあることを指摘している。なお，この規定は当時の会計規則からの離脱を容認してはいない。

EC第4号指令第2条は，フランス・ドイツ型会計にイギリス型会計の特徴である会計義務の慣習化を導入した。そして，1948年英会社法第149条をその

表6-2　EC第4号指令原案の基本原則と1948年英会社法の基本原則の比較

	EC第4号指令原案第2条	1948年英会社法第149条
遵守機能	第3項	第1項
補足機能	第3項	な　し
離脱機能	な　し	第3項

基本原則として位置づけた。この導入により，会計規則からの離脱条件が問題となった。

「表6-2　EC第4号指令原案の基本原則と1948年英会社法の基本原則の比較」は，EC第4号指令原案第2条の基本原則とその改正基礎となった1948年英会社法第149条の基本原則を比較したものである。

6-3　EC第4号指令の概要

イギリスが1972年の加入条約（1973年発効）に基づき欧州共同体に加盟したことにより，EC第4号指令原案が改正された。そして，EC第4号指令が1978年に制定された。この改正理由は，財務計算書類が欧州共同体全域を通じて比較可能なものになるようにすることであり，同質なものになるようにすることである（山口［1984］p. 192）。このことは，超国家的な取引をヨリ一層容易にするだけではなく，欧州共同体の資本市場の発展にも寄与することになる。ここで，EC第4号指令の概要を示すと，つぎのとおり12節，62カ条からなる。

　　第1節　総則
　　第2節　貸借対照表および損益計算書に係わる総則
　　第3節　貸借対照表の様式
　　第4節　貸借対照表項目に係わる特則
　　第5節　損益計算書の様式
　　第6節　損益計算書項目に係わる特則
　　第7節　評価規則
　　第8節　附属明細書の内容

第 9 節　営業報告書の内容
第10節　公示
第11節　会計監査
第12節　付則

　本節で取り上げる基本原則に係わる条文は，下記のとおり改められることになった。ここで，EC 第 4 号指令第 2 条を示すと，つぎのとおりである（Klée et. al.［1992］p. 636）。

EC 第 4 号指令第 2 条［年度計算書類の作成］
① 年度計算書類は，貸借対照表，損益計算書および附属明細書から構成される。当該書類は，貸借対照表，損益計算書および附属明細書をもって 1 組を形成する。
③ 年度計算書類は，会社の財産，財務状態および諸成果についての真実かつ公正な概観（英：a true and fair view，仏：une image fidèle）を与えなければならない。
④ 本指令の適用が第 3 項で目指す真実かつ公正な概観を与えるために充分でない場合には，補足情報が提供されなければならない。
⑤ 例外の場合として，本指令の規定を適用することによって第 3 項で定める要請との対立が指摘されるならば，第 3 項が意味するところの真実かつ公正な概観を与えるために，該当する規定から離脱する理由がある。当該離脱は，財産，財務状態および諸成果に及ぼす離脱の影響を指摘するとともに，附属明細書に記載されて正当に理由づけられなければならない。

　EC 理事会は，上述のとおり改正した理由をつぎのように述べている（山口［1984］pp. 201-202）。すなわち，真実性・公正性を与える要請は，「正規かつ誠実な会計を行うための諸原則」を遵守しなければならない。この新しい表現である真実性・公正性の導入によって「正規かつ誠実な会計を行うための諸原則」が削除できる。このことは，1948年英会社法第149条で定められている真実性・公正性がフランス会計における伝統的な会計原則である正規性と誠実性を包括していることを意味する。なお，イギリスの会計概念である a true and fair view はフランス語に直訳すると une image védique et loyale となる（Pérochon [1983] p. 35）。

　EC 第 4 号指令原案の基本原則と EC 第 4 号指令の基本原則を比較すると，つぎの相違点が指摘できる。すなわち，EC 第 4 号指令原案第 2 条の基本原則は，「正規性」および「誠実性」である。本条③で遵守機能と補足機能を有する。ただし，離脱機能を有していない。これに対して，EC 第 4 号指令第 2 条の基本原則は，「真実性・公正性」である。本条③で遵守機能，④で補足機能および⑤で離脱機能を有する。すなわち，EC 第 4 号指令原案第 2 条およびEC 第 4 号指令第 2 条は，ともに遵守機能と補足機能を有する。けれども，EC 第 4 号指令原案第 2 条は，離脱機能は有していない。EC 第 4 号指令第 2 条は離脱機能を有しているという点で異なっている。上述のことを表で示すと，「表 6-3　EC 第 4 号指令原案の基本原則と EC 第 4 号指令の基本原則の比較」となる。

表 6-3　EC 第 4 号指令原案の基本原則とEC 第 4 号指令の基本原則の比較

	EC 第 4 号指令原案第 2 条	EC 第 4 号指令第 2 条
遵守機能	第 3 項	第 3 項
補足機能	第 3 項	第 4 項
離脱機能	なし	第 5 項

6-4　写像理論による忠実性の解釈アプローチ

　忠実性の解釈には，広義解釈アプローチ（approch maximaliste）と狭義解釈アプローチ（approch minimaliste）がある。前者のアプローチでは，企業の経営活動の忠実性によって財務計算書類の忠実性が確保できると解する。これに対して，後者のアプローチでは，会計規則の忠実性によって財務計算書類の忠実性が確保できると解する。両アプローチの相違を明らかにするためには，数学の写像理論の援用が有効な手段と考えられる。この援用によって，会計規則の準拠性および規定からの離脱可能性が数学的に明らかにすることができる。

　そこで，EC 第 4 号指令の基本原則が果たす役割を明らかにするために，写

像理論を用いて，イギリス型会計による解釈とみられる広義解釈アプローチと，フランス・ドイツ型会計による解釈とみられる狭義解釈アプローチを対比して検討する。この検討結果から，現行の会計規則からの離脱条件が明らかになる。

経営活動（X），関数として機能する会計規則（F）および会計情報（Y）をつぎのとおり定める。

- 経営活動（X）：企業の経営活動によって生じる1つ1つ違う取引xの集まり
- 会計規則（F）：1つ1つ違う取引xに対する会計処理方法fの集まり
- 会計情報（Y）：1つ1つ違う取引xに対する勘定記入yの集まり

経営活動（X）の元x，会計規則（F）の関数fおよび会計情報（Y）の元yをつぎのとおり定める。

- 経営活動（X）の元x　：mによって取引の属性が特定化される取引（x_m）
- 会計規則（F）の関数f：（x_m）の会計処理方法（$f_{m1}, f_{m2},..., f_{mn}$）
- 会計情報（Y）の元y　：（$f_{m1}, f_{m2},..., f_{mn}$）に対する勘定記入（$y_{m1}, y_{m2},..., y_{mn}$）

なお，ここでの勘定記入とは，会計処理方法によって決定される勘定科目と取引金額を意味する。ここで，上述の関係を図で示すと，「図6-4　経営活動（X）から会計情報（Y）への写像」となる。

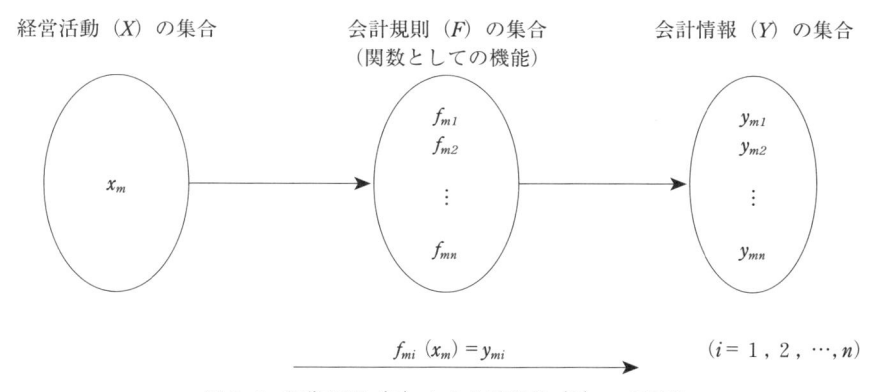

経営活動（X）の集合　　　会計規則（F）の集合　　　会計情報（Y）の集合
　　　　　　　　　　　　　（関数としての機能）

x_m　　　→　　f_{m1}, f_{m2}, ⋮, f_{mn}　　→　　y_{m1}, y_{m2}, ⋮, y_{mn}

$$f_{mi}(x_m) = y_{mi} \quad (i = 1, 2, \cdots, n)$$

図6-4　経営活動（X）から会計情報（Y）への写像

第6章　1978年EC第4号指令における真実性・公正性のフランス的解釈　105

　会計には会計情報の作成過程と作成結果がある。前者の過程は，会計規則 (F) を関数として定義域である経営活動 (X) から終域である会計情報 (Y) への写像を明らかにする過程である。後者の過程は，会計規則 (F) を関数として終域である会計情報 (Y) から定義域である経営活動 (X) への原像を明らかにする過程である。ここで，(1) 経営活動 (X) から会計情報 (Y) への写像，および (2) 会計情報 (Y) から経営活動 (X) への逆写像を検討する。

(1)　経営活動 (X) から会計情報 (Y) への写像 $f: f(x) = y$

　会計情報 (Y) の元 y に対する経営活動 (X) の元 x は y の原像である。また，x に対する y は x の写像である。ここで，会計情報の作成過程に該当する，経営活動 (X) から会計情報 (Y) への写像 f を式で示すと，つぎのとおりになる。

$$f_{mi}(x_m) = y_{mi} \quad \cdots\cdots ① \qquad (i = 1, 2, ..., n)$$

　式①を会計的に解釈すると，取引 (x_m) の実態を明らかにするために，会計人が定められた会計処理方法 ($f_{m1}, f_{m2}, ..., f_{mn}$) から1つ ($f_{mi}$) を選択・適用する。その処理結果として，勘定記入 (y_{mi}) が定まる。

(2)　会計情報 (Y) から経営活動 (X) への逆写像 $f^{-1}: f^{-1}(y) = x$

　経営活動 (X) から会計情報 (Y) への写像 f は，関数の集まりとして機能する会計規則 (F) を媒体として，(X) から (Y) の上への1対1の写像となる[注2]。この根拠はつぎのとおりである。

(x_m) から (y_{mi}) への写像

$$(f_{m1}, f_{m2}, ..., f_{m(i-1)}, f_{mi}, f_{m(i+1)}, ..., f_{mn})$$

という選択肢から (f_{mi}) を選択・適用する。その結果，

$$(f_{m1}, f_{m2}, ..., f_{m(i-1)}, f_{m(i+1)}, ..., f_{mn})$$

という選択肢が残る。したがって，(X) から (Y) の上への写像が1対1になるので，(Y) に (X) を対応させる f の逆写像 f^{-1} が定まる。

　ここで，会計情報の作成結果に該当するところの y に x を対応させる f の逆写像 f^{-1} を式で示すと，つぎのとおりになる。

$$\text{式①のとき } f^{-1}{}_{mi}(y_{mi}) = x_m \cdots\cdots ①' \qquad (i = 1, 2, ..., n)$$

　式①'を会計的に解釈すると，取引 (x_m) の勘定記入 (y_{mi}) は，会計処理方法 (f_{mi}) という編みの目を通して (x_m) の実態を明らかにする。会計情報の利用者

は，(y_{mi}) を見ることによって，(x_m) の内容を把握できる。なお，(f_{mi}) は附属明細書を見ることによって知ることができる。

6-5　忠実性の会計的解釈

忠実性の解釈には，会計情報の作成結果を重視する広義解釈アプローチと作成過程を重視する狭義解釈アプローチがある。

広義解釈アプローチによると，会計は企業の経営実態を写し出さなければならない（Burlaud *et. al*. [1998] p. 39)。このアプローチは，会計規則 (F) の関数 f を特定化せずに，会計情報 (Y) の元 y から企業の経営実態である経営活動 (X) の元 x が把握できるという会計情報の作成結果を重視した手法である。しかし，作成結果は式①'で明らかなように，y に対する x が y の原像となるためには，f が y と x との関数として介在しなければならない。

ここで，f を特定化せずに，y に対する x が y の原像となるのかを検討する。ある取引 (x_m) に対する勘定記入 (y_{mi}) は，定められた会計処理方法 ($f_{m1}, f_{m2},..., f_{mn}$) の中から選択・適用された1つ ($f_{mi}$) によって得られる結果である。だから，選択・適用された会計処理方法が特定化されなければ，(y_{mi}) を導き出すための ($f_{m1}, f_{m2},..., f_{mn}$) のすべてを適用することになる。その結果として，(x_m) の下限値 (min) と上限値 (max) が定まる。すなわち，x_m が $[x_{m\ min}, x_{m\ max}]$ の間にあると推定できる。このことを式で示すと，つぎのとおりになる。

$$f_{mi}(x_m) \to y_{mi} \text{ のとき } \quad f^{-1}{}_{mi}(y_{mi}) = [x_{m\ min}, x_{m\ max}] \cdots\cdots ② ' \quad (i=1, 2,..., n)$$

式②'を会計的に解釈すると，勘定記入 (y_{mi}) に対する取引 (x_m) は $[x_{m\ min}, x_{m\ max}]$ の間にあると推定できる。しかし，会計情報の利用者は，(x_m) の写像である (y_{mi}) をみたとしても，(y_{mi}) の原像である (x_m) を一定の幅をもってしか把握できない。したがって，広義解釈アプローチでは，(x_m) に対して f が複数 ($f_{m1}, f_{m2},..., f_{mn}$) あるときには，$(x_m)$ が $[x_{m\ min}, x_{m\ max}]$ という許容範囲内で (x_m) の実態が把握できる。そこで，このアプローチは，$[x_{m\ min}, x_{m\ max}]$ の範囲を「法形式における経済的実態の優先（prééminence de la réalité économique sur la forme juridique)」に置き換えて，(x_m) の許容範囲内を狭めることにより，初めて適用可能となる（Burlaud *et. al*. [1998] p. 39)。

狭義解釈アプローチによると，写像が「忠実」であるといえるのは，写像が会計規則に合致するときである (Burlaud *et. al.* [1998] p. 39)。このアプローチは，PCG 第Ⅰ編に記述された最初の文章「忠実な写像を写し出す状態表を作成するために，会計は正規性および誠実性の原則を遵守しなければならない (PCG [1986] p.Ⅰ-5)。」の解釈から生まれた。すなわち，このアプローチは，x を f である正規性と誠実性の原則に従って処理するという会計情報の作成過程を重視した手法である。この過程では，式①で明らかなように，取引 (x_m) に対する勘定記入 (y_{mi}) が (x_m) の写像となるのは，会計処理方法 (f_{mi}) が (x_m) と (y_{mi}) との関数として介在するからである。また，作成結果でも，式①'で明らかなように，(y_{mi}) に対する (x_m) が (y_{mi}) の原像となるのも，(f_{mi}) が関数として介在するからである。このアプローチには論理的矛盾がない。しかし，(x_m) に対して f が複数 ($f_{m1}, f_{m2},..., f_{mn}$) あるときに，その中から選択・適用された ($f_{mi}$) が ($x_m$) の実態を写し出す上で妥当であるのか否かは問われない。なぜなら，このアプローチでは，(y_{mi}) という処理結果に基づき，定められた ($f_{m1}, f_{m2},..., f_{mn}$) から選択・適用された1つ ($f_{mi}$) を選択・適用することの妥当性を検証しないからである。ここで，広義解釈アプローチと狭義解釈アプローチを図で示すと，「図6-5　忠実性の解釈」となる。

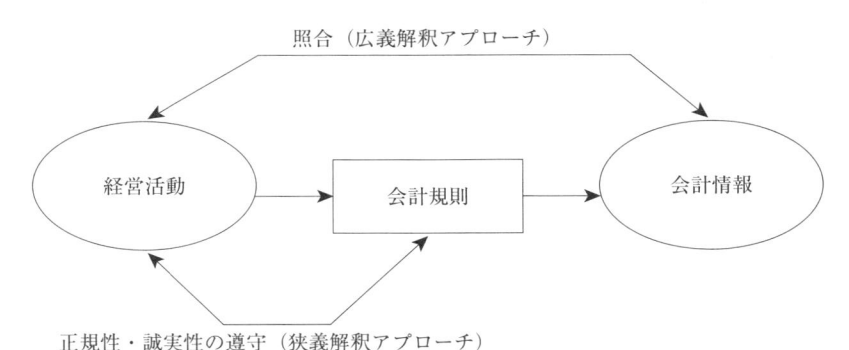

図6-5　忠実性の解釈

6-6　離脱規定の適用

　取引 (x_m) に対する会計処理方法 f が複数 ($f_{m1}, f_{m2},..., f_{mn}$) あるときに，その中から選択・適用された1つ (f_{mi}) からは，(x_m) の実態を写し出せないと判断する。この場合には，現行の会計処理方法から離脱して，新たな会計処理方法 (f'_{mi}) を採用しなければならない。

　ここで，現行の会計処理方法 ($f_{m1}, f_{m2},..., f_{mn}$) の中から選択・適用しても，($x_m$) に対する勘定記入 ($y_{mi}$) が ($x_m$) の写像となりえないと判断したと仮定する。この仮定によると，新たな勘定記入 (y'_{mi}) に対する (x_m) は，(f'_{mi}) によって (y'_{mi}) の原像となる。また，(x_m) に対する (y'_{mi}) は，(f'_{mi}) によって (x_m) の写像となる。ここで，会計情報の作成過程に該当する，(x_m) から (y'_{mi}) への写像 (f'_{mi}) を式で示すと，つぎのとおりになる。

$$f'_{mi}(x_m) = y'_{mi} \quad \cdots\cdots ① - (d)$$

　また，会計情報の作成結果に該当する，(y'_{mi}) から (x_m) への逆写像 (f'^{-1}_{mi}) を式で示すと，つぎのとおりになる。

$$f'^{-1}_{mi}(y'_{mi}) = x_m \quad \cdots\cdots ① - (d)$$

　現行の会計処理方法 (f_{mi}) から離脱して (f'_m) に置き換える判断基準は，広義解釈アプローチと狭義解釈アプローチでは異なる。前者のアプローチでは，(y_{mi}) に対する (x_m) が $[x_{m\ min}, x_{m\ max}]$ という許容範囲内に留まらない。だから，(f'_{mi}) が採用されなければならない。ここで，(y_{mi}) に (x_m) を対応させる逆写像 f^{-1} を式で示すと，つぎのとおりになる。

$$f^{-1}_{mi}(y_{mi}) \neq [x_{m\ min}, x_{m\ max}] \text{ のとき}$$
$$f'^{-1}_m(y'_m) = [x_{m\ min}, x_{m\ max}] \quad \cdots\cdots ③'$$

　式③'を会計的に解釈すると，(y'_{mi}) をもってして (x_m) が $[x_{m\ min}, x_{m\ max}]$ の間にあると判断し，現行の会計処理方法から離脱して (f'_m) を採択する。

　後者のアプローチには，会計情報の作成結果という (y_{mi}) と (x_m) との対応がない。だから，(f_{mi}) から離脱して (f'_{mi}) を選択・適用することができない。ただし，(f_{mi}) と異なる (f'_{mi}) が出現したときには，両者の会計処理方法を比較して (x_m) の実態をヨリ明らかにさせる処理方法を採用する。ここで，(x_m)

第6章 1978年EC第4号指令における真実性・公正性のフランス的解釈　109

から (f_{mi}) と (f'_{mi}) への写像を式で示すと，つぎのとおりになる。

$f_{mi}(x_m) = y_{mi}$　……①

$f'_{mi}(x_m) = y'_{mi}$　……①-(d)

式①と ｜①-(d)｜ を会計的に解釈すると，(f_{mi}) と (f'_{mi}) の比較によっていずれの会計処理方法が (x_m) の実態を明らかにするのかを判断しなければならない。(f'_{mi}) が (f_{mi}) よりも (x_m) の実態を明らかにすると判断したならば，現行の会計処理方法から離脱して (f'_{mi}) を採択する。なお，(f'_{mi}) は会計情報の作成結果から生じたのではない。それゆえに，離脱の明確な根拠があるとはいえない。

6-7　結　　　論

　以上，財務計算書類の作成目的という視点から，慣習法において形成されてきた真実性・公正性が成文法の正規性・誠実性との調和化を成し遂げる際に，真実性・公正性を忠実性と解する根拠を明らかにしてきた。EC第4号指令原案第2条の正規性および誠実性は，遵守機能と補足機能を有している。ところが，離脱機能を備えていない。これに対して，EC第4号指令第2条の真実性・公正性は，離脱機能も備えている。

　フランス・ドイツ型会計では，財務計算書類の作成結果に係わる基本原則がなかった。そこで，EC第4号指令の真実性・公正性をフランス流に忠実性と解すると，正規性および誠実性を満たせば忠実性を満たすことになる。すなわち，財務計算書類の作成過程に係わる正規性および誠実性を満たせば，必然的に財務計算書類の作成結果に係わる真実性・公正性を満たすことになる。よって，EC第4号指令は，財務計算書類の作成結果よりもその作成過程を重視しているといえる。ここで，EC第4号指令における財務計算書類の作成について表で示すと，「表6-7　財務計算書類の作成」となる。

　さらに，EC第4号指令の基本原則が果たす役割を明らかにするために，数学領域である写像理論を援用した。そして，イギリス型会計による真実性・公正性の解釈とみられる広義解釈アプローチとの対比において，フランス・ドイツ型会計による忠実性の狭義解釈アプローチを明らかにしてきた。かつ，現行

表6-7　財務計算書類の作成

作成過程	作成結果
物的属性：正規性	忠実性
人的属性：客観的誠実性	

の会計規則からの離脱条件も明らかにしてきた。

　イギリス型会計による真実性・公正性の解釈は，作成結果を重視した広義解釈アプローチによるものである。このアプローチによると，会計情報の作成者は，経営活動と会計情報の照合によって会計情報が経営活動の実態を明らかにできると解する。ところが，経済事象から会計事象に転化する際に，経営活動と会計規則の照合が欠けている。だから，会計情報からは，一定の許容範囲内でしか経営活動の実態を把握できない。すなわち，この範囲外に経営活動の実態があると判断されるときには，現行の会計規則から離脱しなければならない。

　これに対して，フランス・ドイツ型会計による忠実性の解釈は，作成過程を重視した狭義解釈アプローチによるものである。このアプローチによると，会計情報の作成者は，会計規則への準拠によって会計情報が経営活動の実態を明らかにできると解する。ところが，経営実態と会計情報の照合が欠けている。だから，会計規則からは一定の許容範囲内でしか経営活動の経済的実態を把握できない。すなわち，この範囲外に経営活動の実態があると判断されるときには，現行の会計規則から離脱しなければならない。

注　釈

（注１）　欧州共同体から欧州連合へと組織変更した後に，1995年にオーストリア，スウェーデンおよびフィンランド，2004年にチェコ，エストニア，キプロス，ラトビア，リトアニア，ハンガリー，マルタ，ポーランド，スロヴェニアおよびスロヴァキアがこの連合に加盟した。これらを表で示すと，「表6-0-2　欧州連合加盟15カ国」となる。

表6-0-2　欧州連合加盟15ヵ国

加盟国名	加盟年度	加盟国名	加盟年度
フランス	1958年	スウェーデン	1995年
ドイツ	1958年	フィンランド	1995年
イタリア	1958年	チェコ	2004年
ベルギー	1958年	エストニア	2004年
オランダ	1958年	キプロス	2004年
ルクセンブルク	1958年	ラトビア	2004年
イギリス	1973年	リトアニア	2004年
アイルランド	1973年	ハンガリー	2004年
デンマーク	1973年	マルタ	2004年
ギリシャ	1981年	ポーランド	2004年
スペイン	1986年	スロヴェニア	2004年
ポルトガル	1986年	スロヴァキア	2004年
オーストリア	1995年		

（注2）　t_0のときにある有価証券を100 Eurosで取得した。t_1のときに130 Eurosまで値上がりしたが、t_2のときには100 Eurosまで値下がった。t_0とt_2の勘定記入は100 Eurosで同じであるが、t_1のときは取得原価規準で処理したが、t_2のときは時価規準で処理した。

第Ⅲ編　欧州における
　　　　フランス国際型会計の確立

第7章
1983年 EC 第4号指令調和化法における忠実性の確立
——真実性・公正性から忠実性への移行——

7-0 序　　論

　1966年7月24日に商事会社に係わる法律第66-537号 (Loi n° 66-537 du 24 juillet 1966 sur les sociétés commerciales)（以下，1966年商事会社法と略する）が制定された。本法第228条で定められた会計監査人の職務との係わりで，国民議会は，正確性ないしは誠実性のいずれの概念を採択すべきであるのかを議論した。最終的には，誠実性の概念が採択された。この概念も正規性と同様に，同法における基本原則と位置づけられることになる。その後，同法第228条が，1983年4月30日に欧州共同体委員会第4号指令との会計義務の調和化に係わる法律第83-353号 (Loi n° 83-353. Mise en harmonie des obligations comptables avec la IV⁰ directive du conseil des communautés européennes du 25 juillet 1978)（以下，1983年EC第4号指令調和化法と略する）によって改められた。改正後の同条においても誠実性の概念が継続して取り入れられた。

　1953年改正商法と1966年商事会社法は，1983年EC第4号指令調和化法によって大幅に改められた。そこで，便宜上，改正後の1953年改正商法を1983年改正商法，および1966年商事会社法を1983年改正商事会社法と称することにする。

　1978年に欧州共同体理事会によって公布されたEC第4号指令は，1948年英会社法第149条の「真実かつ公正な概観 (true and fair view)（以下，真実性・公正性と略する）」を同指令の会計全般に係わる基本概念として導入した。フランスに

おいては，真実性・公正性の概念に相当するものが「忠実な写像（une image fidèle）（以下，忠実性と略する）」である。この概念は，会計法の基本原則として導入された。そして，会計法の具体的な会計処理規準が Plan Comptable Général 1982（以下，PCG 82と略する）である。これは，国家会計審議会によって作成されたものであり，会計の基本原則である忠実性を導入している。ところが，PCG 82は，それ自体として会社に対する直接の強制力をもたない。だから，PCG 82は，1982年4月30日付の経済・大蔵大臣および予算担当大臣の省令によって公布されたのである。これをもって，PCG 82は強制力を持つことになった。これらの改正経緯を図で示すと，「図7-0　会計制度の改正経緯」となる。

```
                                    1983年 EC 第 4 号指令調和化法
                                              ↓
        1807年商法⇒1953年改正商法        ⇒   1983年改正商法
                    1966年商事会社法      ⇒   1983年改正商事会社法
                    PCG 57              ⇒   PCG 82
```
図7-0　会計制度の改正経緯

　PCG 82によると，会計に係わる一般規定の冒頭で，会計は，企業の経済的実態を忠実に写像する財務計算書類を作成するために，慎重性の原則を遵守して正規性および誠実性を満たさなければならないと定めた（PCG [1982] p. 5）。慎重性，正規性および誠実性は，会計の伝統的な基本原則である。とりわけ，正規性および誠実性は，会計監査人の職務との係わりで重要な役割を担ってきた。新たに導入された忠実性は，会計の基本原則のうちでも最も優先される原則として位置づけられる。この位置づけにより，PCG 82における誠実性の役割が1966年商事会社法における誠実性の役割よりも明確になった。すなわち，1966年商事会社法の誠実性は，会計人の信義と技能の問題として，主観性と客観性に分けてその役割を明らかにしていた。これに対して，1983年改正商法の誠実性は，会計人の信義が所与のものとして会計人の誠実性を客観的に捉えた。その上で，その役割を明らかにしている。ここで，会社法における基本原則の導入経緯を表で示すと，「表7-0　基本原則の導入経緯」となる。

　本章の研究目的は，財務計算書類の作成目的という視点から，1983年 EC 第4号指令調和化法における正規性，誠実性および慎重性の役割ならびにこれら

表7-0 基本原則の導入経緯

会計法	基本原則
1948年英会社法	真実性・公正性
EC第4号指令	真実性・公正性（英）忠実性（仏）
EC第4号指令調和化法	忠実性

の3つの原則を包括している忠実性の役割を明らかにすることである。この検討に際しては，つぎのことがらが論点となる。

① 物的属性としての正規性は，財務計算書類の作成過程に係わる基本原則である。その作成に係わる会計規則は，準拠性の度合に応じて階層化される。

② 人的属性としての誠実性は，財務計算書類の作成過程に係わる基本原則である。これは会計人の信念と技能に分けられる。ここでの誠実性は，後者の技能としての役割を果たす。

③ 忠実性は，財務計算書類の作成結果に係わる基本原則である。この原則は，正規性および誠実性を満たすことによって必然的に満たされる。

④ 忠実性は伝統的な正規性および誠実性を生かしながら，これに真実性・公正性の役割を加味した概念と解される。

7-1 会計制度の概要

フランスでは，EC会社法指令を国内法に導入するために，公的機関である議会，政府，国家会計審議会および証券取引委員会が指導的な役割を演じてきた。公的機関が制定する会計法は，その強制力の度合に応じて，EC会社法指令，法律（loi），施行令（décret）[注1]，省令（arrêté ministériel）[注2]の順に階層化される（Esnault et Hoarau ［1994］ p. 34）。会計法は，基本的な財務計算書類の作成様式を定めている。また，企業の規模に応じて簡便的様式ないしは発展的様式も定めている。本節では，会計標準化の設定機関が行使できる強制力という視点から，会計規則の階層性を明らかにする。あわせて，企業規模の視点からも財務計算書類の階層化を明らかにする。

7-1-1　会計基準の階層化

　会計標準化の設定機関として，立法権をもつ議会，行政権をもつ政府，経済・財務大臣の諮問機関である国家会計審議会および上場会社に対する法的規制を行使できる証券取引委員会がある。

　議会は，EC第4号指令を国内法に導入するために，EC第4号指令調和化法を可決・制定した。この調和化法は，その後，EC第7号指令を国内法に導入するために，EC第7号指令調和化法によって部分的に改められた。両者の調和化法は，1966年商事会社法に編成されている。

　政府は，議会で制定された会社法を施行するために，会計施行令を制定する。EC第4号指令調和化施行令は，EC第4号指令調和化法の実施規定を定めた施行令である。そして，この施行令は，連結会計に係わるEC第7号指令調和化施行令によって部分的に改められた。

　国家会計審議会は，PCGを作成・公表する。PCGは作成された後に経済・財務大臣省令によって承認されるので，商工業企業に対してはその適用が強制される。よって，PCGは，会計法および会計施行令の適用を支援するための会計規則集となる。同時に，会計法を改廃するにあたっての基礎ともなる。

　証券取引委員会は，省令によって承認された命令（réglements）を施行する権限を有する（Burlaud et.al. [1992] p. 13）。くわえて，訓令（instructions）および勧告（recommandations）の理論的裏付けとなる会計教義（doctrine comptable）に係わる諸問題を明確化する権限も有する（Burlaud et.al. [1992] p. 13）。また，証券取引委員会が編集する大統領報告書は公報に記載される。ただし，証券取引委員会の権限は，証券を公募する法人を規制する範囲内に留まる。このことから，その任務の範囲は自ずから限定される。

　ここで，会計標準化の設定機関を表で示すと，［表7-1　会計標準化の設定機関］となる。［表7-1］では，会計標準化の公的機関によって作成される基準書の種類が明らかになる。

7-1-2　1983年改正商法の概要

　EC第4号指令調和化法によって改正された1983年改正商法は，4巻648カ条から成り立っている。ここで，1983年改正商法が規定する商人会計に係わる主

表 7-1 会計標準化の設定機関

設定機関	基 準 書
欧 州 連 合	EC第4号指令・EC第7号指令・EC第8号指令
議 会	法律・商法
政 府	政令・省令（PCG）・大臣意見書
国家会計審議会	意見書・PCGへの職業別適用書（意見書）
証 券 取 引 所	規程書・指令書・勧告書

（出所：Burlaud et. al.（[1992] p.14) を参照。

要な条文を挙げると，つぎのとおりである。

第8条　[会計記録]

① （1983年4月30日法律第83-353号）商人としての資格を有する自然人または法人は，企業財産（patrimoine）に影響を与える変動について会計帳簿に記録（enregistrement comptable）しなければならない。当該変動は，歴史順（chronologiquement）に記録される。

② 自然人または法人は，少なくとも12カ月に1回，棚卸により企業財産の積極側項目または消極側項目の存在および価値を監査しなければならない。

③ 自然人または法人は，一会計期間末に会計記録および棚卸の視点から年度計算書類（comptes annuels）を作成しなければならない。当該書類は，貸借対照表，成果計算書および附属明細書から構成される。これらの3つの書類で1組を形成する。

第9条　[年度計算書類の作成]

① （1983年4月30日法律第83-353号による改正）貸借対照表は，企業の積極側項目と消極側項目を区分（séparément）して記載する。しかも，明確な方法で（de façon distincte）自己資本を明らかにさせる。

② 成果計算書は，一会計期間の収益（produits）と費用（charges）を集計する。それらの収入（encaissement）と支出（paiement）の日を考慮しない。成果計算書は，償却費および引当金の差引後であることを示し，一会計期間の利益または損失を明らかにさせる。収益および費用は，項目（catégorie）ごとに分類される。また，勘定式（forme de tableaux）ないしは報告式（forme liste）で記載

されなければならない。
③ (1985年7月11日法律第85-695号法律による改正)『従業員(personnel)および社会的受託者(mandataires sociaux)である構成員(membres)または社員(associés)が退職したことによりまたはそれに類似した理由により，年金(pension)，退職金(retraite)の補完，補償金(indemnités)および手当金(allocations)を受けるときに，これらの事項に係わる企業の負担額(montant des engagements)は附属明細書に明示される。さらに，企業は，これらの負担の全部または一部に相当する額を引当金の形式で貸借対照表に記載できる。』
④ 附属明細書は，貸借対照表および成果計算書によって与えられた情報を補足し注釈する。
⑤ 年度計算書類は，正規かつ誠実でなければならず，しかも企業の財産，財政状態および諸成果についての忠実な写像を与えなければならない。
⑥ 会計規則の適用によって，本条文で言及した忠実な写像が充分に与えられない場合には，補足情報を附属明細書に提供しなければならない。
⑦ 例外の場合，企業の財産，財政状態および諸成果についての忠実な写像を与えるのに，会計規則の適用が明らかに不適切であるならば，当該規定から離脱しなければならない。離脱による企業の財産，財政状態および諸成果に及ぼす影響は，附属明細書に記載される。そして，当該離脱の正当性が明示されなければならない。

第10条　[年度計算書類の様式]

① (1983年4月30日法律第83-353号による改正)貸借対照表，成果計算書および附属明細書は，企業の財産，財務状態および諸成果についての忠実な写像を与えるために必要な欄(rubriques)および項目(postes)を記載しなければならない。貸借対照表および成果計算書の各項目において，前期に相当する項目に係わる数値を明示する。
② 貸借対照表および成果計算書の項目分類，自己資本を構成する諸項目ならびに附属明細書に記載される注記は，施行令によって定められる(1983年11月29日施行令第83-1020号を参照)。
③ 自然人または法人である商人は，施行令によって定められた条件下で，年度計算書類について簡素化された様式を適用できる。これは，つぎの2つの基準

について施行令によって定められた数値を締切時に超えない場合である。すなわち，当期における貸借対照表の合計，売上高の純額または常勤雇用者数の平均値である。商人がこの選択を失うのは，当該条件が連続して2期間にわたって満たされない場合である（1983年11月29日施行令第83-1020号第17条および第18条を参照）。

第11条　[評価規則の継続性]

　（1983年4月30日法律第83-353号による改正）例外的変化が自然人または法人である商人の状況に介在しないならば，年度計算書類の様式は，維持される評価規則のとおり，ある会計期間からその他の会計期間へと変更されえない。変更がなされるならば，当該変更は附属明細書に記載されて正当化される。

第12条　[評価規則]

① 　（1983年4月30日法律第83-353号による改正）企業財産への流入日に，有償取得による財貨は取得原価（coût d'acquisition），無償取得による財貨は市場価値（valeur vénale），および製造財貨は製造原価（coût de production）によって記載される。

② 　固定資産諸項目について，棚卸時に維持される価値は，必要に応じて償却計画（plan d'amortissement）に従って計上されなければならない。ある資産項目の価値が純帳簿価値を下回るならば，その減価が確定であるのか否かに拘わらず，純帳簿価値として当期締切日における棚卸価値が計上される。

③ 　代替可能財貨（biens fongibles）は，取得または製造の加重平均原価法，先入先出法で評価される。

④ 　ある財貨の棚卸価値（valeur d'inventaire）と流入価値（valeur d'entrée）の差として確認される価値増加は計上されない。有形・金融固定資産（immobilisations corporelles et financières）のすべてを再評価する場合，現在価値（valeur actuelle）と純帳簿価値（valeur nette comptable）の差である再評価差異（écart de réévaluation）は，損失を填補するために利用することはできない。当該差異は，貸借対照表消極側に区別して記載される。

第13条　[総額主義]

① 　（1983年4月30日法律第83-353号による改正）積極側および消極側の項目（éléments d'actif et de passif）は，個別に評価されなければならない。

② いかなる相殺（compensation）も，貸借対照表の積極側項目と消極側項目の間および成果計算書の費用項目と収益項目の間でおこなうことができない。
③ 当期首貸借対照表は，前期末貸借対照表と連結しなければならない。

第14条　[評価の一般規則]

① （1983年4月30日法律第83-353号による改正）年度計算書類は，慎重性の原則（principe de prudence）を遵守しなければならない。当該書類の作成のために，自然人または法人である商人は，商業活動を継続して営むと見做される。
② 利益が計上されず，または計上されても不充分である場合にも，必要な償却および引当金を設定しなければならない。
③ 当期または次期以降に生じる危険および損失は，計上されなければならない。たとえ，これらの危険および損失が当期締切日と計算書類作成日の間に生じようとも認識されなければならない。

第15条　[実現利益]

① （1983年4月30日法律第83-353号による改正）一会計期間の締切日に実現された利益のみが年度計算書類に記載され得る。（1985年1月3日法律第85-11号）『記載され得るものは，棚卸し後に部分的に実施された操業において実現し，かつ双務契約者によって認知された利益である。この場合には，当該実現が確実であり，かつ予見会計資料（documents comptables provisionnels）の作成によって操業の総合利益が充分な保証をもって評価され得る。』

(1)　年度計算書類

　1983年改正商法は，原則的に1953年改正商法と同様に，「企業財産に影響を与える変動について会計記録しなければならない。」（同法第8条①）と定めた。ここに，商人に取引日記帳の作成を義務づけた。しかも，「少なくとも12カ月に1回」（同法第8条②）商人に棚卸を義務づけている。けれども，その財産目録の作成については指示していない。もっとも，「一会計期間末に会計記録および棚卸の視点から年度計算書類を作成しなければならない。」（同法第8条③）と定めた。年度計算書類を作成するための基盤となるのは，取引日記帳と棚卸である。だから，必然的に財産目録が作成されることになる。

　1953年改正商法が，年度計算書類として貸借対照表および当期業績主義の損

益計算書の作成を義務づけた。これに対して，1983年改正商法は，貸借対照表，総括主義の成果計算書および附属明細書の作成を義務づけている（同法第8条③）。とりわけ，年度計算書類のなかで重要な役割を担っているのが附属明細書である。というのも，1983年改正商法が，現行の会計規則の適用では，忠実な写像を与えるために不充分である場合に，「補足情報を附属明細書に提供しなければならない。」（同法第9条⑥）と定めたからである。すなわち，補足情報を附属明細書に記載することによって，貸借対照表および成果計算書に記載されている会計数値が補足・説明されることになる。さらに，現行の会計規則の適用によって与えられた，企業の財産，財務状態および成果についての忠実な写像が明らかに不適切であるならば，当該規則から離脱しなければならない（同法第9条⑦）と定めた。つまり，現行の会計規則を適用しても忠実性を確保できない場合には，その規則からの離脱を要請している点に留意すべきである。

(2) 評　価　規　則

1983年改正商法は，商法上，初めて評価規定を設けた。すなわち，取得時の資産評価については，「企業財産への流入日に，有償取得による財貨は取得原価，無償取得による財貨は市場価値，および製造財貨は製造原価によって記載される。」（同法第12条①）と定めた。ここに，取得原価規準が指示される。そして，固定資産の流動化については，「必要に応じて償却計画に従って計上されなければならない。」（同法第12条②）と定めた。ここに，規則償却による費用計上が指示されることになる。さらに，ある資産項目の価値が純帳簿価値よりも下回るならば，その減価が確定であろうとなかろうとに拘わらず，「純帳簿価値として当期締切日における棚卸価値が計上される。」（同法第12条②）と定めた。ここに，低価法による評価損の計上が強制されることになる。代替可能財貨については，「取得または製造の加重平均原価法，先入先出法にて評価される。」（同法第12条③）と定めた。ここに，後入先出法が禁止されることになる。

再評価については，「ある財貨の棚卸価値と流入価値の差として確認される価値増加は計上されない。」（同法第12条④）と定めた。原則として，再評価による評価益の計上が禁止される。その一方で，有形・金融固定資産については，「現在価値と純帳簿価値の差である再評価差異は，損失を填補するために利用

することはできない。」と定めた。ここに，再評価による評価益の計上が容認される。また，1983年改正商法は，評価規則の継続性（同法第11条）を指示する。かつ，低価法による評価損の計上は，引当金の設定（同法第14条②・③）によっておこなわれる。

(3) 利　益　計　算

1983年改正商法は，原則として「一会計期間の締切日に実現された利益のみが年度計算書類に記載され得る。」（同法第15条①）と定めた。ここに，資金的な裏付けのある実現利益の計上が指示される。もっとも，その計上規準は緩和された。すなわち，「記載され得るものは，棚卸し後に部分的に実施された操業において実現し，かつ双務契約者によって認知された利益である。」（同法第15条②）と定めた。この場合には，一部の操業が実現と見做されるまでに確実であり，かつ予見会計資料の作成によって操業の総合利益が充分な保証をもって評価されることになる。ここに，部分完成に相当する利益の計上が容認される。

7-1-3　1983年改正商事会社法の概要

ここで，1983年改正商事会社法が規定する会社会計に係わる主要な条文を挙げると，つぎのとおりである。

第340条　[年度計算書類の作成義務]

① （1983年4月30日法律第83-353号による改正）各会計年度の締切時に，取締役会（conseil d'administration），執行役会（directoire）または業務執行者（gérants）は，商法第Ⅰ篇第Ⅱ章の規定に合致する財産目録，年度計算書類を作成する。しかも，文章による営業報告書（rapport de gestion）を作成する。

（1984年3月1日法律第84-148号による改正）『業務執行者は，貸借対照表につぎのものを添付する。
1) 会社によって与えられる保証金（cautionnements），手形の保証（avals）および保証（garantie）についての状態表。この規定は，信用または保険の企業を支配している会社には適用できない。
2) 当該企業によって同意される保証についての状態表。』

② 営業報告書は，当期中の会社状態，予測可能な発展，締切日と作成日の間に生じる重要事項を開示する。
③ 本条で言及された書類は，施行令によって定められた条件下で，場合によっては会計監査人の利用に供される。

第340-1条　［予測資料の作成］

① （1984年3月1日法律第84-148号による改正）商事会社は，コンセイユ・デタ（conseil d'Etat）による施行令によって定義された規則のうちの1つに該当する。かつ，賃金労働者数（nombre de salariés）または取引高（chiffre d'affaires）によって導かれた規則のうちの1つに該当する。場合によっては，経営活動の性質を考慮して，取締役会，執行役会または業務執行者は，実現可能でしかも処分可能な積極側項目（actif réalisable et disponible），営業外価値（valeurs d'exploitation excluses），および支払期限到来消極側項目（passible exigible）の状態，予測成果計算書（compte de résultat prévisionnel），資金計算書，同様に年度貸借対照表および予測資金計画書（plan de financement prévisionnel）を作成すべきである。
② 上述で言及されたことについて，コンセイユ・デタによる施行令は，当該書類の定期性（périodicité），期間および様式について明確にすることになる。
③ 賃金労働者数を決定するために，会社の賃金労働者は，その形態に拘わらず，会社が資本の半分以上を直接的または間接的に所有しているならば，その会社の賃金労働者と見做される。

第341条　［評価規則の変更］

（1983年4月30日法律第83-353号による改正）商法第11条で定義された条件下で，年度計算書類を提示する際に適用される評価規則が変更（modifications）される場合には，当該変更は営業報告書で指摘される。場合によっては，会計監査人報告書において指摘される。

第342条　［償却費・引当金の計上］

1983年4月30日法律第83-353号による削除。

第343条　［設立費・資本増加費の償却］

① 第348条第2項の規定を条件として，会社の設立費（frais de constitution）は，利益配当前に『しかも遅くとも5年以内』（1983年4月30日法律第83-353

号による改正）に償却される。
② 資本増加費（frais d'augmentatioin）は，その費用が生じた会計期間以降，少なくとも第5会計年度までに償却される。当該費用は，この増加によって生じる発行差金額（montant des primes d'émmission）から控除され得る。
③ 『しかしながら，その独占的目的が主として住居として使用される賃貸不動産の建設・管理会社，または不動産リース会社，ならびに商工業不動産会社は，不動産と同じ条件で設立費および資本増加費を償却できる。』（1969年1月6日法律第69-12号による改正）『電気通信式総合会社（sociétés agréees pour le finacement des télécommunications）は，不動産および設備と同じ条件で設立費および資本増加費を償却できる。』（1973年12月21日法律第73-1128号）

第345条　［法定積立金］

① いかなる決議も以下のことに反すると無効となる。すなわち，有限責任会社（sociétés à responsabilité limitée）および株式組織会社（sociétés par actions）において，『当期利益を減少させる』（1983年4月30日法律第83-353号による改正）ものは，繰越損失がある場合の填補である。『法定積立金』といわれる積立金を設定する場合には，その充当金として少なくとも1/20を控除する。
② 当該控除は，法定積立金が会社資本金の1/10に達すると義務として免れる。

第346条　［分配可能利益］

① （1981年12月30日法律第81-1162号による改正）分配可能利益は，『当期利益』（1983年4月30日法律第81-353号による改正）を基礎として，当期利益から繰越損失（pertes antérieures），ならびに法律または定款の適用による積立金として算入されるべき額を差し引き，かつ当期利益に繰越利益（report bénéficiaire）を加えたものである。
② さらに，株主総会は，当該総会が処分できる積立金取崩額を分配に充てることができる。この場合，株主総会の決議には取り崩しがなされる積立金項目が明示される。『しかしながら，配当は優先的に当期分配可能利益から差し引かれる。』（1983年4月30日法律第83-353号）
③ 減資の場合を除き，いかなる分配も株主におこなわれない理由は，分配後，『自己資本』（1983年4月30日法律第81-353号による改正）が法律または定款による分配を認めていない積立金による増資額より以下と『なるか，またはなる

であろう』（1983年4月30日法律第81-353号による改正）からである。
④　『再評価差異は分配され得ない。なお，当該差異はその全部または一部を資本組入できる。』（1983年4月30日法律第81-353号による改正）

第352条　[配当額の決定]
①　（1983年1月3日法律第82-1号による改正）前条で定められた条件下で発行された株式について，その発行価格は額面額を下回ることができない。
②　株式を1部上場（cote officielle）または2部上場（cote du second marché）している会社は，配当『または仮配当』（1988年1月5日法律第88-15号による改正）の純額を分配する際に，その減少分を決定する日に取引所における最近の20期間の相場平均に基づいてその『90/100』（1988年1月5日法律第88-15号による改正）を下回ることができない。
③　その他の会社においては，発行価額が固定される。なお，会社の選択として，最近の貸借対照表において計算された純資産額を存在する証券数によって分割する。それとも，場合によっては，取締役会，執行役会または業務執行者の要請により裁判所で決定される専門意見を拠り所とする。発行価額決定規則の適用は，会計監査人によって検証される。そして，この監査人は，本法第351条で定められた総会に特別報告書を提示する。
④　「あるべき配当，『または仮配当』（1985年1月5日法律第88-15号による改正）の額が株式の全数に相当しない場合には，株主は現金で（en espèces）差額精算金（soulte）として補完される額より直接的に下回る株式数を受け取ることができる。場合によっては，総会が要求すれば，現金でその差額を払い込み，直接的に上回る株式数を受け取ることができる。」（1985年12月14日法律第85-1321号による改正）

(1) 計　算　書　類
　1983年改正商事会社法は，各会計年度の締切時に，取締役会，執行役会または業務執行者に対して「商法第Ⅰ篇第Ⅱ章の規定に合致する財産目録，年度計算書類を作成する。しかも，文章による営業報告書を作成する。」（同法第340条①）と定めた。ここに，営業報告書の作成が義務づけられる。さらに，「実現可能でしかも処分可能な積極側項目，営業外価値，および支払期限到来消極側

項目の状態，予測成果計算書，資金計算書，同様に年度貸借対照表および予測資金計画書を作成すべきである。」（同法第340-1条①）と定めた。ここに，予測会計資料の作成が義務づけられる。なお，評価規則の変更については，営業報告書ないしは会計監査人報告書にその旨を記載しなければならない（同法第341条）。

(2) 償却・引当金

1983年改正商事会社法第342条［償却費・引当金の計上］は，EC第4号指令調和化法により削除された。そして，それと実質的に同じ規定が1983年改正商法第14条②に組み込まれた。

1966年商事会社法は，設立費の償却について定めた。これに対して，1983年改正商事会社法は，設立費に加えて資本増加費の償却を定めた。これらの項目については，1966年商事会社法と同様に早期償却を定めた（同法第343条①・②）。

(3) 利　益　計　算

1983年改正商事会社法第344条［利益計算］は，EC第4号指令調和化法により削除された。その代わりに，1983年改正商法第9条［年度計算書類の作成］において収入と支出の日に拘わらず，成果計算書は，「一会計期間の収益と費用を集計」する。そして，償却費および引当金を控除した後に「一会計期間の利益または損失を明らかにさせる。」と定めた。ここに，当期成果の概念が明らかになった。

法定積立金については，1966年商事会社法と同様に，その額が会社資本の1/10に達するまで分配可能利益の1/20以上を控除して積立なければならない（同法第345条）。ここでも債権者の保護が明示されている。

1983年改正商事会社法は，分配可能利益の計算方法について「当期利益を基礎として，当期利益から繰越損失，ならびに法律または定款の適用による積立金として算入されるべき額を差し引き，かつ当期利益に繰越利益を加えたものである。」（同法第346条①）と定めた。これを計算式で示すと，つぎのとおりになる。

　　　　　分配可能利益＝当期利益－（繰越損失＋法定積立金）＋繰越利益

有形・金融固定資産については再評価を容認する。その属性としては，「再評価差異は分配され得ない。」（同法第346条④）と定めた。同時に「その全部ま

たは一部を資本組入できる。」（同法第346条④）とも定めた。さらに，1983年改正商事会社法においては，株主総会が現金配当かまたは株式配当かを選択する権利を有するとしている（同法第351条①）。この際に，株主総会が株式配当を選択した場合には，実質的な資本増資になる。

PCG 82 は，企業の規模別に適合する年度計算書類の体系を定める。この体系には基礎体系，簡便体系および発展体系がある。まず，基礎体系では，「中・大規模企業」に適合する年度計算書類，すなわち「貸借対照表」，「成果計算書」および「附属明細書」の作成が要請される。つぎに，簡便体系では，「基礎体系に組み込むことが適さない企業」に適合する年度計算書類，すなわち「簡便な貸借対照表」，「簡便な成果計算書」および「簡便な附属明細書」の作成が要請される。さらに，発展体系では，その適用は任意であるが，通常，「大規模企業」に適合する年度計算書類，すなわち「貸借対照表」，「成果計算書」，「経営費用の機能別分配表」，「附属明細書」，「自己資本能力表」および「使途・源泉表」の作成が要請される。

1983年改正商法は，企業に対して，年度計算書類の単純な様式，すなわち簡便体系への適用を認める（同法第10条）。簡便体系への適用条件としては，①期末時点での貸借対照表の合計額，②期末時点での売上高の純額，および③一会計期間での常勤従業員数の平均値という3つの基準値の内の2つについて，その上限値を超えることができない。なお，3つの基準値は貸借対照表・成果計算書と附属明細書とではそれぞれ異なる。まず，貸借対照表および成果計算書が簡便体系に基づいて作成されるためには，1994年8月2日施行令で定められたつぎの上限値を超えることができない。

① 貸借対照表の合計額：1,750,000フラン
② 売上高の純額　　　：3,500,000フラン
③ 期中での常勤従業員数の平均値：10人

つぎに，附属明細書が簡便体系に基づいて作成されるためには，1994年8月2日施行令で定められたつぎの上限値を超えることができない。

① 貸借対照表の合計額：13,500,000フラン
② 売上高の純額　　　：26,000,000フラン
③ 期中での常勤従業員数の平均値：50人

7-2 正規性の規定

　証券取引委員会が正規性の定義を1969年報告書で公表して以来，正規性は，社会的合意が得られるまでに認知されるようになった。それに，PCG 82が正規性の役割を明確化したことにより，正規性に係わる統一的な見解が見出されるようになった。本節では，準拠すべき会計規則の内容およびその優先順位を明らかにするために，商法，租税一般法およびPCG 82の視点から正規性の役割を明らかにする。

7-2-1 正規性の定義

　PCG 82によると，正規性は，「現行の規則とその手続きへの準拠（以下，現行の会計規則と略する）」と定義された（PCG［1982］p. 5）。この定義から，正規性は会計規則の準拠性と解される。したがって，正規性には，現行の会計規則の適用に係わる会計人の判断基準が含まれない。むしろ，その判断基準は誠実性に委ねられる。

　正規性は，規則（réglementation）への準拠ないしは規則それ自体がないときには一般に認められた会計原則への準拠と定義された（Vienne［1983］p. 2）。そして，正規性は法律の基本規定（texte）に取り入れられた（Vienne［1983］p. 2）。法によって定められた会計規則は，原則としてPCG 82との調整がなされた上で強制力を持つことになる。よって，企業に対しては，PCG 82の施行が促進されることになる。また，会計原理（doctrine）の基礎を体系化したPCG 82は，伝統的な諸勘定の用語集および会計資料の様式を引き継いだ会計規則から成り立っている（Villeguérin［1983］p. 619）。だから，PCG 82は，その利用者の承認に基づいて作成された会計規範としての性格を有することになる。しかも，PCG 82は，金融市場を積極的に開放する時代に制定されたので，その基本目的は，企業の財政状態と経営諸成果の表示，および企業の利害関係者への明瞭な会計情報の提供となる（Vienne［1983］p. 3）。なお，会計処理規則の施行については，国民議会での決議を通して制定された法律（loi）を頂点として，政府が公布した施行令（décret），省令（arrêtés ministèriels），裁判所の判決（décision de tribunaux），そして権威ある専門機関の意見書の順で，段階的に強制力がともなわれる（Raffegeau *et. al.*［1984］p. 41）。

7-2-2　会計規則の起源

準拠すべき会計規則の起源によって，正規性の適用に係わる優先順位が定められる（Vienne［1983］p. 2）。この優先順位は，まず法律，政令，省令および判例によって定めた会計規則への準拠，つぎに会計慣行として定着した会計規則への準拠となる。そして，会計慣行としての会計規則を作成ないし提案した機関によって，会計規則の適用に係わる優先順位が定められる。この優先順位は，まず国家会計審議会によって作成されたPCG 82への準拠，つぎに専門職業機関，とりわけ証券取引委員会および専門会計士・認可会計士協会によって提案された会計規則への準拠となる。なお，財務計算書類が課税計算の基礎となるので，国税庁（Administration Fiscale）は，1965年10月28日租税施行令によってPCGの適用を義務づけている（Vienne［1983］p. 6）。

D. Vienne（ヴィアンヌ）によると，慣習として定着している基本的な会計原則のうちで，準拠すべき会計原則がある（Vienne［1983］p. 4）。具体的には，会計期間の独立性，企業活動の継続性，慎重性，会計規則の継続性が挙げられる。これらの原則は，一般的に会計公準といわれる。ところが，財務計算書類を作成するにあたっては準拠すべき会計原則の優先順位があるにも拘わらず，会計公準に相当するこれらの会計原則の適用が最優先される。今日の会計は継続経営を前提として体系化された。それゆえに，会計公準の中核を成すのは，企業活動の継続性である。この継続性を理論展開すると，期間損益計算をおこなう必要性から，会計期間の独立性が人為的に設けられなければならなくなる。そこで，同一企業間の比較可能性を確保するために，会計規則の継続性が重要となる。

ところで，D. Vienneが慎重性を会計公準として位置づけるのは，慎重性が会計原則を選択し適用するにあたっての，会計人による単なる判断基準となると理解されるだけではなく，「善良なる家父」としての思慮深い会計人にとっての判断の拠り所となると理解されるからである。

7-3 誠実性の規定

　証券取引委員会が1969年報告書で誠実性の定義を公表して以後，誠実性は，社会的合意が得られるまでに認知されるようになった。それに，PCG 82が誠実性を明確化したので，誠実性に係わる統一的な見解が見出されるようになった。本節では，会計人の信義に基づく会計規則の適用に際しての判断を明らかにするために，民法上の故意責任および過失責任を援用して誠実性の定義およびその役割を明らかにする。

7-3-1 誠実性の定義

　PCG 82は，誠実性について，「企業の業務，事象および状況の実在性（réalité）と重要性（importance）について，会計人が通常もたなければならない知識（connaissance）をもって現行の会計規則とその手続きを信義（bonne foi）に基づいて適用しなければならない。」と定めた（PCG [1982] p. 5）。この規定によると，会計人は，現行の会計規則を適用するにあたって，会計専門家としての充分な会計知識を修得していなければならない。その充分な会計知識の修得を前提として，現行の会計規則に対する注意深い適用が要請される。したがって，客観的と認められる誠実性は，現行の会計規則を適用するにあたっての妥当性ないし合理性の判断基準となる。例えば，同一の会計事象について，複数の代替的な会計規則の中から1つを選択し適用することが認められるとき，その際の判断基準となるのが誠実性である。また，決算整理事項を見積計算するにあたっての合理的な判断基準でもある。なお，客観的誠実性を拡大解釈すると，現行の会計規則からの離脱が容認される根拠となる。

7-3-2 誠実性の役割

　C. Pérochon（ペロション）は，誠実性の役割を主観性と客観性に分けて，つぎのとおりに定義した（Pérochon [1983] p. 44）。主観的誠実性は人と結び付く。ここでの人とは，会社経営者であり，通常，経営者の代わりとなる。会計人が会計業務をおこなう。したがって，財務計算書類に不備があるときには，会計

第7章　1983年EC第4号指令調和化法における忠実性の確立　133

人が悪意をもって当該書類を作成したという事実を証明しなければならない。これに対して，客観的誠実性は，財務計算書類それ自体と結び付く。財務計算書類に不備があったとしても，この不備は当該書類を作成する会計人の信義から切り離される。むしろ，その技能と結び付くことにとなる。なぜなら，会計は，財務計算書類の閲覧人に誠実な情報（information sincère）を提供しなければならないからである。すなわち，その誠実な情報が，企業の経済的実態について的確な写像（une image correcte）を与えることになる。

C. Pérochonによる誠実性は，民法上の誠実性の概念を援用したものと解される。したがって，民法上の故意責任と結び付く主観的誠実性は，会計人の信義を問題とする概念である。これは，恣意的な会計操作をせずに，財務計算書類の利用者に会社の経済的実態を忠実に報告することを要請したものである。これに対して，民法上の過失責任と結び付く客観的誠実性は，会計人の技能を問題とする概念である。これは，会計専門家としての通常の払うべき注意義務を会計人に負わせることを要請したものである。

誠実性は，財務計算書類を作成するにあたって，適用される会計規則が信義に基づいて適用されているのか否かを判断する原則である。主観的誠実性によると，悪意をもって財務計算書類を作成すれば刑事責任の対象となる。会計が取り扱うべきものは，むしろ客観的誠実性である。この誠実性は，会計人としての信義があることを前提として，会計人が専門家として会計規則の性能を充分に理解できる職能をもった上でこれを適用することを要請する原則である。結果的に，開示された財務計算書類が会社の経済的実態を忠実に写像していれば，当該書類の作成過程に係わる基本原則である客観的誠実性が満たされているといえる。したがって，必然的に主観的誠実性をも満たされることになる。

7-3-3　正規性との関係

狭義の正規性によれば，体系化された会計規則のなかに順応性が存在する（Vienne［1983］p.5）と解される。なぜなら，PCG 82への優先的な準拠は，財務計算書類の同質性を確保するのに役立つからである。しかも，同一企業の期間比較および同種企業間の比較が可能となるからである（Vienne［1983］p.5）。また，財務計算書類の利用者は，多種・多様である。正規性は，多種・多様な利

用者による財務計算書類の解釈の食違いを減少させる。なぜなら，財務計算書類によって得られる判断は，利用者の共通分母を構築する働きをもっているからである (Vienne [1983] p. 5)。したがって，会計の定義のところで，PCG 82が会計情報の質と内容の同質性を保証するために共通用語の使用を要請したのは，正規性のこうした役割に基づくものである (PCG [1982] p. vii)。

ところが，良質な会計情報を作成するためには，こうした物的属性を充足するのみならず，人的属性を同時に満たさなければならない。会計人は，会計専門家としての技能を有する。さらに，会計規則の充分な知識とそれらを適用する判断能力をもって会計処理するからこそ，初めて良質な会計情報を作成できることになる。

7-4 慎重性の規定

慎重性の原則は，会計理論上，忠実性を確保するための基本的概念と会計規則の適用基準に区分される。まず，会計規則を設定する段階での基本概念である慎重性の原則は，会計規則それ自体に組み込まれている。つぎに，設定された会計規則を選択し適用する際に用いられる慎重性の原則は，会計人の判断基準として機能する。本節では，慎重性の役割を明らかにするために，まず慎重性の定義を検討し，つぎに慎重な認識・評価規則を検討し，さらに正規性・誠実性との関係を検討する。

7-4-1 慎重性の定義

PCG 82によると，慎重性の原則は，「企業の財産と諸成果を悪化させる現在の不確実性が将来における危険を引き起こす可能性が高いときに，その危険性に対処するために現在の事象を合理的に見積る。」と定義された (PCG [1982] p.5)。この定義の内容を，経済事象の属性，慎重性の目的および会計報告の信頼性の観点から検討することにする。第1に，企業における将来の財産と諸成果を悪化させる経済事象が現実に生起しているにも拘わらず，現時点では未実現である。ところが，それ以降には実現する可能性が高い。第2に，企業における将来の財産と諸成果を悪化させる危険に対処するためには，この経済事象

が生起した時点で認識されなければならないことになる。第3に，この経済事象を合理的に見積る必要がある。ここでの「合理的な見積り」とは，社会的な合意が得られる見積計算であると解される。

I. de Kerviler（クルヴィエ）は，慎重な会計処理の結果について，「一会計期間における成果について，価値のあらゆる減少が計上されなければならない。価値増加には，実現（このことは通常のことである）したものもあれば蓋然（企業がすべての価値増加を予見する）であるものもある。その増加については，価値が実現した増加分だけが計上される(注3)。」と述べている（Kerviler [1986] p. 43）。すなわち，価値の実現減少，蓋然減少および実現増加の計上が義務づけられる。かつ，価値の蓋然増加の計上については禁止された。具体例として，価値の蓋然減少の計上義務については，危険・費用引当金，減価引当金，償却費および未払費用（charge à payer）が挙げられる。これらの蓋然減少を見積るときの手段（par le biais）として，慎重性が遵守されることなる（Kerviler [1986] p. 44）。これに対して，蓋然価値の計上を禁止する具体例として，固定資産再評価益を当期収益として計上できないことが挙げられる。

7-4-2 慎重な基準
(1) 慎重な認識

財産価値の増減に係わる認識規準は，実現（réalité）である。その延長線上に，実現の可能性が高いという意味での蓋然性（probabilité）がある。ここでの実現とは，財産価値の増減が後に修復不能な事実または恒久的な事実としてあらわれることである。一般的には，ある資産が企業から流出・流入するときに，その価値増減が生じる。これは，貸借対照表の視点から収益・費用を認識することにより確定する。つまり，この実現規準によると，財産価値の増加が後に修復不能な事実としてあらわれたときに，この事実をもってして収益が認識されるので，収益を認識するにあたっては，必ずしも資金的裏付けが必要でなくなる。これに対して，成果計算書の最終利益として分配可能性を表すという視点から収益を認識するならば，ある財貨を第三者に販売したときに現金または現金同等物（actif liquide）に転化するという事実をもってして，収益が実現したと認識する（Sylvain [1982] p. 425）。

蓋然とは，財産価値の増減が後に修復不能な事実または恒久的な事実としてあらわれるという事実が現実に生起してはいないものの，将来において実現する可能性が高いことである。ここでの実現可能性とは，後に修復可能であるにも拘わらず，近い将来において実現する可能性が高いことを意味する。すなわち，財産価値の減少が後に修復不能な事実としてあらわれたときは，その減少が実現規準で認識される。また，財産価値の減少が後に修復不能な事実を引き起こす原因事実が現実に生起するときには，その減少が蓋然規準で認識される。これによって，費用の認識にあたっては，必ずしも費用と収益の対応が必要でなくなる。しかし，成果計算書の最終利益として業績指標性を表すという視点から費用を認識すると，ある財貨を費消したとき，および費消の原因事実が生起したときに，一会計期間の実現収益と対応したものがその期に発生した費用として認識される。

　つまり，利益の特質には，業績指標性と分配可能性がある。まず，利益の特質を業績指標性とするならば，財産価値の増減が実現規準と蓋然規準で認識される。つぎに，利益の特質を分配可能性とするならば，財産価値の増加は実現規準で認識される。これに対して，財産価値の減少は，実現規準と蓋然規準で認識される。慎重な認識規準によると，財産価値の増加は実現規準で認識される。その減少は，実現規準と蓋然規準で認識される。このことから，利益の特質を分配可能性とすることが慎重な認識規準の考え方に合致する。また，PCG 82も利益の特質を分配可能性とする立場をとっている。

(2) 慎重な評価

　財産価値の増減に係わる評価規則の基礎には，収支額がある。収支額に基づく評価規則が取得原価規準である。また，PCG 82でも取得原価規準が採用された（PCG [1982] p. 97）。前述のとおり，利益の特質には業績指標性と分配可能性があり，慎重な認識規準に合致するのは後者である。ここでは，この分配可能性だけを取り上げて検討する。決算時に，ある資産が企業に所有されている段階で，帳簿価値と現在価値を比較するものとする。両者の差額として，財産価値の実現増減およびその蓋然減少が評価される。比較される現在価値には，正味実現可能価値および再評価価値がある（Raffegeau *et. al.* [1984] p. 296）。前者の正味実現可能価値は，正常な営業過程において換金可能な現金または現

金同等物の金額から，換金のための直接費用を差し引いた額である（嶌村［1991］p. 159）。これは，短期の受取債権，棚卸資産などの販売目的資産に適用される。後者の再評価値は，取得資産の取替原価である。これは，機械，建物などの使用目的資産に適用される。

1983年改正商法第12条は，財産価値の蓋然増加を計上することを禁止した。これは慎重な評価規則に合致する。ただし，有形・金融固定資産を評価替えしたときに，再評価益が生じたならば再評価差異として計上する。再評価益をその期の実現利益として計上すれば，慎重な評価規則に反する。けれども，未実現利益として計上するのであれば，慎重な評価規則に反しない。

7-4-3　正規性との関係

忠実性が相対的である主要な根拠の1つとして，会計目的による制約が考えられる。PCG 82による会計目的は，会計情報利用者の経済的意思決定に有用な会計情報を提供することである。しかも，特定の会計情報利用者に特定の便益を供与せずに，あらゆる会計情報利用者の利害を社会的公平性の視点から調整する機能を有していなければならない。この利害調整機能を積極的に働かせるためには，利益の特質を分配可能性とせざるをえない。なぜなら，分配可能利益の計算構造[注4]では，慎重な会計行為が要求されるからである。この行為は，実質と形式に区分される。ここで取り上げるべきものは，実質的な会計行為である。慎重に認識すると，財産価値の増加は実現規準で認識される。これに対して，財産価値の減少は，実現規準および蓋然規準で認識される。慎重に評価すると，財産価値は取得原価規準で評価される。決算時には，帳簿価値を超えない範囲で現在価値が採られる。これらの慎重な認識・評価は，現行の会計規則に組み込まれている。しかも，会計規則の準拠性が正規性である。したがって，会計人が慎重性を遵守した会計規則に準拠して財務計算書類を作成すれば，自動的に慎重性を遵守した財務計算書類が作成されることになる。

7-4-4　誠実性との関係

一会計期間における財産価値の増減を見積計算するには，つぎの2つの場合が考えられる。まず，財産価値の増加またはその減少が現実に修復不能な事実

としてあらわれているのに、会計人が実際にその大きさを認識し評価できない場合である[注5]。つぎに、財産価値の増加またはその減少が後に修復可能な事実としてあらわれることが確実であるにも拘わらず、近い将来において実現する可能性が高いので、会計人が実際にその大きさを認識し評価できる場合である[注6]。そこで、誠実性は会計人の技能に基づいた適用を定めるので、財産価値の増減を忠実に表示するにあたっては、会計規則の適用という側面からこれに貢献する。したがって、誠実な会計人は、慎重性によって、財産価値の増減を忠実に表す際に、その増加額の過大表示を避けることができる。しかも、その減少額の過小表示を避けるという側面からこれに貢献できる。

(1) 慎重な選択との関係

同一の経済事象について代替的会計規則、例えばA方法とB方法が設定されていると仮定する。各方法には経済事象が適合する場合（○）、適合するかどうか不明な場合（△）、および適合しない場合（×）がある。A方法とB方法の組合せには81通りがある。その組合せの中で、A方法とB方法のいずれかを選択するにあたって、選択の代表的な組合せとしてつぎの4通りの組合せ①、②、③および④が考えられる。

表7-4 代替的会計諸規則の選択基準

組合せ	①		②		③		④	
	誠実性	慎重性	誠実性	慎重性	誠実性	慎重性	誠実性	慎重性
A方法	○	○	○	×	△	○	○	△
B方法	×	×	×	○	△	×	×	△

(注) ○ 経済事象に適合する会計規則
　　　△ 経済事象に適合するのか否か不明な会計規則
　　　× 経済事象に適合しない会計規則

①の場合については、誠実性の観点からA方法が選択される。同時に、慎重性の観点からもA方法が選択されるから問題が生じない。②の場合については、誠実性の観点からはA方法が選択される。ところが、慎重性の観点からはB方法が選択されるので選択不能となる。最終的にはB方法が選択される。なぜなら、慎重性の枠内で誠実性の要請を満たさなければならないからである。③の場合については、誠実性の観点から判断できない。慎重性の観点からA方

法が選択されるので，最終的にはＡ方法が選択される。④の場合については，誠実性の観点からはＡ方法が選択される。慎重性の観点からは判断できないため，最終的にはＡ方法が選択される。

(2) 慎重な適用との関係

同一の経済事象について代替的会計規則が認められているとき，選択・適用した会計規則から1つの会計数値が決定される。財産価値の増減を見積計算するとき，見積数値には一定の幅がある。しかし，これを根拠として，忠実な表示から逸脱してはならない。なぜなら，会計人は，専門家としての技能を駆使することによって経済事象に適合する会計規則を選択するからである。そして，適用された会計規則から算出された数値に見積範囲があれば，慎重性によってその見積範囲の中から1つの会計数値を採択しなければならない。財産価値の実現増加については，その範囲の中から最小となる数値を選択することになる。また，その蓋然減少については，その範囲の中から最大となる数値を選択することになる。

7-5 忠実性の規定

「忠実な写像 (une image fidèle)」は，「相対的に (une)」，「忠実な (fidèle)」および「写像 (image)」の3つの単語から構成されている。これらの単語には各々固有の意味が備わっている。「相対的に」とは複数の忠実な写像の存在，「忠実に」とは実在への準拠，そして「写像」とは知覚による映像を意味する。忠実性が，会計の基本原則のなかでも上位の原則として導入された。このことにより，誠実性の役割が明確になった。本節では，忠実性の役割を明らかにするために，1983年改正商法第9条で定めた忠実性の解釈を通して，忠実性とフランス会計固有の伝統的な基本原則である慎重性，正規性および誠実性との関係を検討する。

7-5-1 忠実性の意義
(1) 会計の利用目的に基づく相対性

PCG 82の目的は，財務計算書類を利用する人の意思決定にとって有用とな

る会計情報を提供することである。その利用者として，D. Vienne は，経営者，株主，債権者，仕入先，銀行，国家，個人，経済情報を蒐集する国内ないし国外機関，課税当局などを挙げている（Vienne [1983] p. 14）。ところが，企業の財産，財政状態および経営諸成果に影響を与えるすべての経済事象について，会計情報の利用者は同一の重要性を認めていない。また，財務計算書類に表示されるすべての項目についても，同一の重要性を認めない（Vienne [1983] p. 14）。なぜなら，その利用目的によって情報に対する関心の度合が異なるからである（Vienne [1983] p. 14）。そこで，企業が個々の利用目的に応じて会計情報を作成するならば，その数だけの項目を財務計算書類に記載しなければならない。そうすると，PCG 82は，規範的な表示原則の体系として成立しなくなる。したがって，財務計算書類は，個々の利用者の目的に応じて相対的なものにならざるをえない。

(2) 会計技術に基づく相対性

会計技術に基づく相対性については，つぎの2つの理由が挙げられる。まず，今日の企業は，倒産を前提とせずに半永久的な継続経営を仮定するからである。そこで，一会計期間を人為的に区分し期間の収益と費用を算定する。この仕組みによる期間計算のもとでは，必然的に見積計算を伴うことになる。だから，そこでの計算結果は，相対的にならざるをえない。

つぎに，企業形態は多種・多様である。一律な会計規則の適用だけでは，個々の企業の経済的実態を忠実に写像することができない。そこで，同一の会計事象について，複数の代替的会計規則からの選択・適用が容認される。会計人の判断によって，個々の企業の経済的実態に適合した会計規則が選択され適用されなければならない。このことは，選択し適用された会計規則の枠組み内で1つの忠実性が与えられることを意味する。例えば，取得原価規準による1つの忠実性が存在し，同様に現在価値規準による1つの忠実性が存在することになる。

7-5-2　1983年改正商法第9条の解釈

(1) 正規性・誠実性の要請

1983年改正商法第9条⑤では，現行法の会計規則に準拠し，その規則を誠実

に適用することが要請された。正規かつ誠実な財務計算書類は，企業の財産，財政状態および諸成果についての忠実性を与えることになる。このことは，正規性および誠実性が財務計算書類の作成手段としての機能を有していることを明らかにした。しかも，その手段を的確に履行するならば，必然的に忠実性が満たされることをも明示した。この場合の正規性は，現行法の会計規則の厳格な準拠性である。例外の場合には，企業の経済的実態と厳密に対応しない企業の表像（vision）を与えることになる（Vienne [1983] p. 12）。また，誠実性は，代替的な会計規則が認められる場合，決算整理事項の見積計算の場合に，会計人が恣意的な会計操作をせずに企業の経済的実態に適合した会計規則を適用することを要請したものである。なお，1983年改正商法およびPCG 82においては，忠実性の定義が見当たらない。

　財務計算書類は，その利用者の意思決定に有用な情報を提供しなければならない。そのためには，まず企業の財産，財政状態および諸成果について，それらの忠実性が財務計算書類に与えられていなければならない。つぎに，提供された会計情報は，その利用者によって企業の経済的実態が解読され，かつ分析され得るものでなければならない。このことは，財務計算書類によって与えられた企業活動の写像がそれを利用するあらゆる人々の期待に対して忠実であることを意味する。この観点から，第36回専門会計士・認可会計士全国大会で，忠実性は，企業活動の現実を充分に知覚するための調査概念であると指摘された。この点について，D. Vienne はつぎのとおりに述べている（Vienne [1983] p. 18）。すなわち，現実を充分に知覚するための調査とは，財務計算書類の読み手による合理的な推理によって，それらの計算書類が企業活動の実態を再現できる根拠のことである。この方法によって財務計算書類の読み手が企業活動を充分に把握できるならば，それらの計算書類によって与えられた写像は企業の経済的実態に忠実であると認められる。

（2） 補足情報の要請

　1983年改正商法第9条⑥によると，会計人が現行の会計規則に準拠し，その規則を誠実に適用して財務計算書類を作成しても，それらの計算書類が企業の財産，財政状態および諸成果についての忠実性を充分に確保できない場合がある。その場合には，補足情報を附属明細書に提供することによって，忠実性の

確保が要請される。この点について，D. Vienneは，公表された財務計算書類によって，その利用者が企業活動を充分に把握できないときには，その原因を究明し改善した箇所を補足情報として附属明細書に記載しなければならないと指摘した（Vienne［1983］p. 18）。ここでの補足情報には，説明（explications）と補足（compléments）がある（Pérochon［1983］p. 46）。すなわち，前者の説明とは，PCG 82によって定められた事項（rubriques）を附属明細書に記載することである。この説明が附属明細書に記載されることによって，その利用者は，貸借対照表および成果計算書の定量情報をヨリ明らかに理解できることになる。後者の補足とは，貸借対照表および成果計算書の定量ないしは定性情報を附属明細書に記載することである。この記載は，PCG 82によって定められた情報以外のものとなる。

(3) 離脱の要請

1983年改正商法第9条⑦によると，会計人が現行の会計規則に準拠し，その規則を誠実に適用して財務計算書類を作成したにも拘わらず，そこに表示された企業の財産，財政状態および諸成果についての忠実性が確保できないこともあると明記された。「忠実性の要請」は，「手段の義務（obligation de moyens）」よりも，むしろ「結果の義務（obligation de résultat）」であることを示している（Pérochon［1983］p. 46）[注7]。

同条⑦によると，現行の会計規則から離脱すべき状況下では，その規則から離脱しなければならないと定めた。離脱して作成された財務計算書類は，正規性の要請を満たしている。逆に，この状況下で離脱しなかったならば，同条⑦から離脱することになる。財務計算書類の作成にあたっての「手段の義務」である正規性は，現行の会計規則から離脱すべき状況下でも，離脱せずにその規則に準拠していれば満たされたといえる。しかし，「結果の義務」である忠実性は「手段の義務」である正規性に優先するので，準拠すべき会計規則は忠実性によって変更されたことになる。

7-5-3 慎重性・正規性・誠実性との関係
(1) 財務計算書類の作成順序

PCG 82は，慎重性，正規性，誠実性および忠実性の関係について，「企業の

状態および営業行為について，忠実な写像を写し出す報告書を提示するために，会計は，慎重性の原則を遵守して正規性および誠実性の要請を満たさなければならない。」と定めた（PCG［1982］p. 5）。

　慎重性は，会計規則それ自体に反映されている。よって，それに準拠することが正規性である。誠実性は，会計規則を信義に基づいて適用するための判断基準である。よって，判断の主体である会計人は慎重に判断する。このことから，誠実性は慎重性に包括されるといえる。したがって，財務計算書類を作成するにあたっての「手段の義務」である慎重性，正規性および誠実性の関係は，慎重性の枠内で正規性と誠実性の要請が満たされるという関係として捉えられる。さらに，「結果の義務」である忠実性は，「手段の義務」である慎重性，正規性および誠実性よりも上位の原則となる。すなわち，忠実性は，慎重性，正規性および誠実性のすべてを包括した概念である。この点について，C. Pérochonは，「忠実性は，新たに設けられた原則でなく，基本会計原則の収斂である。」と述べている（Pérochon［1983］p. 35）。ここで，慎重性，正規性，誠実性および忠実性の関係をフロー・チャートで示すと，「図7-5-1　慎重性・正規性・誠実性・忠実性の関係」となる。

　上述の諸概念の関係に即して財務計算書類の作成順序を「図7-5-1」に従って示すと，つぎのとおりとなる。

　まず，会計人は，ある経済事象を会計処理するために，現行の会計規則に準拠する（R_1），不明である（R_2）ないしは準拠しない（R_3）といういずれかの判断をくだす。（R_1）と（R_2）は，現行の会計規則に準拠する方向で会計処理する。ところが，（R_3）は，現行の会計規則以外の方向で会計処理する。

　つぎに，会計人は，（R_1）と（R_2）の方向で採択された会計処理が誠実性に合致する（S_1），不明である（S_2）ないしは合致しない（S_3）といういずれかの判断をくだす。（S_1）と（S_2）は，現行の会計規則に準拠する方向で会計処理する。ところが，（S_3）は，会計の対象外として処理する。

　さらに，会計人は，（R_1）と（R_2）の方向で採択された会計処理が慎重性に合致する（P_1），不明である（P_2）ないしは合致しない（P_3）といういずれかの判断をくだす。（P_1）は忠実な財務計算書類となる。（P_2）は，補足情報の提供によって忠実な財務計算書類として許容される。ところが，（P_3）は会計の対象

図7-5-1 慎重性・正規性・誠実性・忠実性の関係

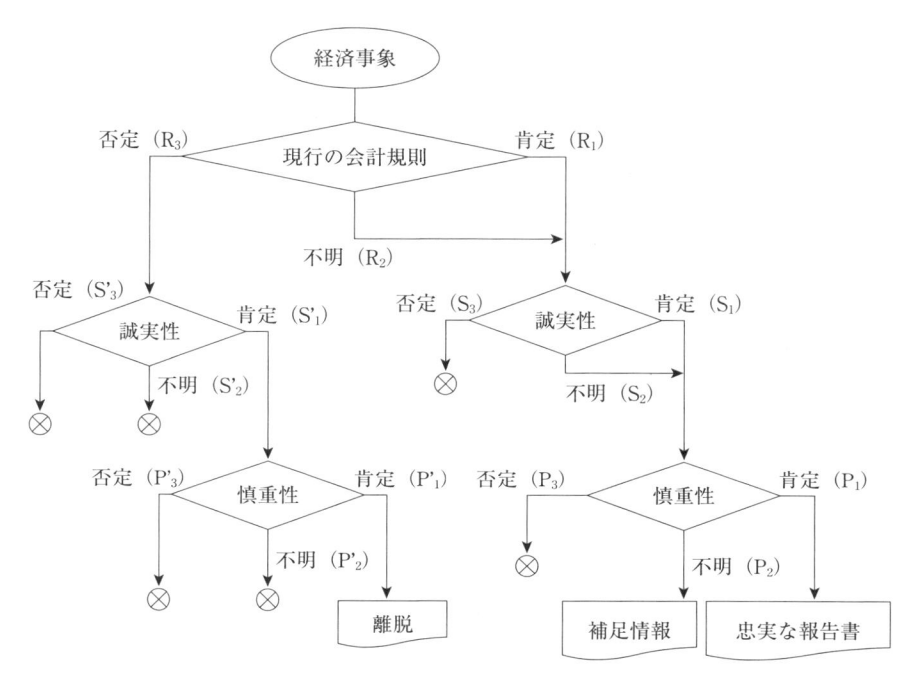

⊗：会計の対象外

外として処理する。

　最後に，(R_3) 現行の会計規則では会計処理できないときは，現行以外の会計規則を模索しなければならなくなる。新たな会計規則は，誠実性に合致する（S'_1），不明である（S'_2）ないしは合致しない（S'_3）といういずれかの判断をくだす。（S'_1）のときのみ，慎重性に合致するのか否かを判断する。合致した（P'_1）ときには，現行の会計規則から離脱して会計処理する。

(2) 忠実な表示の範囲

　代替的な会計処理ならびに見積計算が介入する利益計算構造では，忠実な表示として生起可能な範囲が存在することになる。その範囲を明らかにするためには，まず価値増減の範囲を明らかにしなければならない。この範囲を図で示すと，「図7-5-2　忠実表示と慎重表示の範囲」となる。

　価値増加には，実現したものと（$[PV_{\min}, PV_0]$）と蓋然性のあるもの（$[PV_0,$

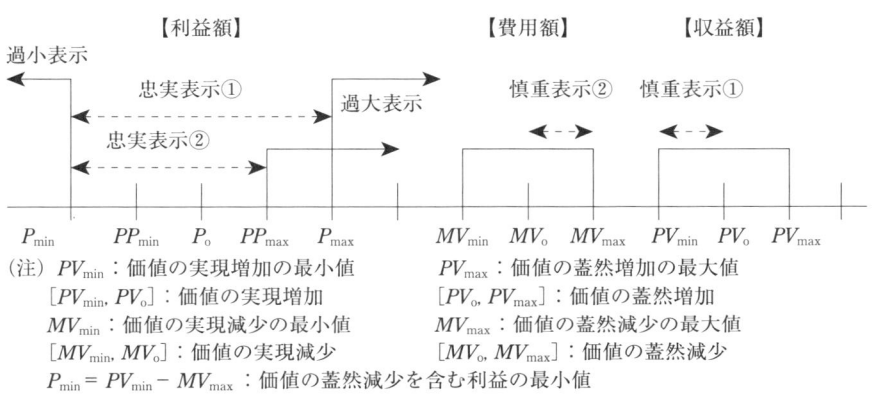

第 7 章　1983年 EC 第 4 号指令調和化法における忠実性の確立　145

【利益額】　　　　　　　　【費用額】　　　　【収益額】

過小表示　忠実表示①　　過大表示　慎重表示②　慎重表示①
　　　　　忠実表示②

P_{min}　PP_{min}　P_o　PP_{max}　P_{max}　　MV_{min}　MV_o　MV_{max}　　PV_{min}　PV_o　PV_{max}

(注)　PV_{min}：価値の実現増加の最小値　　　　PV_{max}：価値の蓋然増加の最大値
　　　$[PV_{min}, PV_o]$：価値の実現増加　　　　　$[PV_o, PV_{max}]$：価値の蓋然増加
　　　MV_{min}：価値の実現減少の最小値　　　　MV_{max}：価値の蓋然減少の最大値
　　　$[MV_{min}, MV_o]$：価値の実現減少　　　　　$[MV_o, MV_{max}]$：価値の蓋然減少
　　　$P_{min} = PV_{min} - MV_{max}$：価値の蓋然減少を含む利益の最小値
　　　$P_{max} = PV_{max} - MV_{min}$：価値の蓋然増加を含む利益の最大値
　　　$PP_{max} = PV_o - MV_{min}$：価値の蓋然増加を含まない利益の最大値
　　　$PP_{min} = PV_{min} - MV_o$：価値の蓋然減少を含まない利益の最小値

図 7–5–2　忠実表示と慎重表示の範囲

$PV_{max}]$) がある。利益の特質を分配可能利益とするならば，後者の蓋然収益の計上は，利益の過大表示（PP_{max}）を超える数値に結び付く。ところが，これを計上しないことは，慎重表示①（$[PV_{min}, PV_o]$）に結び付くこととなる。同様に，価値減少にも実現したもの（$[MV_{min}, MV_o]$）と蓋然性のあるもの（$[MV_o, MV_{max}]$）がある。後者の蓋然費用は，忠実な表示の観点から計上される。結果的には慎重表示に合致することとなる。このことが価値減少における慎重表示②（$[MV_o, MV_{max}]$）となる。

　利益の特質を業績指標性とするならば，忠実な表示は，①（$[P_{min}, P_{max}]$）となる。分配可能性とするならば，②（$[P_{min}, PP_{max}]$）となる。これは，慎重表示を考慮した忠実な表示となる。そこで，上述の利益のことを式で示すと，つぎのとおりになる。

① ($[P_{min}, P_{max}]$)：業績利益＝（実現収益＋蓋然収益）−（実現費用＋蓋然費用）
② ($[P_{min}, PP_{max}]$)：分配利益＝（実現収益）−（実現費用＋蓋然費用）

7–5–4　1966年商事会社法との比較

　会計監査人の職務について，1966年商事会社法は，「会計監査人は，財産目録，一般経営計算書，損益計算書および貸借対照表の正規性および誠実性を保

証する。」と定めた。これに対して，1983年改正商事会社法は，「会計監査人は，正規かつ誠実である年度計算書類が会計年度末における会社の財産と財政状態および会計年度末の諸成果についての忠実な写像を与えていることを保証する。」と定めた。両者の規定から，会計監査人がその職務を遂行するにあたって，保証すべき内容が異なるといえる。すなわち，財務計算書類を監査するにあたって，1966年商事会社法は，「手段の義務」である正規性および誠実性を満たしているのか否かを保証するに留まる。これに対して，1983年改正商事会社法は，「結果の義務」である忠実性を満たしているのか否かを保証する。したがって，会計監査人による保証の規定は，通常，会計人による保証の義務となる。すなわち，会計人に対して，1966年商事会社法は，正規かつ誠実な財務計算書類の作成を義務づけることになる。これに対して，1983年改正商事会社法は，慎重性の枠内で正規かつ誠実な財務計算書類を作成する。しかも，これらの計算書類が企業の経済的実態を忠実に写像することをも義務づけた。

　正規性は，現行の会計規則の準拠性である。定義上，正規性は1966年商事会社法と1983年改正商事会社法では同じである。しかし，準拠すべき規定内容が異なる。誠実性は，現行の会計規則を信義に基づいて適用する判断基準である。定義上，正規性と同じように，誠実性も1966年商事会社と1983年改正商事会社法では同じである。しかし，その役割が異なるのである。1966年商事会社法では，客観的誠実性を広義に解していた。すなわち，拡大解釈の客観的誠実性では，現行の会計規則を信義に基づいて適用しても，その結果，作成された財務計算書類が企業の経済的実態を不忠実に写像した場合には，その会計規則からの離脱が許容された。同法第341条②では，現行法から離脱して作成される新財務計算書類と同条①に従って作成される旧財務計算書類の両者を公表させる。だから，両者の比較が可能になった。同条の実施条件を定めた1967年会社施行令第244条は，評価規則の変更についてつぎのとおり定めた。すなわち，現行の会計規則による評価規則以外の規則が財産目録および貸借対照表に記載される会社財貨の評価規則として使用される場合には，その旨がその都度，取締役会，執行役会または業務執行者の報告書に記載される。

　これに対して，1983年改正商事会社法による客観的誠実性は，現行の会計規則を信義に基づいて適用するための判断基準である。結果的に，作成された財

務計算書類が企業の経済的実態を忠実に写像していなかったとしても，客観的誠実性は満たされたと見做される。なぜなら，1983年改正商法第9条⑥は，忠実性の確保についてつぎのとおり定めたからである。すなわち，会計人が現行の会計規則に準拠し，誠実に会計規則を適用して財務計算書類を作成しても，それらの計算書類が企業の財産，財政状態および諸成果についての忠実性を充分に確保できない場合がある。その場合には，補足情報を附属明細書に提供することによって，忠実性が確保できる。同条⑦は，現行の会計規則から離脱についてつぎのとおり定めた。すなわち，会計人が現行の会計規則に準拠し，その規則に誠実に適用して財務計算書類を作成しても，それらの計算書類が企業の財産，財政状態および諸成果についての忠実性を確保できない場合には，その会計規則から離脱すべきである。

7-6 結　　論

　以上，財務計算書類の作成目的という視点から，1983年EC第4号指令調和化の正規性，誠実性および慎重性の役割ならびに前者の3つの原則を包括している忠実性の役割を明らかにしてきた。会計監査人の職務について，1966年商事会社法は，財務計算書類が正規かつ誠実であることの保証を定めた。これに対して，1983年改正商事会社法は，正規かつ誠実な財務計算書類が企業の経済的実態を忠実に写像することの保証を定めた。会計監査人による保証規定は，通常，会計人による保証義務となる。したがって，会計人は，1966年商事会社法のもとでは，正規かつ誠実な財務計算書類を作成することによって，その「手段の義務」を満たせばよかった。これに対して，1983年改正商事会社法のもとでは，慎重性の枠内で正規かつ誠実な財務計算書類を作成することによって，これらの計算書類が企業の経済的実態を忠実に写像しなければならず，その「結果の義務」を満たさなければならなくなった。

　物的属性としての正規性は，定義上，1966年商事会社法と1983年改正商事会社法では同じである。ところが，その準拠すべき規定内容が異なる。1966年商事会社法による会計規則は，実質的にPCG 57によって具体化された。これに対して，1983年改正商事会社法による会計規則は，実質的にPCG 82によって

具体化された。なお、会計は課税計算の基礎となることから、原則として商法規定がその中核をなすものの、租税一般法による会計規則が商法規定に影響を与えることもある。

　人的属性としての誠実性は、定義上、1966年商事会社法と1983年改正商事会社法では同じである。ところが、その役割が異なる。1966年商事会社法は客観的誠実性を広義に解した。すなわち、広義解釈の客観的誠実性によると、現行の会計規則を信義に基づいて適用して財務計算書類を作成した結果、それらの計算書類が企業の経済的実態を不忠実に写像しているのか否かは誠実性に基づいて判断される。同法第341条②によると、財務計算書類が企業の経済的実態を不忠実に写像する場合には、現行の会計規則からの離脱が許容されていた。これに対して、1983年改正商事会社法による客観的誠実性によると、慎重性の枠内で現行の会計規則を信義に基づいて適用して財務計算書類を作成した結果、それらの計算書類が企業の経済的実態を忠実に写像しているのか否かは忠実性に基づいて判断される。1983年改正商法第9条⑥によると、会計人が現行の会計規則に準拠し、その規則に誠実に適用して財務計算書類を作成しても、それらの計算書類が企業の財産、財政状態および諸成果についての忠実性を充分に確保できない場合がある。その場合には、補足情報を附属明細書に記載することによって、忠実性が確保できると定めた。同条⑦は、会計人が現行の会計規則に準拠し誠実に適用して財務計算書類を作成しても、それらの計算書類が企業の財産、財政状態および諸成果についての忠実性を確保できない場合には、現行の会計規則から離脱すべきであると定めた。

　1983年改正商事会社法で定められた基本原則の相互関係に基づけば、誠実性が慎重性の枠内でその要請を満たすべきである。すなわち、慎重性が優先する。したがって、誠実性は慎重性の枠を越えることができない。忠実性は「結果の義務」であり、慎重性の枠内における正規性および誠実性の要請は「手段

表7-6　財務計算書類の作成

作成過程	作成結果
物的属性：正規性	忠実性
人的属性：客観的誠実性	

の義務」である。この慎重性の枠内で正規性および誠実性の要請を満たすことにより，忠実性が確保できることになる。ここで，EC第4号指令調和化法における財務計算書類の作成の拠り所を表で示すと，「表7-6　財務計算書類の作成」となる。

注　釈

（注1）　décretは，共和国大統領または首相によって署名されて，一般的効力を有する（中村他［1996］p. 100）。会計の領域では首相が会計書類に署名するので，「施行令」と訳すことにする。

（注2）　arrêtéは，1人もしくは複数の大臣，または他の行政庁が発する一般的または個別的な効力範囲をもつ執行的決定である（中村他［1996］p. 26）。会計の領域では，大臣が発するので「省令」と訳すことにする。

（注3）　E. de la Villeguérinは価値増減をつぎのように定義づけた。「価値の増加とは，資産の部に記載されるある項目の実現価値（valeur réelle d'un élèment de l'actif）が純帳簿価値（valeur nette comptable）を超える額までに達する場合である。ここでの純帳簿価値とは，実施された償却により減少した原始価値（valeur d'origine）であると解される。この反対の場合が価値減少である。」なお，蓋然は，潜伏（latente）または潜在（potentielle）と同意義と解される。

（注4）　利益の特質を分配可能性とすると，一会計期間における利益計算構造は，

（実現収益）−（実現費用＋蓋然費用）＝（実現成果）

という計算式で示される。上記の式において，蓋然収益を計上しないのに蓋然費用を計上する根拠は，分配可能性という利益の特質に業績指標性を加味したからである。ただし，どの会計期間に蓋然費用を負担させるかの合理性が問題となる。

（注5）　具体例として，工事部分完成規準により，長期操業における財産価値の蓋然増加が計上される。また，償却可能固定資産の耐用年数を見積ることによって，財産価値の実現減少が計上される。

（注6）　具体例として，固定資産の再評価により，財産価値の蓋然増加が計上される。また，固定資産の減価引当金を設定することにより，財産価値の蓋然減少が計上される。

（注7）　A. Burlaud et. al. によると，現行法では，「結果の義務」が「手段の義務」より優ると指摘されている。

第8章

貸借対照表の規定
―基本財務計算書類としての位置づけ―

8-0 序　　論

　欧州規模での国際化の波に揉まれる中で，フランスは財務計算書類の作成目的を「企業の状態および取引についての忠実な写像を写し出す状態表を作成するためには，企業が慎重性の原則を遵守して正規性および誠実性の要請を満たさなければならない。」(PCG [1982] p.I.5) と定めた。これは，慎重性の原則の枠内でその目的を達成することを要請したものである。また，フランスは従来から財産状態の表示を重視してきた。このことは，「一般会計の目的は，企業財産に影響を与える取引のすべてを記録すること」(PCG [1982] p.I.2) という規定からも明らかである。しかし，財産性の原則を固守することが，かえって取引の経済的実態および財務的実態を反映させる会計処理の適用を妨げることもある。とりわけ，今日の信用経済のもとでは，複雑化する取引実態への対応が難しくなってきている。制度的には，1983年4月30日に欧州共同体委員会第4号指令との会計義務の調和化に係わる法律第83-353号 (Loi n° 83-353. Mise en harmonie des obligations comptables avec la IVe directive du conseil des communautés européennes du 25 juillet 1978)（以下，EC第4号指令調和化法と略する）および1983年6月13日に欧州共同委員会採択第7号指令との特定商事会社・公共会社の連結計算書類義務調和化に係わる1985年1月3日会計法第85-11号 (Loi n° 85-11 du 3 janvier 1985 relative à la mise en harmonie des obligations concernant les comptes consolidés de certaines sociétés commerciales et entreprises publiques avec la VIIe directive adoptée par le conseil des communautés européennes le 13 juin 1983)（以下，EC第7号指

令調和化法と略する）を比較をすることによって，取引の法的実態よりも経済的実態を重視する傾向が明らかになる。取引の経済的実態を重視することは，会計行為の領域においても重要な課題である。従来の研究では，財貨・用役の計上時点を初めに決定してから，つぎに計上額を決定する会計行為の手順が明らかにされてきた。フランス制度会計においては，基本的な原則といわれる財産性の原則が取引の法的実態を重視することであるから，財貨・用役の計上時点は所有権移転の完了時となる。反対に，取引の経済的実態を反映させる会計処理を採用するならば，財貨・用役の所有権移転の有無よりも，むしろ財貨・用役の所有権移転と同じ経済的効果の発現が重要視されるべきである。取引の経済的実態を重視する具体例として，工事部分完成規準による収益の計上，リース資産の計上などが挙げられる。

EC第4号指令調和化法によって改正された1807年商法（以下，1983年改正商法と称する）は，貸借対照表，成果計算書および附属明細書で1組を形成する年度計算書類の作成（同第8条③）を要請している。この改正によって，附属明細書の役割が貸借対照表・成果計算書の役割と同程度までに重要となる。また，同調和化法によって改正された1966年商事会社法（以下，1983年改正商事会社法と称する）は，年度計算書類以外に財産目録，営業報告書，流動資産・負債表，予測成果計算書，資金計算書および予測資金計画書の作成（同法第340-1条①）を要請する。

EC第4号指令の基本原則は，会計情報の結果を重視し，財務計算書類に経営実態を忠実に写像するよう会計人に働きかけた。フランスは，伝統的に会計情報の作成過程を重視し，良質な会計情報を作成するよう会計人に働きかけた。すなわち，慎重性の枠内で会計規則に準拠し，その適用にあたっては会計人としての専門知識を備えた上で，不正をしようとする意識をもたず，会計情報を作成してきた。このとおり作成される良質な情報が，結果的に経営実態を財務計算書類に反映させることになる。

フランスは，伝統的に財務計算書類の中で貸借対照表を最も重要視してきた。1966年商事会社法が損益法思考を導入するにあたり，損益計算書を貸借対照表と同じ程度までその重要性を高めた。1983年の商法改正では，附属明細書の重要性が認められた。これは，1983年改正商法がその基本原則として忠実性

を定めたからである．忠実性は，遵守機能，補足機能および離脱機能を有する．これらの内の離脱機能が会計規則の準拠性を弱めるとの解釈も成り立つ．しかし，離脱機能は規定上，設けられたものの具体的な経済事象を想定していないと解される．したがって，離脱機能が会計規則の準拠性に影響を及ぼすとは考えにくい．むしろ重要なのは補足機能である．すなわち，補足機能が会計規則の準拠性と密接な関係にあることになる．ある経済事象の会計処理が規定上明示されていないとき，または適用の結果，忠実性が損なわれる恐れがあるとき，補足情報によって忠実性が確保できることになる．

フランスでは，商法の会計規則が総則の中の「第2篇商人会計（De la Comptabilité des Commerçants）」の規定，さらに会社法の会計規則をも含めて，その主要な規定が貸借対照表の作成に関するものである．

株式会社の会計規則は，計算体系からみると分配可能利益計算の規定（1983年改正商事会社法第346条）を中心としたものであり，そこでの規定内容が貸借対照表上の純資産額を基礎としている．したがって，純資産額を算出するのに必要な資産の計上および評価規定，負債の計上規定および資本に関する規定が会計規則のおもな内容となっている．ここで，貸借対照表に関する規定項目を一覧的に列挙すると，「表8-0-1 貸借対照表の規定に係わる条文」となる．

表8-0-1 貸借対照表の規定に係わる条文

商法第8条［会計記録］
商法第9条［年度計算書類の作成］
商法第12条［資産評価規則］
　EC第4号指令調和化施行令第7条［資産評価規則］
商法第14条［償却費・引当金の計上規則］
　EC第4号指令調和化施行令第8条［固定資産の減価規則］

会社法第340条［年度計算書類の作成］
　EC第4号指令調和化施行令第9条［年度計算書類の記載項目］
　EC第4号指令調和化施行令第10条［財産項目の計上規則］
　EC第4号指令調和化施行令第11条［貸借対照表の様式］
　EC第4号指令調和化施行令第12条［貸借対照表の積極側項目］
　EC第4号指令調和化施行令第13条［貸借対照表の消極側項目］
　EC第4号指令調和化施行令第18条［略式貸借対照表の様式］
会社法第341条［評価規則の変更］
会社法第343条［創立費・資本増加費の償却］

　　　　EC第4号指令調和化施行令第19条［繰延費用の計上規則］
　　　　EC第4号指令調和化施行令第21条［社債償還差金の計上規則］
　　　　会社法第345条［法定積立金］
　　　　会社法第346条［分配可能利益］
　　　　会社法第347条［利益配当］
　　　　会社法第348条［固定利息の禁止］
　　　　会社法第349条［第1次配当の計算］

　上掲のように，商法における株式会社の計算規定は，貸借対照表に関する規定で構成されている。その計算構造的な枠組みは，のちに詳述するように取得原価規準および蓋然規準の会計である。なお，Plan Comptable Général 1982（以下，PCG 82と略する）は，その「第2節　財務諸表（PCG［1982］pp. 153-206）」で貸借対照表の具体的な記載方法を定めた。商事会社法は，この規定に準じて活動部門別に年度計算書類を作成する（EC第4号指令調和化施行令第9条①）。

　本章の研究目的は，貸借対照表の作成目的という視点から，当該対照表項目の計上規定を明らかにすることである。この検討に際しては，つぎのことがらが論点となる。

① 従来の資産は，伝統的な認識規準である企業への法的帰属をもってして計上されてきた。そこに，企業の経済的実態を開示するという目的が加わったことから，経済的帰属をも考慮して資産計上されるようになった。

② 資産の測定規準は取得原価規準であったが，これに時価規準を加味して計上することとなった。

8-1　資 産 の 規 定

8-1-1　資産の計上規定

　資産に係わる規定は，資産計上規定と資産評価規定に大別することができる。商法上，資産の計上能力ないし計上条件を直接に規定した明文はみられない。ところが，資産に係わる条文全般からみて，個別的財産価値ないし譲渡性の存在に基本視点がおかれているものとみることができる。

　のちに個別的に検討するように，無形固定資産の一部（創立費・資本増加費）の計上容認規定は損益法思考の導入ともみられる。しかし，計上義務の規定でなく計上容認の規定であるとともに，項目限定の規定および早期償却の規

定を伴なう。さらに，配当制限の規定を設けられているところから，商法上の基本的な資産計上要件は個別的財産価値の有無にあるとみられる。

もっとも，すでに会計法令の発展経緯でみてきたように，計上容認の規定ではあっても，商法上の資産計上範囲は拡大化の傾向をとってきた。これには損益法思考が強く影響していることも否定できない。また，近年では損益法思考とはかかわりなく，会計情報の開示拡充をもとめる社会的要請からリース資産の貸借対照表計上が検討課題[注1]となっている。

そこでは，法的形式重視思考と経済的実質優先思考のどちらに優位性を置くのかが問題となる。後者が前者より優先される1948年英会社法第149条「真実かつ公正な概観」が，EC第4号指令第2条に導入された。これが1983年改正商法第9条として定められたことにより，フランス制度会計においては，経済的実質優先思考を拡大化する方向になった。

商法では，経済的実質優先の面からの資産計上規定[注2]がみられるとともに，損益法思考の面からの資産計上の規定，つまり無形固定資産の償却期間に係わる規定がみられる。以下，これについて個別的に検討する。なお，これらの項目は，いずれも資産としての計上を容認する規定であって，原則的には，むしろ費用計上を基本処理としているものと見做される。ここで，フランス制度会計が定めるいわゆる繰延資産といわれる項目を列挙すると，「表8-1-1　繰延資産の計上項目」となる。

表 8-1-1　繰延資産の計上項目

会社法・施行令		Plan comptable	
創立費	（5年以内償却）	創立費	（5年以内償却）
開業費	（5年以内償却）	開業費	（5年以内償却）
資本増加費	（5年以内償却）	資本増加費	（5年以内償却）
合併費	（5年以内償却）	合併費	（5年以内償却）
分割費	（5年以内償却）	分割費	（5年以内償却）
設立変更費	（5年以内償却）	設立変更費	（5年以内償却）
		研究開発費	（5年以内償却）
		社債発行費	（償還期間以内）
		社債発行差金	（償還期間以内）

(1)　設立費の資産計上規定

1983年改正商事会社法は，創立費について「第348条第2項の規定を条件と

して，会社の創立費（frais de construction）は，利益配当前に，しかも少なくとも5年以内に償却される。」（同法第343条①）として，5年以内の早期償却を定めている。

上掲の条文における「第348条第2項の規定を条件として」とは，つぎのとおりである。すなわち，社員の利益となる固定利息（intérêt fixe）または中間利息（intérêt intercalaire）については，その約定を禁止する。なぜなら，この規定は，利益配当の最低額を保証することを原則として禁止したものであるからである。ただし，政府が株式について利益配当の最低額を保証する場合には，この禁止規定が適用されないこととなる。

上述の規定をより具体化したEC第4号指令調和化施行令は，「企業の存在または発展に係わる取引に充当されるけれども，その額を特定の財貨・用役の生産と関連できない費用は，貸借対照表積極側に『設立費』という項目（poste "Frais d'établissement"）に表示され得る。」（同令第19条①）として，設立費の計上能力を指示している。また，その償却については，「5年を上限期間として償却される。」（同令第19条⑤）として，5年以内の早期償却を指示した。その配当制限については，「設立費が未償却であるならば，いかなる配当行為（distribution de dividendes）もおこなうことができない。」（同令第19条⑥）として，設立費には個別的財産価値がないことを示している。なお，「任意積立金の額が少なくとも未償却残高に等しいならば，この限りでない。」（同令第19条⑥）として，未償却残高と同額以上の任意積立金があれば配当できると定めている。

設立費は，会社の創立に要したすべての支出額である。それらの支出対価としての諸用役は費消済みであるから，そこに個別的財産価値の存在は認められない。しかし，これらの支出額は会社の収益活動の基盤を創出するためになされたものであることから，損益法思考からは会社の全存続期間の収益と対応していることになる。したがって，継続企業を前提[注3]とするかぎり償却不要ということになる。ところが，1983年改正商事会社法は5年以内の早期償却を定めている。これは，創立費が本来的には資産ではなく費用であるとする認識によるものである。

PCG 82は，設立費の下位勘定項目として創立費，開業費および資本増加費・その他の取引費（合併・分割・設立変更）を設けている。ここで，PCG

表 8-1-2　設立費の勘定

201　設立費（frais d'établissement）
　　2011　創立費（frais de construction）
　　2012　開業費（frais de premier établissement）
　　　　20121　調査費（frais de prospection）
　　　　20122　広告宣伝費（frais de publicité）
　　2013　資本増加費・その他の取引費 |合併・分割・設立変更|（frais d'augmentation de capital et d'opération diverses （fusion, scissions, transformation)|

　82による設立費勘定を表で示すと，「表8-1-2　設立費の勘定」となる。
（2）　資本増加費の資産計上規定
　1983年改正商事会社法は，「資本増加費は，その費用が生じた会計期間以降，少なくとも5会計期間内に償却される。」（同法第343条②）として，5年以内の早期償却を指示している。また，「当該費用は，この増加によって生じた払込剰余金（montant des primes d'émission）と相殺され得る。」（同法第343条②）として，増資に伴う諸経費がその払込剰余金と相殺できると定めている。この資金調達費用もそれ自体には個別的財産価値が認められない。ところが，損益法思考からは調達資金の運用期間の収益と対応する性質のものであるから，それぞれの運用期間にわたって償却されるべき性質のものである。1983年改正商事会社法は，5年以内の早期償却を定めている。なお，PCG 82においては，設立費の下位勘定として勘定2013「資本増加費」を設けている。
（3）　研究開発費の資産計上規定
　1983年改正商事会社法は，研究開発費（frais de recherche et développememt）に係わる規定を設けていない。これに対して，EC第4号指令調和化施行令は，「応用研究・開発費（frais de recherche appliquée et de développement）は，貸借対照表積極側にその費用に対応する項目で記載され得る。」（同令第19条②）と定めた。当該規定は，当該項目の貸借対照表積極側への計上を容認している。また，「その条件として，当該費用が明らかに個別化される企画（projets）と関連し，商業上の収益性をもたらす機会が著しく高いことである。」（同令第19条②）として，その計上能力を示している。その償却については，「応用研究・開発費は，計画に従って，5年を上限期間として償却される。」（同令第19条⑤）として，5年以内の早期償却を指示している。なお，例外事項として，「特殊企画

(projets particuliers）における応用研究・開発費は，より長期間にわたって償却できる。」（同令第19条⑤）とし，5年を超える長期償却を容認している。ただし，「当該償却期間はその使用期間（durée de l'utilIsation）を超えない。」（同令第19条⑤）として，その上限期間を設けている。さらに，その配当制限については，「応用研究・開発費の項目が未償却であるならば，いかなる配当行為（distribution de dividendes）もおこなうことができない。」（同令第19条⑥）として，応用研究・開発費には個別的財産価値がないことを示している。なお，「任意積立金の額が少なくとも未償却残高に等しいならば，この限りではない。」（同令第19条⑥）として，未償却残高と同額以上の任意積立金があれば配当可能となる。

研究開発費は，支出時の費用として計上することが原則である。例外として，以下の条件とともに無形固定資産として計上することができる。この条件について，PCG 82は，「企画は，明確に特定化され，しかもその費用は時間の経過に伴ってそれを配分するために明確に限定されなければならない。」（PCG [1982] p. 120）として，研究開発の企画に基づく支出の特定化を明示した。また，「各企画は，貸借対照表日において，技術的成功および収益性の高い可能性をもたなければならない。」（PCG [1982] p. 120）として，技術的成功による収益の獲得能力を要請した。

研究開発の企画が失敗した場合には，関連費用は即時に償却され，勘定687「固定資産臨時償却累計繰入額」の下位勘定に借記される。研究開発の企画が成功し，発明特許権を取得した場合には，企業は特許権の予測価値を決定し，その額は最高限度額として勘定203「研究開発費」に記入された関連費用の未償却残高に等しく，特許権の入帳価額となる。そして，勘定205「認許権・発明特許権…」の借方にこの額を記入するとともに，同一額を勘定203「研究開発費」に貸記する。

(4) 社債発行費の貸借対照表積極側計上

PCG 82は，社債発行費について期間配分費用として貸借対照表積極側への計上を指示している。ここでの期間配分費用とは，その金額が確認され得るかまたは前もって充分に正確に判明でき，しかも各会計期間に同額ずつ配分することが決定される費用（割当方式）である（PCG [1982] p.135）。社債発行費は，

資金調達費用である。それ自体には個別的財産価値が認められない。しかし，当該項目は損益法思考からは調達資金の借入期間における収益に対応する性質のものであるから，その借入期間にわたって費用配分されるべき性質のものと解される。ここで，PCG 82による勘定481「期間配分費用」の下位勘定を表で示す，「表8-1-3　期間配分費用」となる。

表8-1-3　期間配分費用

481　期間配分費用（charges à répartir sur plusieurs exercices）
　　4811　繰延費用（charges différées）
　　4812　固定資産取得費（frais d'acquisition des immobilisations）
　　4818　社債発行費（frais d'émission des emprunts）
　　4818　割当費用（charges à étaler）

(5)　社債償還差金の貸借対照表積極側計上

EC 第4号指令調和化施行令は，「社債償還差金（primes de remboursement d'emprunts）の額は，貸借対照表積極側に当該差金に対応する項目で記載される。」（同令第21条）として，社債償還差金の計上を指示している。また，その償却については，「社債償還差金は，附属明細書で指示される方法に従って，借入期間（durée de l'emprunt）にわたって規則的に償却される。」（同令第21条）として，借入期間内での規則的償却を定めている。なお，「借入金のうちの償還額に充当する差金は，いかなる場合にも保持されえない。」（同令第21条）として，社債償還差金の個別的財産価値を認めていない。社債償還差金は，原則として発生利息に比例して償却する。それは，社債償還の進行と関係なく，借入期間に配分して均等額ずつ償却することもできる（野村［1990］p. 169）。ここで，PCG 82による勘定16「長期借入金・その他の類似債務」の下位勘定を表で示すと，「表8-1-4　社債償還差金」となる。

表8-1-4　社債償還差金

16　長期借入金・その他の類似債務
　　161　転換社債（emprunts obligatiares convertibles）
　　163　その他の社債（autres emprunts obligataires）
　　169　社債償還差金（primes de remboursement des obligations）

上述のとおり，1983年改正商法上の無形固定資産の一部である設立費・研究開発費の計上容認規定をみてきた。この規定は，商法上は本来の資産計上能力のないものについての資産計上を容認するための根拠となる条文である。その立法理由は，条件つきでの損益法思考を導入すること，および負担の期間的配分を是認することとみることができる。なお，その付帯条件は，科目限定規定，計上容認規定および早期償却規定である。

8-1-2　資産の評価規則
(1)　財産の評価規則
1983年改正商法は，「第2篇　商人会計」で会計帳簿に記載すべき企業財産の価額について，取得時における評価と決算時における評価を定めた。さらに，後者ついては固定資産と代替可能資産（biens fongibles）に分類した。とりわけ固定資産については有形，無形および金融に分類して，有形・金融固定資産については再評価を容認している。これらの評価規則については，1983年改正商法第12条［資産評価規則］が定めた。その適用については，第4号指令調和化施行令第7条［資産評価規則］，第8条［固定資産の減価規則］および1983年改正商事会社法第246条［分配可能利益］がこれを定めている（Code［1999］pp. 16-17）。

1983年改正商法第12条　［評価規則］
① 企業財産への流入日に，有償取得による財産は取得原価，無償取得による財貨は市場価値，および製造財貨は製造原価によって記載される。
② 固定資産諸項目について，棚卸時に維持される価値は，必要に応じて償却計画に従って計上されなければならない。ある資産項目の価値が純帳簿価値を下回るならば，その減価が確定であるのか否かに拘わらず，純帳簿価値として当期締切日における棚卸価値が計上される。
③ 代替可能財貨は，取得または製造の加重平均原価法，先入先出法で評価される。
④ ある財貨の棚卸価値と流入価値の差として確認される価値増加は計上されない。有形・金融固定資産のすべてを再評価する場合，現在価値と純帳簿価値の

差である再評価差異は，損失を填補するために利用することができない。当該差異は，貸借対照表消極側に区別して記載される。

EC第4号指令調和化施行令第7条　［資産評価規則］

商法第12条の適用のために，

① 取得原価は，財貨の購入価格にこれを使用可能な状態にするために必要な付随費用を加えたものに等しい。

② 製造原価は，費消材料の取得原価に製造の直接費と間接費配賦額を加えたものに等しい。固定資産の製造に融資するために借入れした資本について，その利息が製造原価に含められ得るのは，当該利息がその製造期間と関連する場合である。流動資産項目について，本法第11条以下で定義されるように，この計上能力は，製造循環が一会計期間を必然的に超える場合に認められる。これらの算入の正当性およびその金額は，商法第8条第3項で定められた附属明細書に記載される。

③ 無償で取得された財貨について，その市場価値は，市場の通常状況下で支払われるであろう価格に相当する。

④ 現在価値は，市場および企業にとっての財貨の使用価値に応じて見積られる。

⑤ 棚卸価値は現在価値に等しい。但し，非金融固定資産の棚卸価値がその純帳簿価値を著しく下回らない場合には，当該純帳簿価値が棚卸価値として採用される。

EC第4号指令調和化施行令第8条　［固定資産の減価規則］

① 固定資産の減価は，本条第2項の規定に該当する場合を除き，償却によって確認される。このことは，償却計画に従って，財貨の原価を使用蓋然期間に配分することである。財貨の使用状態について有意な修正は，実施中の償却計画を変更させる正当な理由となる。

② 資産項目価値が減少し，その原因が不可逆的でないと判断された事象によるものであるならば，この減価は減価引当金によって確認される。

③ 償却引当金と減価引当金は，これらに対応する項目を減価させる方法で貸借対照表積極側に区別して記載される。

④ 危険・費用について，その対象が明確に限定され，その事象が生起したかま

たは生起中であり，しかもその実現可能性が高い場合に，当該費用・危険は引当金の設定によって計上される。

⑤　引当金が成果に戻し入れされるのは，その設定理由が存在しなくなったときである。同様に，減価償却についても成果に戻し入れできるけれども，その場合は例外的であり，その理由は附属明細書に記載される。

1983年改正商事会社法第346条　［再評価差異の処理］

④　再評価差異は分配されない。なお，当該差異は，その全部または一部を資本組入できる。

上掲の規定を要約すると，「表8-1-5　企業財産の評価規則」となる。

表8-1-5　企業財産の評価規則

(i) 取得日における評価：
　（ a) 有償取得による財貨………取得原価
　（ b) 無償取得による財貨………市場価値
　（ c) 製造財貨………………………製造原価
(ii) 決算日における評価：
　（ a) 固定資産（有形・無形・金融）
　　　・純帳簿価値＞棚卸価値の場合：
　　　　　減価原因が不可逆的であるとき……償却により費用計上する
　　　　　減価原因が不可逆的でないとき……引当金により費用計上する
　　　　　但し，非金融固定資産については著しい下落の場合に費用計上する
　　　・純帳簿価値＜棚卸価値の場合：
　　　　　再評価による評価益を計上しない
　　　　　但し，有形・金融固定資産について評価差額を計上する
　（ b) 代替可能資産：加重平均原価法，先入先出法による棚卸価値を算出する
　　　・純帳簿価値＞棚卸価値の場合：引当金により費用計上する
　　　・純帳簿価値＜棚卸価値の場合：再評価による評価差額は計上しない

　これらの評価規則は，固定資産と代替可能資産を含めて取得価額を基礎として測定すること，つまり取得原価規準を定めたものである。非貨幣性資産の評価規則として取得原価に基づく原価規準を採用することは，会計の基本的な計算目的である利益計算の原型を収支計算においていることを意味する。このことは，そこでの利益が投下資本（支出）の期間計算的な回収（収入）計算に基づいて回収剰余額としてあらわれることを示すものである。

　このような原価規準は，投下資本の期間計算的な回収剰余額としての利益計

算構造を前提とした評価規則である。そのことは，またそこでの利益が処分可能性を制度的な特質としていることを意味する。資産について，原則として時価の下落による相当の減額をおこなう（1983年改正商法第12条②）のは，利益の処分可能性を根拠としているためとみることができる。また同時に，これらの規定は債権者をはじめとした取引関係者の保護を目的とする商法の立法趣旨にも適うものである。なお，非金融固定資産については，「棚卸価値が純帳簿価値を著しく下回らない場合」（EC第4号指令調和化施行令第7条⑤）には純帳簿価値を棚卸価値として採用する。

(2) 固定資産の評価規則

さきにみたように，1983年改正商法は，固定資産[注4]の取得日における評価として，つぎの3通りの場合を定める（同法第12条②）。すなわち，有償取得による固定資産については取得原価，無償取得による固定資産については市場価値，および製造による固定資産については製造原価で評価される。

固定資産の減価については，その原因が不可逆的であるのか否かそれとも可逆的であるのかにより会計処理が異なる。前者は償却により費用計上し，後者は引当金により費用計上する。

減価原因が不可逆的である場合には，「償却計画に従って計上」という文言は，減価の原因等を分析調査したうえで会計的に予測された使用蓋然期間にわたって，一般に認められた会計慣行として定着している直線償却（amortissement linéaire），逓減償却（amortissement dégressif）および逓増償却（amostissement progressif）といった減価償却方法を適用して費用計上することである。租税一般法は，企業が一般に認められる償却方法を適用しているならば，それを斟酌する（同法第39条①）。他方，「財貨の使用状態について有意な修正」とは，予測できなかった技術革新の急速な進行などによって，つまり急激な経済的減価が生じることにより，陳腐化や適応化が生じた場合である。その場合の「有意な修正」（EC第4号指令調和化施行令第8条①）は予測しなかった陳腐化や不適応化に基づく臨時償却額と解される。また，災害などによって有形固定資産の一部もしくは全部が滅失ないし損傷を受けた場合にも，「有意な修正」がなされるべきである。その場合の「有意な修正」は滅失ないし損傷に基づく特別償却額と解される。

減価原因が不可逆的でない場合には，減価引当金の設定により費用計上される（EC第4号指令調和化施行令第8条③）。「危険・費用の対象が明確に限定され，その事象が生起したかまたは生起中であり，しかもその実現可能性が高い場合」には，費用・危険引当金の設定により費用計上される（同令第8条④）。

1983年改正商法は，「財貨の棚卸価値と流入価値の差として確認される価値増加は計上されない。」（同法第12条④）として，原則として評価益の計上を禁止している。しかし，「現在価値と純帳簿価値の差である再評価価値は，損失を填補するために利用され得ない。」（同法第12条④）という条件のもとで，有形・金融固定資産については再評価による評価差額の計上を容認している。しかも，「貸借対照表消極側に区分して記載」として，評価差額は貸借対照表の自己資本の部に記載されなければならない。なお，「再評価差異はその全部または一部を資本組入できる。」（1983年改正商事会社法第346条④）として，再評価差異の資本組入が容認されている。

(3) 棚卸資産の評価規則

1983年改正商法は，棚卸資産の評価規則[注5]について，その取得日に，有償取得による財貨は取得原価，無償取得による財貨は市場価値，および製造財貨は製造原価で記載されると定めた（同法第12条①）。また，原価規準を定めるとともに，利益が計上されないかまたは計上されても不充分な利益である場合でも，計上すべき償却および引当金を設定しなければならない（同法第14条②）。さらに，特殊な場合での時価評価を定め，棚卸価値が純帳簿価値より低い場合に棚卸資産減価引当金の設定により評価損を計上する。いわゆる低価規準の適用を強制する。ここで，上掲の評価規則を概要すると，「表8-1-6　流動資産の評価規則」となる。

表8-1-6　流動資産の評価規則

原則規定：原価規準（取得原価，市場価値および製造原価）
強制規定：低価規準（減価引当金の設定）

1983年改正商法は，固定資産の取得日における評価について原則的に取得原価，製造原価および市場価値を付すること，すなわち原価規準を定める。取得原価は，購入価格に取得財貨を使用状態にするために必要な付随費用を加算し

た額である (EC第4号指令調和化施行令第7条①)。製造原価は,費消材料の取得原価に製造の直接費と間接費配賦額を加算した額である (同条②)。市場価値は,通常の市場状況における支出額である (同条)。もっとも具体的には,加重平均原価法と先入先出法のいずれかを適用することになる。しかし,上述のとおり,「引当金を設定」(1983年改正商法第14条②) する場合には,その減価原因が「不可逆的でないと判断される事象」(EC第4号指令調和化施行令第8条②) によるならば,純帳簿価値と棚卸価値を比較していずれか低い方の価額で評価しなければならない。この処理方法は,会計慣行上,古くから一般に認められた評価規則であり,原価規準会計制度のもとでも慎重な会計処理を求める見地からその合理性が認められている。しかも,有用な原価の繰越し,つまり回収可能な原価を繰越すための処理方法としての合理性が認められる。なお,そこでの時価については,再調達価額と正味実現可能価額のいずれかを選択する。このことは,会計慣行上,容認されるが,客観性の面からは再調達価額によるのが合理的である。

(4) 債権の評価規則

1983年改正商法は,「引当金を設定」(同法第14条②) を定めた。売上先への財貨・用役に対する債権が回収不能となった場合には,回収不能債権損失 (pertes sur créances irrécouvrables) を計上する。その債権が回収不能と予測される場合には,債権減価引当金の設定による評価損を計上する。

(5) 有価証券の評価規則

1983年改正商法は,「引当金を設定」(同法第14条②) を定めた。有価証券については,棚卸価値が純帳簿価値より低くその評価損が不可逆的でない場合には,有価証券減価引当金を設定しその評価損を計上することとしている。

有価証券についても,原価規準を原則的な評価規則として定めること (1983年改正商法第12条①) は,原価主義会計を計算の基礎構造とするかぎり当然の規定である。また,流動資産に属する投資目的有価証券について,時価下落時の強制時価評価規定を設けているのは,棚卸資産の評価規定と同様に有用な原価つまり回収可能な原価の繰越しを図るものである。同様に,固定資産に属する資本参加証券および長期投資証券についても,減価引当金を設定し,その評価損を計上する。

（6） 暖簾の評価規則

EC第4号指令調和化施行令は，「営業権（fonds de commerce）に係わる取得事項（éléments acquis）は，貸借対照表上の『営業権（fonds commercial）』という項目に記載され，それ以外の項目に記載されない。」(EC第4号指令調和化施行令第19条③）と定めた。これは有償取得による営業権の記載すべき項目を指示したにすぎず，償却規定については何の定めもない。

PCG 82は，「営業権は，貸借対照表において独立した評価および会計処理の対象とならず，企業の潜在的活動を維持ないし発展させるのに役立つ無形項目（éléments incorporels）によって構成される。」(PCG [1982] p.29) として，営業権を定義した。「この無形項目は，それに付随する一定価値を付与する法的保護を必然的に享受していない。」(PCG [1982] p.120) として，営業権を限定する。この無形項目が無形固定資産の下位勘定である勘定207『営業権』に記載される。なお，自己創設の営業権に係わる無形項目は会計処理されない（Villeruérin [1983] p.422）。

営業権の償却に係わる規定は，フランスの制度会計にみられない。これに対して，EC第4号指令においては，研究開発費に適用可能な償却規定を営業権にも適用し，「加盟国は，5年を超える限定期間にわたって営業権を規則的に償却することを会社に認めることができる。」(EC第4号指令第37条②）として，規則的償却の適用による営業権の減価を指示している。なお，この償却期間については，「その使用期間を超えない」（同令第37条②）とも指示している。

上述の償却規定は，フランス国内法化されなかった。けれども，E. de la Villeguérin（ヴィルゲラン）は，有償取得の営業権は償却可能であるとし，PCG 82も同様な解釈をとっていると指摘する（Villeruérin [1983] p. 423）。なぜなら，有償取得の営業権は，賃貸借権に属する無形資産であり，企業の収益力に貢献するからである。ところが，貸借対照表上，営業権は個別的な評価対象とならず，しかも一定価値を付与する法的保護を受けていない。なお，PCG 82は，附属明細書に営業権の減価に係わる会計処理方法を記載し，その減価の確定性を明示することを指示している（PCG [1982] p. 164）。

8-2 負 債 の 規 定

8-2-1 負債の計上規定
(1) 負 債 の 意 義

　1983年改正商法は，負債（dettes）について引当金の計上強制規定を除いて特別の規定を設けていない。法律上の債務は，当然に貸借対照表の負債の部に計上すべきものである。また，債務額も契約に基づき一般に確定すると見做されていることによるものと解される。この点は，さきにみた資産の計上規定についても同様であり，個別的財産価値をもつ経済資源は当然に資産の部に計上すべきものであるという前提で特別な規定が設けられていないものと解される。したがって，いわゆる繰延資産の計上については容認規定が設けられる。

　負債は，企業が自由に使用できる外部資金（finanement externe）の運用力（moyens）である（Velleruérin［1983］p.313）。当該資金は，契約に基づき返済日および支払義務額が確定する限り，評価規定を設ける必要がない。負債には，営業循環上生じる負債と決算時に生じる負債がある。前者は営業負債（dettes d'exploitation）であり，後者は決算時に評価される。その対象が明確であるけれども，その支払日またはその金額が不確定な予見負債（dettes provisionnées）である（Velleruérin［1983］p. 313）。とりわけ，後者については期限（écheance）の確定性の面および金額の確定性の面で検討すべき問題が含まれている。

(2) 負 債 の 評 価

　負債は，貸借対照表の消極側に記載される。企業にとっては,「負」の経済価値を示す項目である（Velleruérin［1983］p. 314）。ここで，とりわけ問題になるのが予見負債の計上額である。すなわち，予見負債の額が増加し，その額が不可逆的と判断されるならば確定負債として会計処理される。だから，当該増加額は，当期の費用または数期間に配分されるべき費用として計上される。また，当該増加額が確定しなければ，引当金として処理される。したがって，この増加額は，財産の取得日における固定資産費用の計上とは結び付かない（Velleruérin［1983］p. 314）。これに対して，予見負債の額が減少し，その減少額が不可逆的であるならば負債の縮小として会計処理される。当該減少額に対し

ては，当期の収益または前受収益（produits constantés d'avance）として計上される。また，当該減少額が確定しなければその評価に影響されず，帳簿上，原始価値（valeur initiale）が維持される。したがって，この減少額は財産の取得日における固定資産収益の計上とは結び付かない（Velleruérin［1983］p. 314）。

8-2-2　引当金の計上規定

1983年改正商法は，当期純損益が赤字であるときかもしくは僅かな黒字であるときでも，必要な引当金の手続きをしなければならないと定めている（同法第14条②）。このことによって，引当金の計上を強制している。もともと危険・費用引当金（provisions pour risques et charges）は，会計慣行と会計理論において慎重性の原則に基づいて計上されるものである（同法第14条①）。その計上条件について，EC第4号指令調和化施行令は，「危険・費用について，その対象が極めて明確であり，突発的な事象または生起中の事象から生じる可能性が高いならば，当該危険・費用は引当金の設定により計上される。」（同令第8条④）と定めている。

危険・費用引当金について，PCG 82は，「危険・費用を計上するために，決算時に評価されて設定される引当金であり，その属性として，突発的な事象または生起中の事象から生じる可能性が高く，その対象も極めて明確であるけれども，その実現が不確実である。」（PCG［1982］p. 114）と定義する。すなわち，危険・費用引当金の計上条件について，PCG 82は，当期の事象に起因し，その対象が個別化されており，しかもその実現可能性が高いけれども不確実である場合に計上すべきであると定めている。

PCG 82は，貸借対照表への表示視点から引当金をつぎのように分類することを要請している。すなわち，消極側では危険・費用引当金の部に記載される危険・費用引当金，自己資本の部に記載される規定引当金，および積極側では資産項目から控除する形式で記載される減価引当金に分類される。ここで，フランス制度会計が定める引当金項目を列挙すると，「表8-2-1　引当金の計上項目」となる。

表 8-2-1　引当金の計上項目

会社法・施行令	PCG 82
危険引当金	危険引当金
	係争引当金
	製品保証引当金
	先物取引損失引当金
	罰金・違約金引当金
	為替差損引当金
	自家保険引当金
費用引当金	費用引当金
	年金等引当金
	納税引当金
	固定資産更新引当金
	期間配分費用引当金
減価引当金	減価引当金
	固定資産減価引当金
	棚卸資産減価引当金
	債権減価引当金
	有価証券減価引当金

　さらに，フランス制度会計において重要な会計処理体系であるPCG 82による危険・費用引当金勘定を表で示すと，「表8-2-2　危険・費用引当金の勘定」となる。

表 8-2-2　危険・費用引当金の勘定

15　危険・費用引当金
　151　危険引当金
　　1511　係争引当金（provisions pour litiges）
　　1512　製品保証引当金（provisions pour garantie données aux clients）
　　1513　先物取引損失引当金（provisions pour pertes sur marchés à terme）
　　1514　罰金・違約金引当金（proviosions pour amendes et pénalités）
　　1515　為替損失引当金（provisions pour pertes de change）
　　1518　その他の危険引当金（autres provisions pour risques）
　153　年金等引当金（provisions pour pensions et obligations similaires）
　155　納税引当金（provisions pour impôts）
　156　固定資産更新引当金（免許企業）｝(provisions pour renouvellement des immobili-sations (entreprises concessionnaires)｝
　157　期間配分費用引当金（provisions pour charges à répartir sur plusieurs exercices）
　　1572　特別修繕引当金（provisions pour grosses réparations）

8-3 資本の規定

8-3-1 資本（資本金）の規定

　1983年改正商事会社法は,「本法第351条で定められた条件下で発行される株式について，その発行価額は，額面額を下回ることができない。」（同法第352条①）として，額面価額による株式の発行を定めている。また，株式を1部上場（cote officielle）および2部上場（cote du second marché）していない会社が発行する株式については,「発行価額は固定されており，その価額の決定方法については，会社が，直近の貸借対照表において計算された純資産額を発行済証券数によって均等区分するか，それとも場合によっては，取締役会，執行役会の要請により裁判所で決定される専門意見に従っておこなわれるかを選択する。」（同法第352条③）と定める。すなわち，株式価額は，貸借対照表上の純資産を基礎に計算されるか，または専門家による意見によって決定される。同様にPCG 82においても，会社における資本金（capital）は，株式と会社持分（parts sociales）の額面価値（valeur nominale）で示される（PCG [1982] p. 114）。その計上は，株主または社員による出資（apports）ないしは積立金の組み入れ（incorparation de réserves）および資本増加，合併またはそれに類似した行為による利益の組み入れによっておこなわれる（Villeruérin [1983] p. 136）。これらの規定から，株式については額面価額主義が採られていたことがわかる。したがって，発行価額と額面価額の差である発行差金は，資本金に組み入れられないことになる（PCG [1982] p. 114）。これについては，勘定104「会社資本金差金」の下位勘定1041「発行差金」の貸方に記載されることになる。

　フランス制度会計においては，額面価額を勘定101「会社資本金」に記載し，発行価額と額面価額の差を勘定104「会社資本金差金」に記載する。このことによって，株取引の経済的実態が示される。とりわけ開示の側面から有用な情報が提供できることとなる。

　資本金は会社の財産的基礎額であり，会社債権者への独占的な担保（gage exclusif）として固定性（fixité）の高い性格を有する。だからこそ，その修正は一定の手続き（cetain formalisme）に従っておこなわれる（Villeruérin [1983] p.

136)。債権者への有用な情報を提供する視点から，その資本修正に係わる公開性（publicité）が考慮される。ここで，PCG 82による資本金勘定を表で示すと，「表8-3-1　会社資本金」となる。

表8-3-1　会社資本金

101　会社資本金（capital social）
　1011　発行済・未請求資本金（capital souscrit-non appelé）
　1012　発行済・請求済・未払込資本金（capital souscrit-appelé, non versé）
　1013　発行済・請求済・払込済資本金（capital souscrit-appelé, versé）
　　10131　未償却資本金（capital non amorti）
　　10132　償却済資本金（capital amorti）
　1018　特別規定発行済資本金（capital souscrit soumis à des réglementations particuli-ères）
104　会社資本金差金（primes liées au capital social）
　1041　発行差金（primes d'émission）
　1042　合併差金（primes de fusion）
　1043　出資差金（primes d'apport）
　1044　株式転換社債転換差金（primes de conversion d'obligations en actions）
　109　株主：発行済・未請求資本金（actionnaires：capital souscrit-non appelé）

　証券の放出（libération）は，一定の期間（最高5年）内に均等区分される。PCG 82は，その放出段階に応じて資本金を記載するように，複数の下位勘定を設ける。勘定1011「発行済・未請求資本金」の貸方には，株主にいまだに請求していない額を記載する。勘定1012「発行済・請求済・未払込資本金」の貸方には株主がいまだに払込んでいない額を記載する。そして，勘定1013「発行済・請求済・払込済資本金」の貸方には株主がすでに払込んだ額を記載する。
　ここで，勘定1013「発行済・請求済・払込済資本金」の下位勘定である「未償却資本金」と「償却済資本金」について示す。すなわち，償却資本とは，清算日前に株主に会社資本の全部または一部を償還することである（野村［1990］p. 288）。1983年改正商事会社法は，1981年の改正で「資本償却は，定款（stipulatuon statutaire）または特別総会の決議により，しかも本法第346条による分配可能額によって実施される。」（同第209条①）と定め，その償却を行う手続きと金額について指示している。償却済の株式について，同法は，「償却済の株式の全部は享益株（actions de jouissance）といわれる。」（同法第209条②）と定める。その権利の内容については，「償却済である株式の全体または一部は，そ

の償却額を限度として，本法第352条にて定められた第1次配当権（droit du premier dividende）と額面価値（valeur nominale）による償還権を失う。」（同法第210条①）と定める。

8-3-2 会社資本金差金の規定

PCG 82は，会社資本金差金として発行差金，合併差金，出資差金および株式転換社債差金を掲げる。すなわち，発行差金は，株式または会社持分の額面価値に対する発行価額（prix d'émission）の超過額を示す（Villeruérin［1983］p. 644）。合併差金は，合併出資として金銭で（en rénumération）交付された被合併会社の株式または持分の額面価値に対する出資として受け取られた財貨価値の超過額を示す（Villeruérin［1983］p. 645）。出資差金は，会社の分割または資産の部分的出資（apports partiells dactif）の場合に，出資された財貨の現在価値（valeur réelle）と出資を換算する株式または会社持分の額面価値の差額である（Villeruérin［1983］p. 644）。

さらに，株式転換社債とは，社債権者（porteurs）の意思により，社債発行契約に基づいて固定された転換基礎に従って，社債から株式へと交換できる権利を有するものである（1983年改正商事会社法第195条③）。その時期は，契約によって指示される。株式転換社債発行価額は，株式額面価額を下回ることができない（同法第195条④）。だから，株式転換社債差金は，社債から株式への転換による資本増加となり，転換社債発行価額と株式額面価額の差額となる（Villeruérin［1983］p. 578）。また，1983年改正商事会社法は，株式転換社債権者の権利を保護するために，「金銭（numéraire）出資による株式発行，積立金，利益または発行差金の資本組入および金銭または投資目的有価証券（titres du portefeuille）による準備金の分配は，転換を請求する社債権者の権利を保護するという条件で認められる。」（1983年改正商事会社法第196条①）と定めている。

上掲の発行差金，合併差金，出資差金および株式転換社債差金は，いずれも株主の出資額のうち資本金を除く部分であって，経済取引の面からは資本金と実質的に異ならない。

8-3-3 法定積立金の規定

1983年改正商事会社法は,「いかなる決議も以下のことに反すると無効になる。すなわち,有限責任会社（sociétés à responsabilité limitée）および株式形態会社（sociétés par actions）において,当期利益を減少させるものとして,繰越損失がある場合にはそれを填補し,法定積立金といわれる積立金を設定する場合にはその充当金として少なくとも1/20を控除する。」(同法第345条①) と定めている。会社は,当期業績に基づいて当期利益を算定する。ただし,繰越損失がある場合にはそれを填補する。ある条件下では,填補後の当期利益を基礎にしてその1/20以上を法定積立金として資本に組み入れる。その結果として,利益の一部が会社内部に留保される。ここでの条件については,同法が「当該控除が義務として免れるのは,法定積立金が会社資本金の1/10に達する場合である。」(同法第345条②) と定めている。

法定積立金は,任意積立金（réserves libres）とは異なり,分配時の課税（控除）から免除され,資本償還（remboursement du capital）の障害とはならない（Villeruérin［1983］p. 752）。ただし,法定積立金が会社資本金の1/10を超えるときには,その超過額は任意積立金としての性質を有するものと見做される（Villeruérin［1983］p. 752）。ここで,PCG 82による積金勘定を表で示すと,「表8-3-2　積立金の勘定」となる。

表 8-3-2　積立金の勘定

```
106   積立金 (réserves)
  1061   法定積立金 (réserve légale)
    10611   本源的法定積立金 (réserve légale proprement dite)
    10612   長期純価値増加 (plus-values nettes à long terme)
```

1983年改正商事会社法は,債権者保護の見地から資本金および会社資本金差金からなる株主の出資額ないし出資枠,ならびに法定積立金からなる利益の一部について維持拘束規定を設けている。なお,増資時における法定積立金の資本組入に係わる規定は見当たらないものの,法定積立金の資本組入により会社資本が増加した場合には,会社はその資本金を基礎にして法定積立金を再設定しなければならないことになる（Villeruérin［1983］p. 752）。

8-4 貸借対照表の様式

　貸借対照表の様式については，1983年改正商法が一般的な規定（同法第10条）を設け，EC 第 4 号指令調和化施行令がその具体的な規定（同令第12条・第13条）を設ける。すなわち，1983年改正商法は，「貸借対照表，成果計算書および附属明細書は，企業の財産（patrimoine），財務状態および諸成果についての忠実な写像を与えるために必要な科目（rubriques）と項目（postes）を記載しなければならない。」（同法第10条①）と定める。その具体的な項目については，EC 第 4 号指令調和化施行令の参照を指示した（同法第10条①）。EC 第 4 号指令調和化施行令は，貸借対照表の積極側項目および消極側項目についてつぎのとおり区分表示を指示する。

1) 積極側項目（EC 第 4 号指令調和化施行令第12条）
　貸借対照表の積極側項目については，つぎのとおりに固定資産，流動資産，調整勘定および為替差異を順次明瞭表示する。
　① 無形固定資産については，設立費，研究開発費，認許権（concession），発明特許権（brevets），許諾実施権（licences），登録商標権（marques），使用許諾権（procédés）とその類似価値，営業権（fonds commercial）および前渡金および内金を区分表示する。
　② 有形固定資産については，土地，建造物，技術装置（installations techniques），工具と器具，前渡金と内金，および仕掛有形固定資産（immobilisations corporelles en cours）を区分表示する。
　③ 金融固定資産については，資本参加証券，資本参加関連債権，その他の長期債権および貸付金を区分表示する。
　④ 棚卸商品（stocks）と仕掛品については，原材料とその他の調達品，仕掛品，半製品と完成品および商品を区分表示する。
　⑤ 債権については，売上債権（créances clients），発行済・請求済・未払込資本金を区分表示する。
　⑥ 投資目的有価証券については，会社が発行し自らその所有者となる株式

を区分表示する。

2) 消極側項目（EC第4号指令調和化施行令第13条）

貸借対照表の消極側項目については，つぎのとおりに自己資本，その他の自己資金，危険・費用引当金，負債調整勘定および為替差異を順次明瞭表示する。

① 自己資本については，資本金，発行差金と類似差金，再評価差異，当期成果，投資助成金と規定引当金および積立金として法定積立金，定款・契約積立金および規定積立金を区分表示する。

② 自己資金については，資本参加証券発行益（produit des émissions de titres participatifs），条件付前渡金を区分表示する。

③ 引当金については，危険引当金と費用引当金を区分表示する。

④ 負債については，転換社債借入金（emprunts obligataires convertibles），その他の社債借入金，借入金と金融機関負債，その他の借入金および負債，現行注文による前渡金と内金，得意先負債（dettes fournisseurs），租税・社会負債および固定資産関連負債（dettes sur immobilisations）を区分表示する。

EC第4号指令調和化施行令は，［計算書の記載項目］については国家会計審議会の意見に従うことを指示している（同令第9条①）。この規定により，会社は，国家会計審議会が作成した Plan Comptable Général に従って年度計算書類を作成する。ここでPCG 82による様式を示すと，「表8-4 貸借対照表の様式」となる。

8-5 結　　論

以上，貸借対照表の作成目的という視点から，当該対照表項目の計上規定を明らかにしてきた。財務計算書類の重要性は，そのときの社会的要請に応じて変遷してきた。1673年商事王令の財産目録は，その機能を1807年商法の貸借対照表へと移行するのではなく，財産目録の要約表としての機能を果たした。この対照表は，1867年会社法では独立した基本計算書として確立された。そし

表 8-4 貸借対照表の様式

《貸借対照表（利益処分前）》

	積極側（a）	第N期 総額	第N期 償却費累計額 引当金累計額 （差引）	第N期 純額	第N－1期 純額
固定資産	無形固定資産：				
	設立費．．．．．．．．．．．．．．．．．．．．．．．．．．．				
	研究開発費．．．．．．．．．．．．．．．．．．．．．．．				
	認許権・特許権・許諾実施権・使用許諾権等．．				
	営業権（1）．．．．．．．．．．．．．．．．．．．．．．．．				
	その他の無形固定資産．．．．．．．．．．．．．				
	無形固定資産前渡金・内金．．．．．．．．．				
	有形固定資産：				
	土地．．．．．．．．．．．．．．．．．．．．．．．．．．．．．				
	建造物．．．．．．．．．．．．．．．．．．．．．．．．．．．				
	機械装置・工具・器具．．．．．．．．．．．．．				
	その他の有形固定資産．．．．．．．．．．．．．				
	建設仮勘定．．．．．．．．．．．．．．．．．．．．．．．				
	有形固定資産前渡金・内金．．．．．．．．．				
	金融固定資産（2）：				
	資本参加証券．．．．．．．．．．．．．．．．．．．．				
	資本参加関連債権．．．．．．．．．．．．．．．．				
	その他の長期有価証券．．．．．．．．．．．．．				
	貸付金．．．．．．．．．．．．．．．．．．．．．．．．．．．				
	その他の長期債権．．．．．．．．．．．．．．．．				
	合計Ⅰ．．．．．．．．．．．．．．．．．．	××	××	××	××
流動資産	棚卸資産：				
	原材料・その他の調達品．．．．．．．．．．．				
	仕掛品（財貨・用役）（b）．．．．．．．．．．．				
	半製品・製品．．．．．．．．．．．．．．．．．．．．				
	商品．．．．．．．．．．．．．．．．．．．．．．．．．．．．．				
	仕入先前渡金・内金．．．．．．．．．．．．．．．				
	債権（3）：				
	得意先等（c）．．．．．．．．．．．．．．．．．．．．．				
	その他の債権．．．．．．．．．．．．．．．．．．．．				
	発行済・請求済・未払込資本．．．．．．．				
	投資目的有価証券（d）．．．．．．．．．．．．．．				
	自己株式．．．．．．．．．．．．．．．．．．．．．．．．．				
	その他の有価証券．．．．．．．．．．．．．．．．．				
	現金預金等価物．．．．．．．．．．．．．．．．．．．				
	前払費用（3）．．．．．．．．．．．．．．．．．．．．．．				
	合計Ⅱ．．．．．．．．．．．．．．．．．．	××	××	××	××
調整勘定	期間配分費用（Ⅲ）．．．．．．．．．．．．．．．．．．．．	××	××	××	
	社債償還差金（Ⅳ）．．．．．．．．．．．．．．．．．．．．	××	××	××	
	積極側換算差異（Ⅴ）．．．．．．．．．．．．．．．．．．	××	××	××	
	総額（Ⅰ＋Ⅱ＋Ⅲ＋Ⅳ＋Ⅴ）．．．．．	××	××	××	××

（注）（1）そのうち賃貸借権。
　　　（2）そのうち1年未満のもの。
　　　（3）そのうち1年以上のもの。
　　　（a）場合により，発行済・未請求資本の相手項目は，資産の部の最頭項目として無形固定
　　　　　資産区分の前に記載すべきである。
　　　（b）場合により，財貨と用役に区分記載する。
　　　（c）財貨の販売・用役の提供による債務。
　　　（d）企業が自己株式を消却しない場合に，直接役立つ項目。

	消極側	第N期	第N-1期
自己資本	資本金（そのうち払込額）（a）：....................		
	発行差金・合併差金・出資差金....................		
	再評価差異（b）................................		
	積立金：		
	法定積立金....................................		
	定款・契約積立金..............................		
	規定積立金....................................		
	その他の積立金................................		
	繰越金（c）...................................		
	当期成果（利益または損失）（d）................		
	投資助成金....................................		
	規定引当金....................................		
	合計Ⅰ..	××	××
危険・引当金	危険引当金....................................		
	費用引当金....................................		
	合計Ⅱ..	××	××
債務(1)(f)	転換社債		
	その他の社債		
	金融機関借入金・債務（2）......................		
	その他の借入金・債務..........................		
	得意先前受金・内金............................		
	仕入先債務等（e）.............................		
	税金・社会保障債務............................		
	固定資産関連債務等............................		
	その他の債務..................................		
調整勘定(1)	前受収益......................................		
	合計Ⅲ..		
	消極側換算差異（Ⅳ）..........................	××	××
	総額（Ⅰ＋Ⅱ＋Ⅲ＋Ⅳ＋Ⅴ）......	××	××

(注)（1）そのうち1年以上のもの，そのうち1年未満のもの。
　　（2）そのうち短期銀行借入および当座借越額。
　　（a）発行済・未請求資本を含む。
　　（b）現行規定に従って細分する。
　　（c）繰越損失の場合には，金額にカッコを付するか負の符号を付する。
　　（d）損失の場合には，金額にカッコを付するか負の符号を付する。
　　（e）財貨の購入・用役の受入れによる債務。
　　（f）（1）の適用のために，得意先前受金を除く。

て，損益計算書は貸借対照表資本の部の内訳明細書として，その機能が位置づけられていた。1966年商事会社法になると，損益法思考が導入されて，損益計算書が独立した基本計算書として確立された。さらに，EC第4号指令調和化法は，情報開示の充実化を図るため，附属明細書を基本計算書として確立させた。

このとおりに，フランスは，旧財務計算書から新財務計算書へと移行するときに，旧計算書を廃棄するのではなく，これを改良し，これに新計算書を追加していくという追加型適用方式を取りながら社会的要請に応えてきた。ここに，フランス的特徴がみられる。

貸借対照表項目の計上については，計上規定と評価規定とに大別することができる。1983年改正商法が伝統的に財産法思考を取り入れているので，資産の計上能力ないし計上条件は，個別的財産価値ないし譲渡性の存在に基本視点がおかれているものとみることができる。ところが，無形固定資産の一部（創立費・資本増加費）には，損益法思考の導入ともみられる項目がある。しかも，会計情報の開示拡充をもとめる社会的要請から，商法上の資産計上範囲が拡大化される傾向となってきた。この背景には，法的形式重視思考から経済的実質優先思考への重視といった流れが影響しているものと解される。このことは，会計制度上，1948年英会社法第149条「真実かつ公正な概観」がEC第4号指令第2条に導入され，これが1983年改正商法第9条に導入されたという史実をもってして明らかになる。

負の財産は，会計上の負債と法律上の債務に分けられる。まず，負債の計上については，特別な規定は設けられていない。なぜなら，負債の評価規定は，第三者との契約に基づき返済日および支払義務額が確定するかぎり規定を設ける必要がないからである。ただし，決算時に生じる予見負債は，その期限と金額を合理的な方法で見積るよう定められた。つぎに，債務の計上規定は，負債同様に規定を設ける必要がない。なぜなら，債務の評価規定は，債務額が契約に基づき一般に確定すると見做されることから，規定を設ける必要がないからである。

株式の上場会社は，株式の額面価額主義を採択する。非上場会社は，貸借対照表上の純資産を基礎に発行する株式価額を計算するか，または専門家による

表8-5　貸借対照表の作成

作成過程	作成結果
法的帰属＋経済的帰属 取得原価規準＋時価規準	資産・負債の経済的実態

意見に従って決定する。会社資本金は，株式と会社持分の額面価値で示される。発行価額と額面価額の差である発行差金は，資本に組み入れられず「会社資本金差金」の貸方に記載される。このことによって，株取引の経済的実態が示され，とりわけ開示の側面から有用な情報を提供することができる。しかも，資本金の取り崩しには，資本金が会社の財産的な基礎額という性質を持っていることから，一定の手続きが必要となる。かつ，債権者への有用な情報を提供する視点から，その資本取崩に係わる情報が公開されることになった。

注　釈

(注1)　EC第4号指令調和化施行令第53条は，[リース取引の開示] について，1972年7月4日施行令第72-665号第12条を改め，商法第8条が定める附属明細書にリース取引の内容に係わる開示を指示した。

(注2)　経済的実質原則優先の面から資産計上される例として，固定資産の再評価が挙げられる。商法は，有形・金融固定資産の再評価による潜在的評価益の計上を容認している（1983年改正商法第12条④）。

(注3)　**1983年改正商事会社法第2条 [定款の記載事項]**

会社形態，99年を超えることができない存続期間，商号，本社所在地，創立目的，会社資本金は，会社定款に記載される。

1983年会社施行令第2条 [会社の存続期間]

① 会社の存続期間は，会社の商業登記簿への登記の日から開始する。

② 前項の期間は，1回またはそれ以上の回数にわたり，これを延長することができる。但し，この延長は，1回につき99年を超えることができない。

(注4)　1983年改正商法における「企業財産（patrimoine de l'entreprise）」には，固定資産も含まれており，前後の文脈から「固定資産」と記述する。

(注5)　1983年改正商法における「企業財産」（patrimoine de l'entreprise）には，棚卸資産も含まれており，前後の文脈から「棚卸資産」と記述する。

第9章 成果計算書の規定
―基本財務計算書類としての位置づけ―

9-0 序　　論

　フランスは，伝統的に財務計算書類の中でも貸借対照表を最も重要視してきた。損益計算書は，貸借対照表の単なる資本の増減額を示す明細表にすぎなかった。ところが，1966年商事会社法が損益法思考を導入したことによって，損益計算書は貸借対照表と同程度までその重要性が高められた。

　株式会社の会計規則は，計算体系からみると分配可能利益計算の規定（1983年改正商事会社法第346条）を中心としたものである。そこでの規定内容が，貸借対照表上の純資産額を基礎としている。したがって，純資産の増減額を算出するのに，必要な費用の計上規定および収益の計上規定が会計規則のなかでも重要性を増してきた。

　本章では，慎重性の原則の枠内で，企業活動の経済的実態を忠実に写像する利益計算構造を明らかにするために，当期利益の構成要素である収益および費用を取り上げる。発生規準の視点から収益・費用の計上根拠を明らかにしてきた従来の研究手法とは異なり，実現規準の視点から収益・費用の計上根拠を明らかにする。

　本章の研究目的は，成果計算書の作成目的という視点から，当該計算書の計上規定を明らかにすることである。この検討に際しては，つぎのことがらが論点となる。

　① フランスは，イギリス型会計にみられる発生規準の視点から収益・費用を計上するのではなく，実現規準の視点から収益・費用を計上する。さら

に，費用は蓋然規準を考慮して計上する。
② 現行のフランス制度会計では，利益の処分可能性の視点からは蓋然収益の計上が禁止となる。ところが，情報開示の視点からは計上可能となる。これを利益の階層化として把握する。

9-1 収益・費用の認識規準

Plan Comptable Général 1982（以下，PCG 82と略する）は，慎重性の原則の枠内での会計目的の達成を要請する。また，1983年改正商法も，「年度計算書類は，慎重性の原則を遵守しなければならない。」（同第14条）と定め，慎重性の原則に従って年度計算書類の作成が要請される。慎重性の原則による論理を収益および費用の認識に応用すると，「一会計期間における成果には，実現するかまたは蓋然である価値減少が計上されるべきであるが，価値増加については実現したものだけが計上されるべきである。」(Kerviler [1986] p. 43) という解釈が成り立つ。本節では，企業への価値流入の事実という側面から収益の認識規準を明らかにする。また，企業からの価値流出の事実という側面から費用の認識規準を明らかにする。なお，価値の流入・流出の事実が確実でないときには，測定の信頼性が求められることを検討する。

9-1-1 収益の認識規準

収益の認識については，「一会計期間の締切日に実現された利益（bénéfices réalisés）のみが年度計算書類に記載され得る。」(1983年改正商法第15条) と定めた。収益認識の基本的規定が，実現規準であると明示されている。収益実現の要件は，所有権移転の完了である (Viandier et Lauzainghein [1993] p. 273)。所有権移転の完了には，つぎの2つの条件が必要である。
① 財貨の引渡しまたは用役の提供
② 対価としての取得資産の適格性
第1の条件である財貨の引渡しまたは用役の提供については，通常，財貨引渡しの時点または用役提供の時点で所有権移転が完了するので，実現の要件が満たされる。ところが，所有権留保条項（clauses de réserve de propriété）付き信

用販売 (vente à crédit) は，財貨引渡しの時点または用役提供の時点と所有権移転の時点が一致しない。この場合，前者の財貨引渡しの時点または用役提供の時点を優先する考え方と後者の所有権移転の時点を優先する考え方がある。すなわち，前者の考え方は，「法的外観よりも経済的実態への優先」（OEC［1980］p. 45）を根拠として，取引の経済的実態を重視する。これに対して，後者の考え方は，「購入者の債権者に対しては，所有権留保条項から生じる抗弁力の基準が肯定される」（1985年1月25日法律第80-98号第222条）を根拠として，取引の法的実態を重視する。

　第2の条件である対価としての取得資産の適格性については，支払手段充当性よりも確定性を重視する視点から，企業への流入価値の事実に係わる確実性が求められる（嶌村［1991］p. 177）。場合によっては，企業への流入価値の測定に係わる信頼性が求められる。取得資産の適格性にとっての基本的な条件は，流入価値の事実に係わる確実性である。この確実性は，法的側面と経済的側面から考察されなければならない。なぜなら，場合によっては，取引の法的実態と経済的実態の間にズレが生じるときがあるからである。仮に，両者の間にズレが生じたとすると，企業は，法的実態を反映させる最適な法規よりも，経済的実態を優先する処理方法を採択するという見解がある（Viandier et Lauzainghein［1993］p. 275）。法的実態よりも経済的実態を優先するならば，確実性の補完条件として流入価値の測定に係わる信頼性が求められる。つまり，事実の法的確実性が相対的に低くなれば，測定の経済的信頼性が相対的に高く求められることになる。

　フランス制度会計では，EC第7号指令調和化法第17条によって改められた1985年改正商法第15条において，工事完成規準の例外規定として工事部分完成規準の適用が認められるようになった。工事部分完成規準による収益の認識については，「記載され得るものは，棚卸し後に部分的に実施された操業において実現し，かつ双務契約者によって認知された利益である。」（同法第15条）と定めた。工事に必要な全工程が完了したときをもって，収益を認識するのが工事完成規準である。これに対して，全工程が完了する前に，全工程の内の1工程が完了したときに，その完了した工程に相当する収益を認識するのが工事部分完成規準である。この規準を適用する状況下では，流入価値の事実に係わる法

的確実性が相対的に低くなる。そこで，法的確実性を補完するために，流入価値の測定に係わる経済的信頼性が相対的に高く求められることになる。制度的にも，「利益の実現が確実であり，かつ予見に必要な会計資料の作成によって操業の総利益が充分な保証をもって評価され得る。」（同第15条）と定め，測定の経済的信頼性が求められる。

　実現規準が収益認識の基礎とされる根拠は，経営活動の継続性にある。1983年改正商事会社法では，「会社の存続期間は99年を超えることができない。」（同法第2条）と定めた。1回の存続期間を99年と限定するが更新が可能なので，実質的には経営活動の継続性が企業の最大目標となる。この目標は，慎重性の原則に表れている。すなわち，この原則によると，当期成果には潜在収益が含まれなくなるので，分配のときに擬制配当する危険性がなくなる（Kerviler [1986] p. 44）。なぜなら，擬制配当は純資産の目減りを招くことになり，長期的には企業の経営活動の継続性を脅かすことなるからである。ただし，経営活動の情報開示の観点からは，蓋然収益を計上すべきである。現行のフランス制度会計では，計上される利益はすべて処分の対象となることから，蓋然収益の計上は慎重性の原則に反することになる。そこで，計上利益を処分の対象となるものと対象とならないものに区別すれば慎重性の原則に反することにはならず，しかも経営活動の実態を反映した情報開示が可能となる。

9-1-2　収益の具体的な認識規準

　実現規準は収益認識の基本的思考である。具体的な適用にあたっては，取引の特殊性に応じた認識規準が認められる。通常の販売形態を取るならば，現金取引ないしは信用取引に拘わらず，販売時点つまり商品の引渡しと現金または現金同等物の受領という要件が備わった時点で収益が認識される。したがって，ここでは販売規準が適用されることになる。

　信用販売には，通常，所有権留保条項が付く（Colasse [1996] p. 81）。所有権留保条項は，購入者が財貨の全額を完全に支払い終わるまで所有権の移転を遅らせる効果を持つ。財産性の原則を厳格に適用するならば，支払いが完了するまでは，財貨が販売者側の貸借対照表積極側に計上され続けなければならない。したがって，取得者側の貸借対照表積極側には計上することができない。

このことは，貸借対照表の内容と取引の経済的実態の間に重大なズレを引き起こすことになる。このズレを是正するために，会計規則では，財産性の原則に対する容認規定として，支払いが完了する前に財貨を取得者側の貸借対照表積極側に計上することが認められた（Colasse［1996］p. 81）。

また，長期請負工事については，工事の部分的完成の割合に応じて収益が認識される。この部分利益の計上条件として，つぎの3つが挙げられる（Kerviler［1986］p. 16）。

① 仕掛中の工事現場を保持すること
② 部分的に実施された工事が双務契約者によって認知されること
③ 工事の総利益が信頼性をもって測定できること

なお，工事部分完成規準の適用によって計上される部分利益は，工事原価の費消割合（Raffegeau et. al.［1990］p. 147）に基づいて算出されるのが一般的である。工事原価の費消割合は，つぎのとおりに進捗度（degré d'avancement）の式で示される。分子の決算時実現工事原価は，貸借対照表に表示される仕掛中の額に相当し，分母の製造物・用役見積総合原価は，契約上の製造原価の合計に相当する。

$$進行度合 = \frac{決算時実現工事原価}{製造物・用役見積総合原価} \quad \cdots\cdots\cdots\cdots ①$$

9-1-3 費用の認識規準

費用の認識については，当期純損益が赤字であるときかもしくは僅かな黒字であるときでも，必要な減価償却および引当金の設定をしなければならないと定める（1983年改正商法第14条）。この規定はつぎのとおりに解される。すなわち，減価償却費は，確実的なまたは不可逆的な減価（dépréciations certaines ou irréversibles）の事実をもってして認識される。これに対して，引当金は，蓋然的なまたは可逆的な減価（dépréciations probables ou réversibles）の事実をもってして認識される（Kerviler［1986］p. 44）。上述のとおり，費用認識の基本的規定は実現規準である。実現規準の延長線上にあるのが蓋然規準である。この規準も費用認識の基本的規定となる。費用認識の要件には，企業資産の運用過程における消費資産の適格性という条件が付くので，以下，費用の実現規準と蓋然

規準に分けて論述していく。

　費用実現の要件については，企業からの流出価値の事実に係わる確実性が求められる。場合によっては，企業からの流出価値の測定に係わる信頼性も求められる。なぜなら，流出価値の事実に係わる確実性が，取得資産の適格性にとっての基本的な条件となるからである。しかも，確実性の補完条件として，流入価値の測定に係わる信頼性が求められる。例えば，償却可能資産は，いずれ必然的に無価値化が確定する。ところが，短期的にはその消費事実を確認することができない。この場合，流出価値の事実に係わる確実性が相対的に低くなる。そこで，流出価値の測定に係わる信頼性は，減価償却費の計算手続を制度化することによって強化される。

　費用蓋然の要件については，企業からの流出価値の事実に対する高い実現可能性が求められる。かつ，企業からの流出価値の測定に係わる信頼性が求められる。なぜなら，流出価値の事実に対する高い実現可能性が取得資産の適格性にとっての基本的な条件となるからである。くわえて，高い可能性の補完条件として，流入価値の測定に係わる信頼性が求められる。例えば，引当可能資産は，その消費が起きる原因の事実を確認することができる。ところが，それ以降に消費する保証はない。この場合，流出価値の事実に係わる確実性が相対的に低くなるものの依然として高い可能性を維持している。だから，高い可能性を補完する意味でも，流入価値の測定に係わる信頼性が相対的に高く求められる。

　実現規準と蓋然規準が費用認識となる根拠は，経営活動の継続性を前提とする利益の処分可能性および経営活動の情報開示にある（嶌村［1991］p. 136）。実現規準による費用認識では，企業からの流出価値の事実が確実である費用を計上する。たとえ短期的には確認できないが長期的には確実となる費用を計上するならば，未実現費用の計上が避けられる。なぜなら，未実現費用は予定どおりに実現するとは限らないからである。つまり，利益の処分可能性を重視する限り，実現規準で費用が認識されることになる。これに対して，蓋然規準による費用認識においては，企業からの流出価値の測定に信頼性が求められる。なぜなら，企業からの流出価値の事実が高い可能性で実現する限り，蓋然ではあるものの限りなく実現する可能性が高い費用が計上されるからである。すなわ

ち，この蓋然費用は予定どおりに実現する費用である。したがって，経営活動の情報開示を重視する限り，蓋然規準で費用が認識されることになる。

9-2 収益・費用の測定規準

従来の研究では，収益・費用の認識と測定が独立した会計行為であるとする見解が支配的であった。今日では，測定という会計行為が認識という会計行為を補充ないしは補完する役割を備えてきた。フランス制度会計でも，連結会計の重要性が社会的に認知されるようになった。そこでは，取引の法的実態よりも経済的実態を重視する測定規準がみられるようになったのである。本節では，取引の経済的側面から収入額に基づく収益の測定規準を明らかにし，また支出額に基づく費用の測定規準をも明らかにする。あわせて，個別会計と連結会計で処理方法が異なるリース契約を取り上げて検討する。

9-2-1 収益の測定規準

会計が対象とする取引は，実現された取引（opérations réalisées）である（Colasse［1996］p. 103）。収益の測定規準による計上額は，現実になされた当事者間での合意に基づく実現価額である。実際の取引価額は，過去の収入額，当期の収入額および将来の収入額から構成される（嶌村［1991］p. 120）。まず，過去の収入額には，前受金，進捗受金（acomptes sur commande en cours）などの振替項目がある。ここでの進捗受金とは，受注の部分的実現に相当する額を発注先から受け取る額のことである（Colasse［1996］p. 103）。つぎに，当期の収入額には，商品売上，資本参加収益などの収益項目の大部分が入る。さらに，将来の収入額には，受取手形，売掛金などの資産項目がある。

実際の取引価額には，現金取引による価額と信用取引による価額がある（嶌村［1991］p. 121）。後者の価額は，前者の価額よりも割高になる。なぜなら，分割払いを前提とする信用取引では，取引価額の支払いが完了するまで，時の経過とともに利息，回収費用などの複合費が生じるからである。複合費についてはつぎの2通りの見解がある。ひとつは，複合費を収益に含めるべきでないという見解である。いまひとつは，複合費を含めた価額は，複合費をも収益に含

めることができるという見解である。なぜなら，現実に当事者間の合意をえた取引価額であるため，取引価額の信頼性を重視することになるからである。

9-2-2　費用の測定規準

　フランス制度会計では，1983年改正商法において初めて評価規定が設けられた。取得時の資産評価については，「企業財産への流入日に，有償取得による財貨は取得原価，無償取得による財貨は市場価額，および製造財貨は製造原価によって記載される。」(同法第12条①) と定めた。ここに，取得原価規準が明示される。この原価規準では，企業への価値流入の測定額が支出額に基づいて計上される。財貨・用役の支出額は，過去の支出額，当期の支出額および将来の支出額から構成される (嶌村 [1991] p. 138)。まず，過去の支出額は，取得済みの資産を保有し運用した結果として，その保有期間にわたって計上される当期の費用である。一般的には，固定資産の減価償却費が取り上げられる。1983年改正商法では，「棚卸時に維持される価値は，必要に応じて償却計画に従って計上されなければならない。」(同法第12条②) と定めた。ここに，規則的償却による費用計上が指示される。つぎに，当期の支出額は，財貨・用役の取得時に支出した全額をその期に計上する当期の費用である。当期の支出額には，商品の仕入，給料などの費用項目の大部分が入る。さらに，将来の支出額は，次期以降に生じる危険・損失に備えて計上される当期の費用である。次期以降に生じる危険・損失の計上については，「当期または次期以降に生じる危険および損失は計上されなければならない。たとえ，これらの危険および損失が当期締切日と計算書作成日の間に生じたとしても計上されなければならない。」(同法第14条③) と定めた。これで，引当金の設定によって蓋然費用の計上が可能になる。流動資産の評価についても，「ある資産項目の価値が純帳簿価値を下回るならば，その減価が確定しているのか否かに拘わらず，純帳簿価値として当期締切日における棚卸価額が計上される。」(同法第12条②) と定めた。これで，引当金の設定による評価損の計上が強制されている。

　個別会計で定められる評価規準は，連結会計においても同様に定められる。なぜなら，1985年改正商事会社法は，連結計算書類の作成について，「商法の会計原則および評価規則に従って作成される」(同法第357-7条①) と定めたから

第9章　成果計算書の規定　187

である。ここに，評価規則の同質性を求めた。なお，連結計算書類は連結の対象となる企業の個別計算書類を基礎として作成されるので，連結固有の処理が必要となる（同条②）。連結企業は，原則として，商法第12条［資産評価規則］，第13条［総額規則］，第14条［評価の一般規則］および第15条［実現利益］を遵守して連結計算書類を作成する。必要に応じて，「価格変動または取替価額を斟酌する」，「後入先出を考慮しながら代替可能財を評価する」，あるいは「商法第12条から第15条までに決定される規則と合致しない規則の採択を許容する」（同法第357-8条）ことが政府審議会施行令によって認められた。

9-2-3　リース契約の会計処理

　リース契約については，個別企業での処理方法と連結企業での処理方法が異なる。リース契約は賃貸借契約である（Colasse［1996］p. 80）。リース契約の目的は，借手がリース料の分割払いによって賃貸財貨の取得を容易にすることである。リース契約の実質的内容は，借手が借り入れにより資金を調達し，その資金で賃貸財貨を購入する取引である。したがって，借手側は，財貨の所有者と同じ経済的効果を享受できる。しかし，少なくとも購入選択権の行使までは貸手側の業者が所有者であり，借手側の企業はリース財貨を貸借対照表積極側に計上することができない。

　リース契約の会計処理は，リース契約の法的側面を重視するのか，それとも経済的側面を重視するのかいずれかによって異なる。商人一般を対象とする商法は，リース財貨が賃貸借による占有と見做す立場を採っている。この立場は取引の法的実態を重視するものである。すなわち，財貨の所有権が利用者の財産として移転されない限り，財産性の原則により借手側の貸借対照表積極側に計上することができない（Raffegeau et. al.［1990］p. 152）。ところが，1985年改正商事会社施行令では，「連結企業がリース契約またはそれに類似した取引形態で保有する財貨は，信用で取得したものと見做して，連結貸借対照表および連結成果計算書に計上することができる。」（同令第248-8（e）条）と定めた。これで，借手側の貸借対照表積極側への計上が認められることになった。この立場は，リース財貨を信用購入であると見做し，取引の財務的性質を重視するというものである（Raffegeau et. al.［1990］p. 152）。リース契約は信用購入の特殊な形

態である。財貨の所有権が利用者の財産として移転されなくても，法的側面よりも経済的実態を優先する原則により，借手側の貸借対照表積極側に計上することができる。この原則は，所有者固有の経済的な危険およびその優位性が賃貸借を通して賃借人 (preneur) に移転される側面を重視するものである。

9-3 分配可能利益の計算構造

　分配可能利益の中核をなすのが当期利益である。当期利益は，実現収益から実現費用・蓋然費用を控除したものである。ところが，蓋然収益は当期利益の計算項目として含まれていない。なぜなら，蓋然利益が含まれると慎重性の原則に反するからである。これに反した場合には擬制配当となる。仮に，成果計算書に処分可能利益と処分不能利益を区分して計上するならば，経営活動の実態を明らかにすることができる。また，擬制配当を避けることにもつながる。本節では，まず分配可能利益の構成項目を取り上げてその計算構造を明らかにする。つぎに，経営活動の実態開示の観点から成果計算書の様式を明らかにする。

9-3-1 分配可能利益の計算

　分配可能利益の計算については，「『当期利益』(1983年EC第4号指令調和化法)を基礎として，当期利益から繰越損失と法律または定款の適用による積立金として算入されるべき額を差し引き，これに繰越利益を加えたものである。」(1983年改正商事会社法第346条①) と定める。ここに，つぎの計算式で示される当期利益が分配可能利益計算の基礎項目として位置づけられる。

　　　当期利益＝(実現収益)－(実現費用＋蓋然費用) ……………②

　分配可能利益の計算では，当期利益から控除される項目が繰越損失と法定積立金である。まず，繰越損失は，当期利益から控除される。つぎに，法定準備金が会社資本金の1/10に達するまでは，当期利益から少なくとも1/20の控除が強制される (1983年改正商事会社法第345条①)。これは，資本の充実を図るためにおこなわれる。反対に，繰越利益は，当期利益に加算される。くわえて，分配可能利益に加算される項目については，「株主総会で処分できる積立金取崩額

を分配に充てることができる。」と定めた。ここに，取り崩される積立金項目が明示される。優先的に配当が当期分配可能利益から差し引かれるという条件が付くものの，積立金取崩額は，分配可能利益に加算される。これを計算式で示すと，つぎのとおりになる。

　　　分配可能利益
　　　　＝（当期利益－繰越損失＋法定積立金）＋（繰越利益＋積立金取崩額）……③

　積立金には，法定積立金以外にも定款・契約積立金，規定積立金およびその他の積立金がある（Colasse［1996］p. 100）。まず，定款・契約積立金は，会社定款または他の会社との契約条項によって定められたもので，当期利益からの控除額である。つぎに，規定積立金は，租税規定による当期利益からの強制的控除額である。なお，長期保有利得に対しては，15％の課税額が当期利益から控除され積み立てられなければならない。さらに，その他の積立金は，主に固定資産の更新のために積み立てられるので，自己保険の性質をもつといわれる。なお，その他の積立金取崩額は，減価償却費に加算されて固定資産の更新を可能にする。

　規定引当金は分配できない利益を示す（Colasse［1996］p. 101）。分配できない利益は，利益に対する課税控除の暫定措置として位置づけられる。例えば，従業員による企業利益への参加の枠内で，企業が無税で投資引当金を設定できる。したがって，投資引当金は資本参加の積立金（1967年大統領令）として活用される額の一部に充てられることになる。

　経営活動の情報開示という視点から当期成果を考察すると，収益については実現収益と蓋然収益を計上すべきである。実現収益は検討済みであるので，ここでは蓋然収益について検討する。蓋然収益は，企業への流入価値の事実が可逆的であるが，将来において実現する可能性が高く，流入価値の測定が信頼できるものである。例えば，固定資産再評価益などが挙げられる。蓋然収益が当期成果に計上されると，開示情報の質が高められる。ところが，利益の処分可能性に反するので処分不能利益として成果計算書に計上する。このことを計算式で示すと，つぎのとおりになる。

　　　（実現収益＋蓋然収益）－（実現費用＋蓋然費用）
　　　　＝（実現成果＋蓋然成果）……………………………………… ④

9-4　成果計算書の様式

　EC第4号指令調和化施行令は,「一会計期間における収益と費用は, 経常成果項目 (résultat courant) と臨時成果項目 (résultat exceptionnel) を明瞭に区分して成果計算書で分類される。」と定めた。ここに, 成果計算書の様式を指示する。臨時成果については,「その実現が企業の当期経営 (exploitation courante) と関連していないものである。」(同令第14条) と定めた。この様式について, 1983年改正商法は,「勘定式 (forme de tableaux) ないしは報告式 (forme liste) で記載できる。」(同法第9条②) と定めた。EC第4号指令調和化施行令は, 後者について「一会計期間における成果計算書は, 商法第9条第2項の規定に従って報告式 (forme de liste) で表示される。当該計算書は, 同様に経営成果, 財務成果, 税引前当期成果および臨時成果の配列で表示可能にしなければならない。」(EC第4号指令調和化施行令第16条) と定めた。この規定に基づく成果計算書の様式を表で示すと,「表8-2-4　成果計算書の様式」となる。その要点を列挙すればつぎのとおりである。
　①　経常成果の部と臨時成果の部によって構成される。
　②　経常成果の部は粗経営余剰の部と経営成果の部によって構成される。
　③　経常成果に臨時成果を加減した額が税引前当期成果として記載される。
　④　税引前当期成果から企業成長成果従業員参加額, 法人税等を控除する形式で当期成果を記載する。
　⑤　当期成果の後に譲渡収益または損失を計算する。
　EC第4号指令調和化施行令は, 成果計算書の項目について棚卸商品の変動以外に費用と収益およびその差額である成果の表示を指示する。
　費用については,「経営費用 (charges d'exploitation), 金融費用 (charges financières), 臨時費用 (charges exceptionnelles) および成長成果従業員参加額 (participation des salariés aux fruits de l'expansion) と法人税 (impôt sur le bénéfice)」(EC第4号指令調和化施行令第15条) を明らかにした。とりわけ, つぎのことを区分可能にする。まず, 経営費用については,「商品仕入, 原料・その他の調達品仕入, その他の仕入と外部費用, 法人税を除く租税 (impôts), 税金 (taxes)

と類似税，従業員と役員への報酬，社会費用，経営に関連する償却繰入と引当金繰入」(同令第15条)を区分表示する。つぎに，金融費用については，「金融項目に関連する償却繰入と引当金繰入，利息と類似費用，為替差損 (différences négative de change) と投資目的有価証券売却損 (moins-value de cession de valeurs mobilières de placement)」(同令第15条)を区分表示する。さらに，臨時費用については，「この属性を備えている取引であり，管理取引 (opétations de gestion)，資本，償却または引当金取引」(同令第15条)を表示する。

収益については，「経営収益 (produits d'exploitation)，金融収益 (produits financiers) および臨時収益 (produits exceptionnels)」(同令第15条)を明らかにした。とりわけ，つぎのことを区分可能にする。まず，経過収益については，「商品売上と財貨・用役販売用生産，売上純額，固定資産生産，経営助成金 (subventions d'exploitation) と経営に関連する引当金戻入」(同令第15条)を区分表示する。つぎに，金融収益については，「資本参加収益 (produits des participations)，その他の有価証券収益と長期債権収益 (produits des autres valeurs mobilières et créances de l'actif immobilisé)，その他の利息と類似収益，金融項目関連引当金戻入，為替差益および投資目的有価証券売却益」(同令第15条)を区分表示する。さらに，臨時収益については，「この属性を備えている取引であり，管理取引 (opétations de gestion)，資本または引当金の取引」(同令第15条)を表示する。最後に，費用と収益の差額である当期成果を表示する (同令第15条)。

なお，EC第4号指令調和化施行令第17条の規定に該当する小規模会社は，略式体系による成果計算書を作成することができる。すなわち，略式成果計算書は，棚卸商品の変動以外に費用と収益を表示する。経営費用については，「仕入とその他の外部費用，法人税を除く租税，税金と類似税，従業員と役員への報酬，社会費用および経営に関連する償却繰入と引当金繰入」(EC第4号指令調和化施行令第18条)を区分表示し，「金融費用，臨時費用，法人税」(同令第18条)を表示する。経過収益については，「商品売上，販売用生産および経営助成金」(同令第18条)を区分表示し，「金融収益，臨時収益」(同令第18条)を表示する。

ここで，PCG 82が基礎体系として定める勘定式成果計算書の様式を示す。

表 9-4 成果計算書の様式

《成果計算書の様式》

費用（税引）	第 N 期	第（N-1）期
経営費用（1）：		
商品仕入（a）		
棚卸増減額（b）		
原材料・その他の調達品仕入（a）		
棚卸増減額（b）		
その他の仕入・外部費用		
租税・税金・その他の類似税		
賃金給料・手当		
社会保障		
償却累計額・引当金繰入額：		
固定資産償却累計繰入額（c）		
固定資産引当金繰入額		
流動資産引当金繰入額		
危険・費用引当金繰入額		
その他の費用		
合計Ⅰ	×××	×××
共同事業取引成果割当額（Ⅱ）		
金融費用		
償却累計額・引当金繰入額		
支払利息・その他の類似費用（2）		
為替差損		
投資目的有価証券売却損		
合計Ⅲ	×××	×××
臨時費用：		
経営取引に係わるもの		
資本取引に係わるもの		
償却累計額・引当金繰入額		
合計Ⅳ	×××	×××
成長成果従業員参加額（Ⅴ）	×××	×××
法人税（Ⅵ）	×××	×××
費用合計（Ⅰ＋Ⅱ＋Ⅲ＋Ⅳ＋Ⅴ）	×××	×××
借方差額＝利益（3）	×××	×××
総計	×××	×××
※つぎのものを含む		
動産リース料		
不動産リース料		

(注)（1）そのうち通年に帰属する費用。
　　（2）そのうち関係会社に係わる利息。
　　（3）税引前臨時成果を考慮に入れる。
　　　　（a）関税を含む。
　　　　（b）期首棚卸高差引期末棚卸高：減少額には括弧を付すか負の符号を付す。
　　　　（c）場合により，期間配分費用繰入額を含む。

成果（税引）	第N期	第(N-1)期
経営収益（1）：		
商品売上		
製品売上（財貨・用役）（a）		
小計A－純売上（b）	×××	×××
製品棚卸（c）		
固定資産自家建設		
引当金戻入額（および償却）・費用振替額		
その他の収益		
小計B	×××	×××
合計　Ⅰ　（A+B）	×××	×××
共同事業取引成果割当額（Ⅱ）		
金融収益：		
資本参加収益（2）		
その他の短期有価証券・固定資産債権収益（2）		
その他の受取利息・その他の類似収益（2）		
引当金戻入額・費用振替額		
投資目的有価証券売却益		
合計　Ⅲ	×××	×××
臨時収益：		
経営取引に係わるもの		
資本取引に係わるもの		
引当金戻入額・費用振替額		
合計　Ⅳ	×××	×××
収益合計（Ⅰ+Ⅱ+Ⅲ+Ⅳ）	×××	×××
借方差額＝損失（3）	×××	×××
総計	×××	×××

(注)（1）そのうち通年に帰属する収益。
　　（2）そのうち関係会社に係わる収益。
　　（3）税引前臨時成果を考慮に入れる。
　　　　（a）場合により，区分記載する。
　　　　（b）期首棚卸高差引期末棚卸高：減少額には括弧を付すか負の符号を付す。

9-5 結　　論

　以上，成果計算書の作成目的という視点から，収益と費用の計上規定を明らかにしてきた。フランスは，従来からの財務計算書類の枠組みを変えずに，新たな時代の要請に応えてきた。損益思考の導入という要請に対して，フランスは成果計算書の重要性を貸借対照表と同程度までに引き上げた。このことは，ストックとしての純資産残高をフローの側面から捉えることにより利益計算構造を明らかにしたことになる。

　成果計算書は，利益計算構造の中核をなす当期利益を表示する。当期利益は，収益から費用を控除して算出される。したがって，収益と費用は，フランス制度会計が目標とする会計目的に照らして，認識と測定という2つの会計行為の領域で検討されなければならなかった。しかし，従来の研究では，認識と測定は独立した会計行為と見做されてきた。そこで，本章では，取引の複雑化・多様化にともない，測定が認識の条件に加わることを明らかにした。

　通常の取引は，法的実態と経済的実態が一致している。仮に，取引の法的実態と経済的実態が乖離している状況下でも，法的実態を重視した会計処理を採択していれば適法であった。ところが，フランス制度会計では，EC会社法指令を国内法に導入する過程で，適法性と同様に適正性が求められるようになった。このことは，取引の経済的実態をも把握することが要請されることを意味する。これは，従来の法的実態を重視する立場を堅持しながらも，経済的実態を反映する会計処理が現行規定の中にみられる。つまり，取引の経済的実態を重視することは，企業への流入価値の事実を確認する手段が所有権移転の完了とは限らないことを意味する。そこで，新たに流入価値の測定に係わる信頼性が求められることになる。

表9-5　成果計算書の作成

作成過程	作成成果
収益：実現規準 費用：実現規準＋蓋然規準	分配可能利益

取引の法的実態よりも経済的実態を優先する延長線上には，蓋然収益の認識がある。現行のフランス制度会計では，実現収益から実現費用・蓋然費用を控除した当期利益が計上される。蓋然利益が計上されない根拠は，擬制配当を回避するためである。なぜなら，擬制配当の回避は，企業の最終目的である経営活動の継続性に合致するからである。

第10章 附属明細書の規定
―補足情報による忠実性の確立―

10-0 序　　論

　1983年改正商法は，EC 第4号指令をフランスの国内法化したものである。当該法は，貸借対照表，成果計算書および附属明細書で1組を形成する年度計算書類の作成を要請している（同法第8条③）。ここでは，とりわけ附属明細書の重要性が強調されることになる。また，1983年改正商事会社法は，年度計算書類以外に財産目録，営業報告書，流動資産・負債表，予測成果計算書，資金計算書および予測資金計画書の作成を要請する（同法第340-1条①）。

　EC 第4号指令の基本原則は，会計情報の結果を重視し，財務計算書類に経営実態を忠実に写像するよう会計人に働きかけた。これに対して，フランスは，伝統的に会計情報の作成過程を重視し，良質な会計情報を作成するよう会計人に働きかけた。すなわち，慎重性の枠内で会計規則に準拠し，その適用にあたっては会計人としての専門知識を備えた上で，不正をしようとする意識をもたず，会計情報を作成するというものである。このとおり作成される良質な情報が，結果的に経営実態を財務計算書類に反映させることになる。

　フランスは，伝統的に財務計算書類の中で貸借対照表を最も重要視してきた。ところが，1966年商事会社法が損益法思考を導入するにあたり，損益計算書を貸借対照表と同程度まで，その重要性を高めた。さらに，1983年の改正では，附属明細書を貸借対照表と同程度までその重要性を高めた。これは，1983年改正商法がその基本原則として忠実性を定めたからである。忠実性は，遵守機能，補足機能および離脱機能を有する。これらの内の離脱機能が会計規則の

準拠性を弱めるとの解釈も成り立つ。しかし，離脱機能は，規定上，設けられたものの具体的なケースを想定していないと解される。したがって，離脱機能が会計規則の準拠性に影響を及ぼすとは考えにくい。むしろ，重要なのは補足機能である。すなわち，補足機能が会計規則の準拠性と密接な関係にあることになる。なぜなら，ある経済事象の会計処理が規定上明示されていないとき，または適用の結果，忠実性が損なわれる恐れがあるとき，補足情報によって忠実性が確保できることになるからである。

　附属明細書は，貸借対照表および成果計算書の計上内容の理解度を高めるために，これらの補足情報として定量情報と定性情報を提供する。本章の研究目的は，忠実性における補足機能の視点から附属明細書の役割を明らかにすることである。この検討に際しては，つぎのことがらが論点となる。
　① 附属明細書の補足情報として，定量的なものと定性的なものがある。
　② 補足情報が財務計算書類の忠実性を確保するのに役立つ。

10-1　附属明細書の意義

10-1-1　附属明細書の定義

　1983年改正商法は，「附属明細書は，貸借対照表および成果計算書によって与えられた情報を補足し注釈する。」(同法第9条④) と定め，附属明細書の役割を示した。同様に，Plan Comptable Général 1982 (以下，PCG 82と略する) は，「附属明細書は，その他の財務諸表をヨリ良く理解させるために必要な説明事項を記載し，必要に応じて補足事項を記載し，場合によってはその他の財務諸表に記載される情報を別の様式で示す状態表となる。」(PCG [1982] p. 154) と定義した。附属明細書の役割とその他の財務諸表の役割を明確に分けるために，「原則として，附属明細書の記載事項を貸借対照表および成果計算書の記載事項と代替させることを禁止する。」(PCG [1982] p. 154) と定めた。

　1983年改正商法は，忠実性を会計の基本原則として導入したことにより，「年度計算書類は，正規かつ誠実でなければならず，しかも企業の財産，財務状態および諸成果についての忠実な写像を与えなければならない。」(同法第9条⑤) と定めた。また，「忠実な写像が充分に与えられない場合には，補足情報

を附属明細書に提供しなければならない。」(同法第9条⑥) と定めた。すなわち，同法は現行の会計規則に準拠して貸借対照表および成果計算書を作成しても，企業の経営実態をこれらの書類に忠実に写像できない場合には，補足情報を附属明細書に記載することよりその忠実性を補える。さらに，「忠実な写像を与えるのに，会計規則の適用が明らかに不適切であるならば，当該規定から離脱しなければならない。」(同法第9条⑦) と定めた。すなわち，現行の会計規則に準拠して貸借対照表および成果計算書を作成しても，企業の経営実態をこれらの書類に忠実に写像できず，しかも附属明細書への補足情報でも不充分である場合には，この規則から離脱することによって，初めて忠実性が確保できる。その場合には，「企業の財産，財務状態および諸成果に及ぼす影響」(同法第9条⑦) を附属明細書に明示する。

10-1-2　定量・定性情報の様式

1983年改正商法においては，附属明細書に記載すべき情報が定量化・定性化の様式で示されるようになった。よって，年度計算書類の利用者は，企業の財産，財務状態および諸成果をヨリ良く理解できるようになった。とりわけ定量情報は，貸借対照表および成果計算書に記載される項目の額を補足し，詳細化して提供される。例えば，固定資産明細表，期末債権・債務支払期限明細表などが挙げられる。なお，附属明細書の定量情報は，例外を除いて貸借対照表および成果計算書の作成のときと同じ会計処理の原則または手続によって作成される (EC第4号指令調和化施行令第25条①)。さらに，証拠書類 (documents justificatifs) との照合により検証される (同令第25条②)。

ところが，会計規則からの離脱，貸借対照表および成果計算書のある特定の項目についての会計処理と評価規準などを取り上げる場合には，定量情報だけでは不充分である。定性情報も必要となる。なぜなら，1983年改正商法が想定する会計処理の原則または手続に準拠して財務計算書類を作成しても，忠実性を満たさないこともあり得るからである (Villeruérin [1983] pp. 67-68)。

10-2　附属明細書の作成方法

　附属明細書を作成する際に障害となる基本事項は，附属明細書が会計人の「自主的判断」により「開示」されるということである。フランスのような成文法主義の国にとっては，このことはまったく新しいことである。

10-2-1　制約条件
　1983年改正商法が要請する忠実性を確保するためには，附属明細書の作成が不可欠である。ところが，その作成にはいくつかの制約条件がある。とりわけその中で重要なのは，客観性と実用性である。

　第1の制約条件である客観性は，附属明細書が間違いなく客観的な意思に基づいて作成されることである。この点について，証券取引委員会は，1974年2月に，「財務諸表の作成者側の利益を擁護する目的で当該諸表が作成されるならば，脚注は不適切であり，必然的に避けるべきである。」と指摘した（COB [1974] p. 8）。また，「附属明細書は，その存在だけでは取締役，会計人および検査人が恐れている攻撃に対する防衛策として役立たないのである。」と指摘した。

　第2の制約条件である実用性は，確率的に実用化されるという側面での遵守が最も困難である。EC第4号指令調和化施行令は，「法人は，1983年4月30日法律第83-353号と現行施行令に従って作成される最初の年度計算書類を提示する際に，年度計算書類の公開原則に準じ，営業報告書に適切な説明書および計算表を記載する。」（同令第27条）と定めた。1983年改正商法に準拠して作成される初年度の年度計算書類は，その前期の年度計算書類と比較可能にしなければならない（同法第11条）。それ以降の会計年度に作成される計算書類についても，比較可能でなければならない。附属明細書においては，前期に記載した情報を削除しまたは当期に新情報を記載するという表示変更について，忠実性の視点からその必然性が生じた場合にはこの変更が認められる（Mullenbath [1984] pp. 416-417）。

　附属明細書は，情報の利用者に貸借対照表および成果計算書を容易に理解さ

せる有効な手段である。よって，過度の専門化を避けるべきである。この点について，証券取引委員会は，「与えるべき説明が特定の人によってのみ理解されるなら，この人は，一般公衆と比較して，著しい利点をもたらすような優遇された情報を享受することになる。」と述べた（COB [1974] p. 8）。また，あまりに情報内容を仔細にしようとすると，かえって附属明細書を並外れて拡大化させることになる。

10-2-2 表示様式

1983年改正商法は，「貸借対照表，成果計算書および附属明細書は，企業の財産，財務状態および諸成果についての忠実な写像を与えるために必要な欄および項目を記載しなければならない。」（同法第10条①）と定めた。ここに，忠実性の視点から附属明細書に記載すべき項目を指示した。「附属明細書に記載される注記は，施行令によって定められる。」（同法第10条②）として，具体的な項目は，EC第4号指令調和化施行令によって定められる。

J. L. Mullenbach（ミランバック）は，附属明細書の様式について，つぎのように指摘している（Mullenbath [1984] pp. 416-417）。

① 附属明細書に記載される情報のうちの詳細な定量情報は，明細表の中で提示される。

② 附属明細書は，相互照合制度（système de renvoi réciproque）によって貸借対照表および成果計算書と照合される。

③ 定量資料は，千フランの端数を切り捨て，過年度の資料と比較できる様式で表示する。

④ 附属明細書の冒頭で，年度計算書類全体をよく理解させるために，使われた会計原則を明記する。

⑤ 附属明細書ができるだけ制約される理由は，各明細表に記載される情報の質と同じ数ほどの明細表が存在するからである。また，固定資産価値の変動，償却費および引当金の詳細な明細表は，資産明細表が公表されるという特別な場合を除いて必要としない。

10-3　附属明細書の標準化

　附属明細書には，会計規則・処理方法ならびに貸借対照表および成果計算書の内容と直接的に関連する情報と，関連しないその他の情報を記載する。なぜなら，このような情報を附属明細書に記載することが，企業の利害関係者にとって有意義であるからである。

10-3-1　附属明細書の基本指針

　附属明細書への記載項目に関しては，PCG 82が1983年改正商法よりも詳細に指示している。これに従って，基礎体系によるつぎの5つの基本指針が列挙される（PCG［1982］pp. 162-173）。

(1) 　企業の財務諸表は，その財産，財務状態および諸成果についての忠実性を与える。よって，基礎体系による附属明細書は，PCG 82の規定に従って作成される（1983年改正商法第9条⑤に相当する）。

(2) 　財務諸表の利用者が企業の財産，財務状態および諸成果に関しておこなう判断に影響を与えるいかなる情報をも提供する必要がある。附属明細書は，とりわけ28項目に係わる情報を提供する（EC第4号指令調和化施行令第24条に相当する）。

(3) 　定量化された情報項目（éléments d'information chifrée）は，貸借対照表および成果計算書と同一の原則および同一の条件に従って作成されなければならない（同令第25条①に相当する）。これらの項目は，とりわけその正確性を証明する書類と照合して検証可能でなければならない。かつ，同一の計算方法と表示方法を適用して期間比較と企業間比較を可能ならしめなければならない（同令第25条②に相当する）。なお，附属明細書は，これらの項目が他の財務諸表（貸借対照表および成果計算書）の資料と比較して重要である場合にのみ（合法的義務を侵害することなく）必要とされる。

(4) 　必要な情報がすでに貸借対照表または成果計算書に記載されている場合には，それを附属明細書に重複して記載する必要性はない（同令第25条③に相当する）。

(5) 企業が略式体系に従う場合，あるいは発展体系を採用する場合には，附属明細書の内容は採用した体系に応じて修正される（同令第26条②に相当する）。ただし，その結果，財務諸表が忠実性を備えるために必要な情報を減少させるようなことになってはならない。

10-3-2 附属明細書の情報項目

EC第4号指令調和化施行令は，「商法第9条から第15条，1966年7月24日商事会社法第66-537号改正，本条第8条から第23条，1971年7月1日施行令第71-524号第13条および1972年7月4日施行令第72-665号第12条により義務づけられる情報以外に，附属明細書には，企業の財産，財務状態および諸成果について有意性の高いすべての情報を記載しなければならない。」（同令第24条）と定めた。ここに，24項目を列挙する。なお，PCG 82は，EC第4号指令調和化施行

表10-3-1 償却明細表

状態と変動（b） 科目（a）	A 期首償却累計額	B 増加額：当期繰入額	C 減少額：当期償却費	D 期末償却累計額（c）
無形固定資産				
有形固定資産				
金融固定資産				
合　計				

(注)（a）科目は，必要に応じて固定資産明細表と同じ分類法に従って細分化する。
　　（b）企業は，必要に応じて欄を細分化する。
　　（c）期末償却累計額は前欄の代数和（A＋B－C＝D）に等しい。

表10-3-2 引当金明細表

状態と変動（b） 科目（a）	A 期首引当金	B 増加額：当期繰入額	C 減少額：当期戻入額	D 期末引当金（c）
法定引当金				
危険・費用引当金				
減価引当金				
合　計				

(注)（a）科目は，必要に応じて細分化する（場合により，とくに年金引当金，納税引当金，譲渡固定資産更新引当金を明記することを要する）。
　　（b）企業は，必要に応じて欄を細分化する。
　　（c）期末引当金額は前欄の代数和（A＋B－C＝D）に等しい。

令による24項目に相当する28項目を具体的に指示している。必要に応じて，同令による24項目を補足説明する (PCG [1982] pp. 163-166)。

(1) ［評価規則の記載］

　　貸借対照表および成果計算書の諸項目に適用される評価の様式と規則 (modes et méthodes d'évaluation) が記載される。

(2) ［償却費・引当金の計上規則］

　　償却費と引当金の計算のために使用される規則，範疇別によるその額が記載され，税法の適用のために実施された規則と区別される。なお，PCG 82は，償却明細表および引当金明細表はつぎの様式で示される (PCG [1982] pp. 168-169)。

(3) ［期間比較］

　　貸借対照表および成果計算書の項目について，各会計期間の比較を妨げる状況 (circonstances) および場合によっては比較の確証 (assurer) を可能にする手段 (moyens) が記載される。

(4) ［固定資産項目の変動］

　　固定資産の諸項目に影響を与えている変動 (mouvements) が記載される。なお，PCG 82は，固定資産明細表をつぎの様式で示す (PCG [1982] p. 167)。

表10-3-3　固定資産明細表

科目 (a)	状態と変動 (b) A 期首総額	B 増加額	C 減少額	D 期末総額 (c)
無形固定資産				
有形固定資産				
金融固定資産				
合計				

(注) (a) 科目は，必要に応じて貸借対照表項目分類法に従って細分化する。設立費がある場合には独立科目としなければならない。
　　 (b) 企業は，必要に応じて欄を細分化する。
　　 (c) 期末総額は，その前欄の代数和 (A + B − C = D) である。

(5) ［為替差異］

　　外国通貨建による項目を自国通貨に換算する際に生じる差異については，その種類，額および会計処理が記載される。

(6) ［再評価の計上規則］

　　再評価の場合には，維持価値（valeurs retenues）の計算に使用される規則，貸借対照表および成果計算書と関連する項目の状態表およびそれに対応する額，再評価差異の租税処理，当期中に関連する消極側項目に影響を与えている変動が記載される。

(7) ［債権・債務の分類］

　　債権と債務は，満期までの残余期間に従って分類される。一方では1年以内の債権，他方では1年以内，1年超および5年以内と5年超の債務が記載される。なお，PCG 82は，期末債権・債務支払期限明細表をつぎの様式で示す（PCG［1982］p. 170）。

表10-3-4　期末債権・債務支払期限明細表

債権 (a)	総額	資産流動性の度合		負債 (b)	総額	弁済性の度合		
		1年未満	1年以上			1年未満	期間	
							1年以上	5年以上
固定資産債権 　資本参加に係わる債権 　貸付金 (1) 　その他 流動資産債権 　売上先債権等 　その他 発行・請求済・未払資本金 前払費用				転換社債 (2) その他の転換社債 (2) 信用機関借入金 (2)・債務 　－借入期間2年未満のもの 　－借入期間2年以上のもの その他の金融借入金・債務 (2)(3) 仕入先借入金等 税金・社会借入金 固定資産関連借入金 その他借入金 (3) 前受収益				
合　計				合　計				
(1) 期中に供与した貸付金 　　 期中に回収した貸付金				(2) 期中に申込んだ借入金 　　 期中に返済された借入金 (3) そのうち…社員に対するもの（関係項目の記載）				

（注）（a）前受金は含まない。　　（b）前払金は含まない。

(8) ［担保物件明細表］

　　担保物件（sûretés réelles）により保証された債務については，それと関連する各項目が明示される。

(9) ［金融保証明細表］

　　金融保証額（montant des engagements financiers）は範疇別に分類される。場合によっては，執行役員，子会社，資本参加会社および関連会社（entreprises liées）に関わる額が区別されて記載される。ある企業が他の企業と関連するのと同じように連結され，その場合，企業は全部統合（intégration globale）によって同一の連結可能集団（même ensemble consolidable）に含められることになる。

　　1966年7月24日法律第340条第1項は，つぎの規定により補足される。

　　『つぎの事項は，貸借対照表を補足説明する。

　1) ［保証明細表］

　　会社によって付与される債務弁済保証（cautionnements），手形保証（avals）および契約履行保証（garanties）の状態表が記載される。ただし，この規定は，信用または保険の企業を支配する会社には適用されない。

　2) ［担保明細表］

　　会社によって同意される担保の状態表が記載される。』(1984年3月1日法律第5条による改正)

(10) ［代替可能資産の評価額］

　　貸借対照表の各項目について，流動資産における代替可能資産（éléments fongibles）と関連するものについては，貸借対照表に記載される評価と決算時に認識される市場価格に基づく評価の差額が明示される。

(11) ［子会社・資本参加会社明細表］

　　1966年7月24日法律第66-537号第354条と第355条で定める子会社と資本参加会社の状態表が記載される。また，企業ごとに直近の終了会計年度（dernier exercice clos）における直接または名義により保有される資本金の割合，自己資本の額および成果が明示される。発行会社（société émettrice）の証券が保有会社（société détentrice）の会社資本の1％未満であるならば，その出資は総額で表示することができる。明示されたうちのある情報が開示により生じる重大な損害を理由として除外されるならば，子会社・資本参加会社状態表に表示される情報が不完全な品質である旨を示すことになる。なお，PCG 82は，子会社・資本参加会社状態表をつぎの様式で示す

表10-3-5 子会社・資本参加状態表

子会社・資本参加会社 (1) / 財情報情 (5)	資本金 (6)	積立金成果処分前繰越金 (6) (10)	資本金の保有割合%	保有有価証券の帳簿価額 (7) (8)		会社による保証金 (7)	会社供与による未返済の貸付金・前払金 (7) (9)	前期税引後売上高 (7) (10)	成果前期末利益・損失 (7) (10)	期中受取配当金 (7) (10)	備考
				総額	純額						
A．子会社・資本参加会社に係わる詳細な情報 (2) (3)											
1．子会社（細別する）………………………											
（50％を超える資本金を保有している場合）											
2．資本参加会社（細別する）………………											
（10％以上50％未満の資本金を保有している場合）											
B．その他の子会社・資本参加会社に係わる全体的情報											
1．A区分に記載されない子会社											
a．フランスの子会社（一括して）………………											
b．外国の子会社（一括して）(4) ………………											
2．A区分に記載されない資本参加会社											
a．フランスの会社に対する（一括して）………											
b．外国の会社に対する（一括して）……………											

（注）（1） 子会社別と資本参加会社別に，必要に応じて全国識別番号を記載する。
　　　（2） 棚卸価値は，公開が義務づけられる会社についてその資本金の一定割合（規則によって定められる）を超える。会社がその貸借対照表に会計規則に従って作成される連結貸借対照表およびその他の計算書を添付した場合には，この会社は，（a）フランスの子会社（一括として）と（b）外国の子会社（一括して）を区別して，情報を一括して示す。
　　　（3） 子会社別と資本参加会社別に，その名称と所在地を記載する。
　　　（4） 外国の子会社と資本参加会社は，離脱によりA区に記載せずに，これらの科目に記載しなければならない。
　　　（5） 外国通貨に対する自国通貨の為替レートを本表の脚注に記載する。
　　　（6） 取引する国の通貨（monnaie locale）で表示する。
　　　（7） 自国通貨（francs français）で表示する。
　　　（8） 記載額が再評価された場合には，備考欄に再評価差異を記載する。
　　　（9） この欄には，期末における貸付金と前払金の合計（返済額を差し引く）を記載し，備考欄には場合によって設定される引当金を記載する。
　　　（10） 決算時が会社の決算時と一致しない場合には，その旨を備考欄に記載する。

(PCG [1982] p. 173)。

(12) ［有価証券明細表］

株式，会社持分および会社資本を構成するその他の証券について，その数および額面価額は当該証券に付与される権利に従って範疇別に統合して記載される。また，当期中に発行または償還された証券が明示される。

(13) ［受益持分明細表］

受益持分（parts bénéficiaires）が記載される。また，当該持分の数，価値およびそれに付与される権利が明示される。

(14) ［連結会社明細表］

連結計算書類を作成するすべての会社について，その識別名（identité）が記載される。また，当該書類には全部統合（intégration globale）の規則によって連結化された会社の年度計算書類が含まれる。

(15) ［関連企業取引高明細表］

金融固定資産，債権と債務および財務の費用と収益については，関連企業との取引額が明示される。

(16) ［手当保証明細表］

年金（pensions），退職金（retraite）の補完および類似手当に係わる保証額（montant des engagements）が記載される。また，当該手当について，一方では引当金の対象となるもの，他方では取締役の利益として契約されたものが区別される。

(17) ［会社取締役支払金明細表］

会社取締役に対する前払金と貸付金の額が記載される。また，同意された条件および当期中に実施される返済が明示される。

(18) ［役員報酬明細表］

取締役会，執行役会および業務執行役会の構成員にその役職に応じて当期中に支払われる報酬額が記載される。当該情報は，範疇ごとに総括的方法で表示される。

(19) ［転換社債明細表］

類似証券に転換可能，交換可能な社債が記載される。また，範疇別に当該社債の数，額面価額およびそれに付与される権利が明示される。

(20) ［課税明細表］

　成果の臨時項目への課税可能額とその他の項目への課税可能額の振り分けが記載される。また，採用された方法が明示される。

(21) ［活動部門・地理的市場別売上明細表］

　活動部門別と地理的市場別による売上高の純額が振り分けられて記載される。明示されたうちのある情報が開示により生じる重大な損害を理由として除外されるならば，売上高状態表に表示される情報が不完全な性質である旨を示す。

(22) ［従業員明細表］

　一方では従業員の平均人数，他方では当期中に企業が雇用できる人数は，範疇別に振り分けられて記載される。臨時または一会計期間未満の期間に雇用された人数は，契約または法律による労働期間を参照し，実質労働時間に応じて算定される。

(23) ［租税規定による影響］

　当期成果が上記第2号による租税規定の適用により影響された度合およびその影響により自己資本項目に生じる結果が総括的に明示される。なお，PCG 82は，成果処分表をつぎの様式で示す（PCG [1982] p. 172)。

表 10-3-6　成果処分表

成果（税引）	第N期	第(N−1)期
源　　泉		
1．前期繰越額...............................		×××
2．当期成果...................................		×××
そのうち，税引後当期成果（a）............		
3．積立金取崩額後（b）........................		×××
処　　分		
4．積立充当額................................	×××	
法定積立金..............................	×××	
長期譲渡特別積立金......................	×××	
その他の積立金..........................	×××	
5．配当金（c）................................	×××	
6．その他の処分.............................	×××	
7．次期繰越額................................	×××	
合　　計................................	×××	

第10章　附属明細書の規定　209

(注)　(a)　当期成果は，附属明細書の(17)に定める税総額の配分に基づいて測定する。
　　　(b)　取崩の対象となった積立金項目を記載する。
　　　(c)　数種の配当権所有者が存在する場合には，その各々に対する金額を記載する。必要な場合には，優先配当に相当する額も記載する。

(24)　［租税負担］

　租税による将来負債の加算と減算は，収益または費用の計上時に租税制度と会計処理の間の時間的ズレにより生じる。そこで，その加減が記載され，その額が莫大であれば実現の時期が記載される。

　なお，EC第4号指令調和化施行令は，同令第17条の規定による小規模会社について，「商法第10条第3項に規定する法人は，本法第24条第18号以下に規定する情報を附属明細書に記載しなくてもよい。」(同令第26条②)と定めた。同令第17条の規定による小規模会社については，略式附属明細書の作成を容認する。

10-4　結　　　論

　以上，忠実性の視点から，附属明細書項目の計上規定を明らかにしてきた。附属明細書は，財務計算書類の中でも貸借対照表・成果計算書と同等なまでに，その重要性が認められた。これは，1983年改正商法が定めた忠実性を確保するためである。

　附属明細書の標準化は，PCG 82がその作成のための基本方針を示したことによってなされた。まず，財務計算書類に企業の財産，財務状態および諸成果を忠実に写像するために，附属明細書を作成する。これは忠実性が有する機能の内の補足機能によるものである。この機能が会計規則の準拠性を高めることになった。つぎに，財務計算書類の利用者が経済的意思決定を下すのに有用な会計情報を提供するために，附属明細書を作成する。なぜなら，附属明細書に会計情報を作成するための会計規則を記載することによって，会計情報の意味が把握できるようになったからである。しかも，定量情報の作成時には，貸借対照表および成果計算書を作成したときに使われた会計処理方法が採用される。これは，情報の質を保つための手段である。PCG 82における財務計算書

類の作成について総括すると,「表10-4　附属明細書の作成」となる。

表10-4　附属明細書の作成

作成過程	作成成果
定量情報：会計規則の準拠性 定性情報：処理方法の妥当性	会計情報の充実化

第11章 1985年EC第7号指令調和化法における連結忠実性の導入意義
―個別会計原則からの離脱根拠―

11-0 序論

　フランスでは，既に個別計算書類の作成に係わるEC第4号指令が1966年7月24日に商事会社に係わる法律第66-537号（Loi n° 66-537 du 24 juillet 1966 sur les sociétés commerciales）（以下，1966年商事会社法と略する）に導入されていた。ここでは，導入済の1966年商事会社法を便宜上，1983年改正商事会社法と称する。さらに，連結計算書類の作成に係わるEC第7号指令をフランスの国内法として導入するために，1983年6月13日に欧州共同委員会採択第7号指令との特定商事会社・公共会社の連結計算書類義務調和化に係わる1985年1月3日会計法第85-11号（Loi n° 85-11 du 3 janvier 1985 relative à la mise en harmonie des obligations concernant les comptes consolidés de certaines sociétés commerciales et entreprises publiques avec la VIIe directive adoptée par le conseil des communautés européennes le 13 juin 1983）（以下，EC第7号指令調和化法と略する）が定められた。1983年改正商事会社法はEC第7号指令調和化法によって改正されたので，ここでは便宜上，1985年改正商事会社法と称する。ここで，上記の改正経緯を図で示すと，「図11-0-1　商事会社法の歴史的変遷」となる。

```
    EC第4号指令（個別会計）      EC第7号指令（連結会計）
              ↓                          ↓
  1966年商事会社法  ⇒  1983年改正商事会社法  ⇒  1985年改正商事会社法
```
図11-0-1　商事会社法の歴史的変遷

1985年改正商事会社法の基本原則は，改められずに引き続き忠実な写像（以下，忠実性と略する）と定めた。忠実性の役割は，原則として個別会計であろうとあるいは連結会計であろうとも変わらない。連結会計規則（以下，連結規則と略する）は，原則として個別会計規則（以下，個別規則と略する）を踏襲している。ところが，連結会計固有の領域では，個別規則から離脱して連結計算書類を作成しなければならない。その離脱根拠が忠実性にあると解する。なお，必要に応じて，個別会計固有の忠実性を個別忠実性と称し，連結会計固有の忠実性を連結忠実性と称する。

そこで，連結会計固有の領域を明らかにするために，ベン図を用いることにする。すなわち，個別会計の対象領域と連結会計の対象領域の関係を図で示すと，「図11-0-2　個別会計と連結会計の関係」となる。

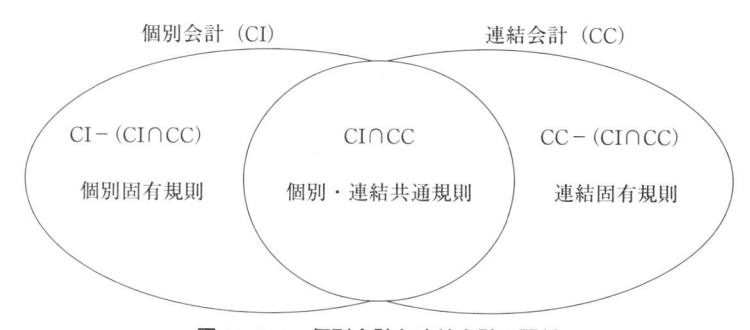

個別会計（CI）　　　　　　連結会計（CC）

CI−(CI∩CC)　　　CI∩CC　　　CC−(CI∩CC)
個別固有規則　　個別・連結共通規則　　連結固有規則

図11-0-2　個別会計と連結会計の関係

この図から，個別会計と連結会計の対象領域がつぎの3つの集合に分解される。

− {CI−(CI∩CC)} の集合：個別会計固有の領域しか適用できず，連結会計では適用できない。
− (CI∩CC) の集合　　　：個別会計にも適用でき，かつ連結会計にも適用できる。
− {CC−(CI∩CC)} の集合：連結会計固有の領域しか適用できず，個別会計では適用できない。

第11章　1985年EC第7号指令調和化法における連結忠実性の導入意義　213

　上記の3つの領域では，異なる認識・測定・記録・表示がおこなわれる。とりわけ，｛CC－(CI∩CC)｝の集合では，連結会計固有の領域にしか適用できない規則が定められる。すなわち，個別会計から離脱し，連結会計固有の規則が導入される。この離脱根拠が連結忠実性にあると解される。よって，個別・連結共通規則と比較して連結固有規則の特質を明らかにすれば，連結会計固有の取引として把握するアプローチが明らかになる。このアプローチによって，連結忠実性の役割が明らかにされるという仮説が立てられる。

　忠実性は，会計規則を設定するための基本目的である。また一方では，会計規則は，忠実性を達成するための会計行動の指針としても働く。すなわち，取引実態を財務計算書類に忠実に写像するために設定される。会計上の取引は，会計規則というフィルターを通して経済事象から会計事象へと変換されて把握される。そこで，会計規則が経済事象から会計事象に変えるときに，経済事象のどの側面を重視したのかが問題となる。本章では，個別・連結共通規則によって制約される取引の特質と連結固有規則によって制約される取引の特質を比較する。なぜなら，連結固有の取引にみられる特質を明らかにすれば，この特質から連結忠実性の役割を明らかにできるのではないかという仮説が立てられるからである。

　また，会計上の取引は，財貨属性および資金属性の視点から分析できる。前者の属性は，財貨それ自体の流れとして取引を把握する。すなわち，財貨の引渡し，所有権の移動によって，取引が実施されると見做す。後者の属性は，貨幣単位に換算された財貨価値の流れとして取引を把握する。すなわち，財貨価値は市場によって変動する状況下で，取引が実施されると見做す。取引は，通常，財貨を受け取り，その代償である支払いによって完了する。ところが，信用経済が発達した今日の経済環境では，財務的ないしは資金的側面を考慮せざるをえなくなる。その結果，取引形態が異なってくる。そこで，取引の財貨属性と資金属性を断ち切って処理する方法が考えられる。また，両者を結び付けて処理する方法も考えられる。前者を分離アプローチ，後者を結合アプローチという。ここで，会計上の取引を把握する過程を図で示すと，「図11-0-3　経済事象から会計事象への変換」となる。

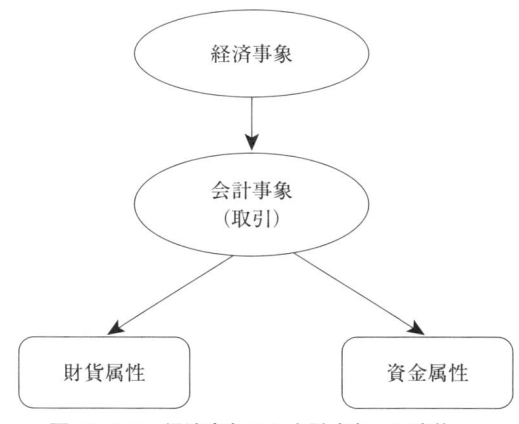

図 11-0-3 経済事象から会計事象への変換

　本章の研究目的は，取引の経済的実態を優先する視点から，連結忠実性の役割を明らかにすることである。この検討に際しては，つぎのことがらが論点となる。

① 個別・連結共通の領域に適用される会計規則は，取引実態の法的側面を重視して処理する。このことが明らかにされれば，個別忠実性の役割が明らかになる。

② 連結固有の領域に適用される会計規則は，取引実態の経済的側面を重視して処理する。このことが明らかにされれば，連結忠実性の役割が明らかになる。

11-1　連結会計規則の導入経緯

　フランスでは，公的機関を中核に据えて会計標準化が進められてきた。この標準化の過程で，個別会計から連結会計への移行が重要な課題となっていた。本節では，歴史的視点から，国際的流れに則して主要な計算書類が個別から連結へと移行する根拠を明らかにするのではなく，むしろ連結計算書類の重要性が個別計算書類と同格までに格上げされた根拠を明らかにする。

11-1-1 会計標準化の設定機関

会計標準化の設定機関として，立法権をもつ議会，行政権をもつ政府，経済・財務大臣の諮問機関である国家会計審議会，および上場会社に対する法的規制を行使できる証券取引委員会がある。

議会は，商事会社法に係わる1966年商事会社法を可決・制定した。1966年商事会社法は，会社が子会社または資本参加会社を有するときに，貸借対照表の添付書類として明細表（tableau）の作成を定めた（同法第357条）[注1]。この明細表によって，子会社および資本参加会社の経営状態が明らかになる。その後，連結計算書類の作成に係わる明確な規定については，EC第7号指令を国内法として導入するためにEC第7号指令調和化法が制定された[注2]。そして，制定された調和化法は，1985年改正商事会社法に編成されている。

政府は，1966年商事会社法の実施規定として，商事会社法に係わる1967年3月23日施行令第67-236号（以下，1967年商事会社施行令と略する）を可決・制定した。1967年商事会社施行令は，子会社および資本参加会社に係わる財務状態および諸成果を合算し，親会社が貸借対照表，損益計算書（compte de pertes et profits）および経常損益計算書（compte d'exploitation générale）の添付書類として，連結貸借対照表，連結損益計算書および連結経常損益計算書を作成できると定めた（同令第248条）。この任意規定に対して，連結計算書類の作成を強制したのが，1986年2月17日商事会社施行令第86-221号（以下，EC第7号指令商事会社施行令と略する）である。その後，EC第7号指令商事会社施行令は，1967年商事会社施行令（以下，1986年改正商事会社施行令と称する）に編成される。なお，編成済の1967年商事会社施行令を便宜上，1986年改正商事会社施行令と称する。ここで，上記の改正経緯を図で示すと，「図11-1-1　商事会社施行令の歴史的変遷」となる。

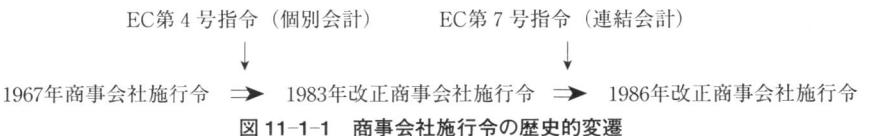

```
      EC第4号指令（個別会計）      EC第7号指令（連結会計）
              ↓                          ↓
1967年商事会社施行令  ⇒  1983年改正商事会社施行令  ⇒  1986年改正商事会社施行令
```

図11-1-1　商事会社施行令の歴史的変遷

11-1-2 連結計算書類の格上げ

　国家会計審議会は，連結計算書類の作成規定をPlan comptable Général 1982（以下，PCG 82と略する）に挿入するために，1986年12月9日省令によってPCG 82を改訂した（以下，1986年改訂PCG 82と称する）。1986年改訂PCG 82には，第Ⅱ編第Ⅳ章「計算書類の連結：方法論（Consolidation des comptes : méthodologie）」として，連結計算書類の作成規定が盛り込まれた。だから，1986年改訂PCG 82は，EC第7号指令商事会社施行令を補足することになる。

　フランスでは，1967年商事会社施行令が初めて個別計算書類の添付書類として連結計算書類の作成を定めた（Raffegeau et. al. [1989] p. 8）。ところが，連結計算書類の作成は，強制ではなく会社の意思に委ねられていた。したがって，僅かな会社しか公表しなかった。証券取引委員会の統計によると，1967年には22の上場会社が連結計算書類を公表した。1982年には333の上場会社が公表した。これらの公表数は，連結計算書類を作成するのに相応しい上場会社の75％未満にすぎなかった（Raffegeau et. al. [1989] p. 8）。そこで，証券取引委員会は，1988年以降，上場会社が半期連結情報を開示することを定めた（大下・小津 [1999] p. 86）。

　1986年改正商事会社施行令が制定されるまでは，連結計算書類は個別計算書類の補足資料として作成されていたにすぎない。主要な計算書類は，依然として個別計算書類であった。ところが，制定後，連結計算書類は，個別計算書類と同様に強制的に作成されるまでに，その重要性が認められた。つまり，連結計算書類は，個別計算書類と同様に，主要な計算書類として位置づけられることになったのである。

　ここで，個別計算書類および連結計算書類の作成規定が制定される経緯を図で示すと，「図11-1-2　個別計算書類・連結計算書類の規定経緯」となる。この図では，「行」が規定の分類として商事会社法とPCGに分け，「列」が計算書の分類として個別会計と連結会計に分けた。とりわけ，前者の分類では，欧州規定との調和化という観点から調和化前の国内と調和化後の欧州レベルでの国際とに分けた。

　そこで，連結計算書類に係わる条文について示すことにする。1985年改正商事会社法は「第Ⅵ章第Ⅱ節第3款　連結計算書類」のところで第357-1条から第

第11章　1985年EC第7号指令調和化法における連結忠実性の導入意義　217

表11-1-2　個別計算書類・連結計算書類の規定経緯

		フランス会計制度	
		個別会計	連結会計
会社法	国内	1966年商事会社法 1967年商事会社施行令	
		……EC第4号指令……	……EC第7号指令……
	国際	1983年EC第4号指令調和化法 1983年EC第4号指令調和化施行令	1985年EC第7号指令調和化法 1986年EC第7号指令調和化施行令
PCG	国内	1957年省令	
		……EC第4号指令……	……EC第7号指令……
	国際	1982年省令 1999年省令	1986年省令

(出所：Raffegeau *et. al.* [1989] p.72参照)

357-11条までが改められた。1986年改正商事会社施行令は「第Ⅱ章　子会社・資本参加会社」のところで第248-1条から第248-14条までが改められた。ここで，改められた条文を示すと，つぎのとおりになる。

　　第357-1条［連結範囲］
　　第357-2条［連結計算書類の作成免除］
　　　　令第248-13条［連結計算書類の作成免除］
　　　　令第248-14条［連結計算書類の作成免除条件］
　　第357-3条［連結方法］
　　　　令第248-1条［連結成果計算書の記載項目］
　　　　令第248-2条［個別計算書類の同質性］
　　　　令第248-3条［第一次連結差異の処理］
　　　　令第248-4条［有価証券の処理］
　　　　令第248-5条［内部取引の相殺消去］
　　　　令第248-6条［相殺削除項目］
　　　　令第248-7条［為替換算の処理］
　　第357-4条［連結除外］
　　第357-5条［連結計算書類の種類］

令第248条［連結計算書類の作成］
　　　令第248-9条［連結貸借対照表の様式］
　　　令第248-10条［連結成果計算書の様式］
　　　令第248-11条［税効果会計］
　　　令第248-12条［連結附属明細書の情報開示］
　　第357-6条［連結計算書類の基本原則］
　　第357-7条［連結計算書類の会計原則］
　　第357-8条［連結計算書類の評価規則］
　　　令第248-8条［連結計算書類の評価規則］
　　第357-8-1条［国際的基準の適用］
　　第357-9条［連結決算日］
　　第357-10条［経営報告書の作成］
　　第357-11条［会計監査人の監査］

11-2　連結計算書類の種類

　連結会計では，個別会計と同様に，3つの計算書（連結貸借対照表，連結成果計算書および連結附属明細書）の作成が義務づけられる。ここで，［連結計算書類の種類］に係わる規定を示すと，つぎのとおりになる（Code［1999］p. 1842）。

第357-5条［連結計算書類の種類］
① （1985年1月3日法律第85-11号）連結計算書類には，連結貸借対照表，連結成果計算書および連結附属明細書が含まれる。連結貸借対照表，連結成果計算書および連結附属明細書は分離不能な1組をなす。
② そのために，連結に含まれる企業は，連結会社に連結計算書類の作成に必要な情報を伝える義務を負う。
③ 連結計算書類は，政府委員会が国家会計審議会の意見を取り入れて，政令によって決められた様式に従って作成され，公表される。当該政令は，とりわけ貸借対照表および成果計算書の項目分類ならびに附属明細書に含めるべき記載事項を定める。

−1967 年 3 月23日施行令第67-236号第248条参照。

　個別会計では，財務計算書類の種類として，貸借対照表，成果計算書および附属明細書の作成が義務づけられていた（1983年改正商法第9条）。連結会計でも同様に，連結貸借対照表，連結成果計算書および連結附属明細書の作成が義務づけられることとなった（1985年改正商事会社法第357-5条①）。さらに，1986年改訂 PCG 82は，資金計算書および自己資金変動表の作成を勧告する（PCG［1986］p. Ⅱ. 163）。しかも，連結計算書類の様式は，国家会計審議会の意見書に基づき，政府審議会施行令が定める（1985年改正商事会社法第357-5条③）。なお，支配する側の連結会社が中心となって連結計算書類を作成するので，支配される側である被連結会社は連結会社に会計情報を提供しなければならない（同条②）。

　EC 第 7 号指令調和化法による改正で，フランスでは連結計算書類が重要視されることになった。しかし，このことは個別計算書類を軽視することにはならない。むしろ，連結計算書類が個別計算書類と同程度に重要となったと解すべきである。

11-3　連結計算書類の基本原則

　連結計算書類の基本原則は，個別会計と同様に忠実性である。連結忠実性は，原則として個別規則への準拠性によって達成される。ところが，個別規則に反する連結固有規則が定められている。ここで，［連結計算書類の基本原則］および［連結計算書類の会計原則］に係わる規定を示すと，つぎのとおりになる（Code［1999］p.1842）。

　　第357-6条　［連結計算書類の基本原則］
　　（1985年1月3日法律第85-11号）連結計算書類は，正規かつ誠実でなければならず，しかも連結に含まれる企業によって構築される全社の財産，財務状態および諸成果についての忠実な写像を与えなければならない。
　　　場合によっては，商法第9条第5文と第6文で定められた規定が適用される。
　　第357-7条　［連結計算書類の会計原則］
　　①　（1985年1月3日法律第85-11号）第357-8条の規定を留保して，連結計算書

類は，商法の会計原則および評価規則に従って作成される。但し，商法は，年度計算書類との比較で連結計算書類固有の性質から生じる不可欠な手直し（aménagements indispensables）を斟酌する。

② 連結計算書類に含まれる積極側と消極側の項目，費用と収益の項目は，同質的方法（méthodes homogènes）に従って計上される。但し，必要な再処理が莫大な費用を伴い，しかも連結の財産，財務状態および諸成果への僅かな影響しか与えないときにはこの限りではない。

本節では，個別規則への準拠性という視点から，個別規則と連結規則のマトリックス的組合せによって，個別規則から離脱し，連結固有規則が適用できる条件を明らかにする。

11-3-1　個別規則と連結規則の理論的組合せ

個別会計では，財務計算書類の作成目的として個別忠実性が定められる。その作成手段として，正規性と誠実性が定められた（1983年改正商法第9条④）。連結会計でも個別会計と同様に，連結忠実性が定められる。ここで，個別規則の準拠性の視点から，連結計算書類の作成目的が達成される程度を「肯定，不明および否定」の3ケースに分けて検討すると，つぎのとおりになる（同条⑤⑥）。なお，ここでの「不明」は，付帯条件の内容によって「肯定」になるという意味で使用する。したがって，'unknoun' ではなく 'no definite' となる。

　　肯定ケース（A）：現行規則への準拠による達成
　　不明ケース（B）：附属明細書への補足情報提供による達成
　　否定ケース（C）：現行規則からの離脱による達成

肯定のケース（A）は，個別規則に準拠して連結計算書類を作成すると，自動的に連結忠実性が達成される。不明のケース（B）は，個別規則に準拠して連結計算書類を作成しても，連結計算書類の忠実性が充分に得られない。よって，補足情報を連結附属明細書に記載することにより，初めて連結忠実性が達成される。否定のケース（C）は，個別規則に準拠して連結計算書類を作成しても，連結忠実性がまったく得られない。したがって，個別規則から離脱して

連結固有規則を適用することによって，初めて連結忠実性が達成される。

企業集団に属する会社は，1つの法的な独立法人として個別規則に準拠して独自の個別計算書類を作成する。企業集団の連結計算書類を作成するための補足資料として，それを作成するのではない。だから，連結計算書類は，原則として個別規則に準拠して作成される。このことを同質的方法（基準性の原則ともいう）という（1985年改正商事会社法第357-7条②）。なお，連結ベースでの財産，財務状態および諸成果への影響が僅かなときには，連結固有規則に準拠して連結計算書類を作成できる。このことを相対的重要性の原則という（同条②）。

ところが，多国籍企業集団でよくみられるとおり，個別規則と連結固有規則が異なるときは，個別計算書類は後者の規則を優先して作成される。このことを逆基準性の原則という。本節では基準性の視点から，連結忠実性を検討していくことになる。

個別規則と連結規則の組合せをマトリックス的に把握すると，全組合せの9通りが網羅できる。ここで，両規則の組合せを表で示すと，「表11-3-1 個別規則と連結規則の理論的組合せ」のとおりになる。

「表11-3-1」は，上記で分類したケース（A），ケース（B）およびケース（C）に基づき分解する。ここで，ケース（A），（B）および（C）を順次検討していく。

1) 肯定ケース（A）に属する組合せはつぎのとおりである。

表11-3-1 個別規則と連結規則の理論的組合せ

		連結規則		
		肯定	不明	否定
個別規則	肯定	m_{11}	m_{12}	m_{13}
	不明	m_{21}	m_{22}	m_{23}
	否定	m_{31}	m_{32}	m_{33}

m_{11}：個別会計で肯定される規則が連結会計でも肯定される。

（m_{11}）では，個別会計で認められる個別規則が連結会計でも認められるので，同質的方法に適合する。フランス制度会計では，会計の基本的枠組みを個別会計に置いている。したがって，ケース（A）が最も標準的なケースとな

2）不明ケース（B）に属する組合せはつぎのとおりである。
　　m_{12}：個別会計で肯定される規則が連結会計では不明である。
　　m_{21}：個別会計で不明である規則が連結会計では肯定される。
　　m_{22}：個別会計で不明である規則が連結会計でも不明である。
　（m_{12}）では，個別会計で認められる個別規則が連結会計では概ね認められる。よって，連結計算書類の作成時には，個別規則が適用される。ただし，連結忠実性を満たすために，連結附属明細書には補足情報を記載しなければならない。（m_{21}）では，個別会計で概ね認められる個別規則が連結会計では認められる。よって，連結計算書類の作成時には，個別規則が適用される。なお，連結附属明細書には補足情報を記載しない。もっとも，補足情報を記載しないという観点からは，（m_{21}）は肯定ケース（A）に属する。（m_{22}）では，個別会計で概ね認められる個別規則が連結会計でも概ね認められる。よって，連結計算書類の作成時には，個別規則が適用される。ただし，連結附属明細書には補足情報を記載しなければならない。もっとも，（m_{22}）は同質的方法に適合する。上述のことから，ケース（B）では，個別規則に準拠しながらも，連結忠実性を確保するためには補足情報が連結附属明細書に記載されなければならないといえる。なお，ケース（A）を個別規則の狭義準拠性と位置づけるならば，ケース（B）は個別規則の広義準拠性といえる。
　3）否定ケース（C）に属する組合せはつぎのとおりである。
　　m_{13}：個別会計で肯定される規則が連結会計では否定される。
　　m_{23}：個別会計で不明である規則が連結会計では否定される。
　　m_{31}：個別会計で否定される規則が連結会計では肯定される。
　　m_{32}：個別会計で否定される規則が連結会計では不明である。
　　m_{33}：個別会計で否定される規則が連結会計でも否定される。
　（m_{13}）では，個別会計で認められる個別規則が連結会計では否まれる。よって，連結計算書類の作成時には，個別規則から離脱してでも別の個別規則が適用されない。（m_{23}）では，個別計算書類を作成するときに個別規則が連結会計では否まれる。よって，連結計算書類の作成時には，個別規則から離脱してでも別の個別規則が適用されない。（m_{31}）では，個別会計で否まれる個別規則

が連結会計では認められる。よって，連結計算書類の作成時には，個別規則から離脱して連結規則が適用される。(m_{32}) では，個別会計で否まれる個別規則が連結会計では概ね認められる。よって，連結計算書類の作成時には，個別規則から離脱して補足情報を提供しながら連結規則が適用される。(m_{33}) では，個別会計で否まれる個別規則が連結会計でも否まれる。よって，この組合せに該当する規則は適用外となる。以上のことから，ケース（C）では，連結計算書類の作成時には原則として個別規則から離脱して連結規則が適用されるといえる。

11-3-2　J. Raffegeau *et. al.* による組合せ

J. Raffegeau *et. al.*（ラフゴー他）は，個別計算書類および連結計算書類の作成にあたり，図を用いながら適用可能な評価規則をつぎの4つのケースに分類して比較した (Raffegeau *et. al.* [1989] p. 135)。なお，ここでの「評価」は，認識行為を含めた意味で使用されていると解する。

　　適用不能ケース（1）：EC第4号指令に合致しない評価規則である。個別計算書類と連結計算書類のいずれにも適用不能となる。

　　個別適用ケース（2）：個別計算書類のみに適用可能な評価規則が（2a）租税規則と（2b）会計規則とに分けられる。

　　個別可能ケース（3）：個別計算書類固有の評価規則としては適用不能である。ところが，個別計算書類には適用可能となる。

　　連結適用ケース（4）：商法では定められていない評価規則である。ところが，連結計算書類のみに適用可能となる。

ケース（1）から（4）までは，評価規則の適用領域に応じてつぎのとおりに分けられる。

　　個別計算書類に適用可能な評価規則：ケース ｛(2a)＋(2b)＋(3)｝

　　連結計算書類に適用可能な評価規則：ケース ｛(2b)＋(3)＋(4)｝

つぎに，ケース（1）から（4）までを具体的な会計規則との関連で検討する。

　　適用不能ケース（1）：計算書類を作成するのに適用可能な評価規則が存在しない。

個別適用ケース（2a）：租税規則が会計規則から離脱しているので，当該規則は連結計算書類の作成時に適用できない（1986年改正会社施行令第248-6条c）。とりわけ，つぎの3項目である。
・投資助成金
・規定引当金
・固定資産租税償却

個別適用ケース（2b）：1983年改正商法第11条から第15条までの評価規則は，個別計算書類の作成時に適用される。かつ，連結計算書類の作成時にも適用される。

個別可能ケース（3）：個別会計では認められない評価規則が連結会計では認められる。よって，個別会計でも認められることになる。この逆基準性によると，個別計算書類は連結計算書類を作成するための基になる計算書類と位置づけられる。

連結適用ケース（4）：1985年改正商事会社法は，連結計算書類の作成時に1983年改正商法第12条から第15条までの評価規則以外の方法の適用を認めている（同法第357-8条）。

ここで，ケース（1）から（4）までを表で示すと，「表11-3-2　個別規則と連結規則の具体的組合せ」のとおりになる。

表11-3-2　個別規則と連結規則の具体的組合せ

		連結規則	
		肯　定	否　定
個別規則	肯定	（2b）個別規則 （3）個別可能規則	（2a）租税規則
	否定	（4）会社法第357-8条 　　　施行令第248-8条	（1）規則なし

出所：：Raffegeau *et. al.*〔1989〕p.135 参照。

11-3-3　個別規則と連結規則の混合的組合せ

J. Raffegeau *et. al.* による分類パターン「表11-3-2　個別規則と連結規則の具体的組合せ」を「表11-3-1　個別規則と連結規則の理論的組合せ」に組み込

むことによって，具体的組合せを理論的に整理することができる。このことを表で示すと，「表11-3-3　個別規則と連結規則の混合的組合せ」となる。

表11-3-3　個別規則と連結規則の混合的組合せ

		連結規則		
		肯　定	不明	否　定
個別規則	肯定	m_{11}：(2b)（3）	m_{12}	m_{13}：(2a)
	不明	m_{21}	m_{22}	m_{23}
	否定	m_{31}：(4)	m_{32}	m_{33}：(1)

「表11-3-3」によると，つぎの4つの混合的組合せが考えられる。

m_{11}：(2b) と (3) に対応する

m_{13}：(2a) に対応する

m_{31}：(4) に対応する

m_{33}：(1) に対応する

J. Raffegeau *et. al.* が指摘したとおり，(m_{11}) と対応するケース (2b) とケース (3) では個別計算書類の作成時に規則として認められる経緯が異なる (Raffegeau *et. al.* [1989] p. 135)。ケース (3) は，とりわけ多国籍企業集団の場合に該当する。例えば，外国で経営活動する子会社は，所在する国固有の個別会計規則集に準拠して個別計算書類を作成しなければならない。それゆえに，多様化した個別計算書類に基づいて，ヨリ調和化のとれた連結計算書類が作成されなければならなくなる (COB [1985] p. 63)。すなわち，連結計算書類の同質性を維持するためには，外国の個別会計規則集では認められている会計規則をフランスでも認めることになる。(m_{13}) に対応するケース (2a) では，租税規則が連結規則として否まれることを意味する。歴史的に，商事会社法は，租税一般法の影響を著しく受けている。だから，租税規則が既に商事会社法に組み込まれている。それでも，連結会計が租税固有の規則を否むのは，租税規則が自国企業の保護・育成政策と結び付いたとき，取引の実質的実態を歪めることになるからである。(m_{31}) に対応するケース (4) では，連結忠実性を根拠として個別規則から離脱する。その際に，連結附属明細書に離脱理由を記載し，正当化されるならば，連結規則が適用できることを意味する。具体的な規則に

ついては,「第11-4節　連結計算書類の評価規則」のところで検討する。(m_{33}) に対応するケース（1）では, 計算書類の作成規定として適用の対象外であることを意味する。

11-4　連結計算書類の評価規則

連結計算書類の評価規則は, 原則として (m_{11}) の場合に適合する。ただし, 個別規則からの離脱として (m_{31}) の場合が認められる。ここで,「連結計算書類の評価規則」に係わる規定を示すと, つぎのとおりになる (Code [1999] p. 1909)。

第357-8条　[連結計算書類の評価規則]

（1985年1月3日法律第85-11号）附属明細書に正当な理由が記載される場合を留保して, 連結会社は, 商法第11条で定められた条件で, 政府委員会政令によって決められた評価規則を使用できる。評価規則はつぎのとおりに定められる。
−価格変動または取替価値を斟酌する。
−代替可能財貨を後入先出法に従って評価する。
−商法第12条から第15条までに定められた規則と整合しない規則の適用を認める。
−1967年3月23日施行令第67-236号第248-8条参照。

1986年改正会社施行令第248-8条　[連結計算書類の評価規則]

（1986年2月17日施行令第86-221号）連結計算書類は, 商法第12条から第15条で定められた評価規則以外に, つぎの評価規則を適用して作成され得る。

a）　連結計算書類は, フランス・フランに基づいて締切時の購買力をもってして作成され得る。当初から他の通貨建て, 異なる購買力のフラン建ての項目すべてが共通の単位に収斂される。当該規則による資産, 負債および自己資本への影響が連結自己資本に明確に表れる。

b）　償却可能有形固定資産および棚卸資産は, 締切時の取替価値で計上され得る。当該再処理の反対側は, 適当な項目内で独立化される。

c）　流動資産の代替項目は, 範疇ごとに, 後入先出法を考慮しながら評価され得る。当該規則の適用は, 特定の活動部門または特定の地理的ゾーンに限定され

る。範疇ごとに，当該項目の仕訳方式は，附属明細書に記載され検証される。

d) 流動資産項目の製造への融資の際に生じる借入資本利息が製造原価に含まれ得るのは，利息が製造期間と係わるときである。

e) 連結企業がリース契約または類似方式で保有する財貨が信用取引で取得されたかのように，連結貸借対照表および連結成果計算書で処理され得る。

f) 連結企業によって，リース契約または類似方式による売上先の保有となる財貨は，信用取引で販売されたかのように，将来販売の実現が合理的に保証され得るかのように処理され得る。

g) 連結企業の年度計算書類を作成する際の通貨で，他の通貨建ての債権・債務の換算から生じる積極側または消極側の差異は，連結成果計算書に計上され得る。

h) 資本が発行契約の適用によって受け取られ，貸付人の判断で償還されず，また赤字ないしは僅かな黒字のときに配当報酬されないときには，当該資本が連結貸借対照表の自己資本項目に計上され得る。

i) 財貨が特別法（lois particulières）によって決められた評価規則に従う機関によって所有されているとき，当該財貨は，当該規則から生じる価値で連結成果計算書に計上され得る。

連結計算書類の作成については，「商法の会計原則および評価規則に従って作成される」（1985年改正商事会社法第357-7条①）と定める。だから，連結計算書類は，連結対象となる企業の個別計算書類を基礎として作成される。その結果，連結固有の処理が必要となる（同条②）。連結計算書類に計上される積極側と消極側の項目および費用と収益の項目は，同質的方法によって評価される（同条②）。そこで，連結企業は，原則として，1985年改正商法第12条［評価規則］，第13条［総額主義］，第14条［評価の一般規則］および第15条［実現利益］を遵守して連結計算書類を作成する。なお，必要に応じて「価格変動または取替価額を斟酌する」，「後入先出法を考慮しながら代替可能財を評価する」，あるいは「商法第12条から第15条までに定められた規則と合致しない規則の採択を許容する」（同法第357-8条）を考慮することが政府審議会施行令によって認められた。本節では，前述の分離アプローチおよび結合アプローチを用いて，

個別忠実性の役割とは重複しない，連結忠実性の異なる役割を明らかにする。

11-4-1 価格変動・取替価値の斟酌

個別会計では，原則として認識規定として実現規準が定められる。また，評価規定として取得原価規準が定められる。そして，費用の認識規定については蓋然規準が認められる。ところが，収益の認識規定として蓋然規準が認められない。かつ，時価規準が認められないことにより生じる弊害として，物価変動による貨幣価値の変動，市場原理による価格競争などに起因する財貨価値の変動が明らかにされないとの指摘を受ける。この弊害を是正する意味で，連結会計では，収益の認識規定として蓋然規準が認められることになった。かつ，評価規定として時価規準が認められることになった。

ここで，取引の具体的例を用いて，連結会計が蓋然規準および時価規準を認める根拠を明らかにしていく。その分析視点として，分離アプローチおよび結合アプローチを用いる。

具体例11-4-1　財貨属性としては，財貨それ自体（b）の変動がないので（b_0）と示す。一方，資金属性としては，価格（m）が（m_0）から（m_1）へと上昇する。（F_0）は（b_0, m_0），（F_1）は（b_0, m_1）となる。この取引を図で示すと，「図11-4-1　取引の2分解」となる。

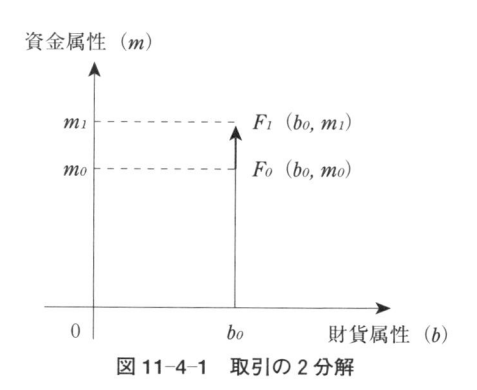

図11-4-1　取引の2分解

分離アプローチでは財貨属性が変わらない。よって，（F_0）として認識・評

価する。このことは実現規準・取得原価規準の適用を意味する。すなわち，当該アプローチは取引の法的側面を重視した個別忠実性の役割と結び付く。これに対して，結合アプローチでは資金属性が変わる。よって，(F_1)として認識・評価する。このことは蓋然規準・時価規準の適用を意味する。すなわち，当該アプローチは取引の経済的側面を重視した連結忠実性の役割と結び付く。

11-4-2　取替可能財貨に対する後入先出法

個別会計では，取替可能財貨は加重平均原価法ないしは先入先出法で評価される（1983年改正商法第12条③）。これに対して，個別会計では認められていない後入先出法が，連結会計では認められることになった。後入先出法は，取得原価規準の枠組内で時価を反映させる規則である。連結会計が後入先出法を認めることは，取得原価規準を原則的な評価規準としながらも，ヨリ時価に近い価額で取替可能財貨を評価しようとしたものといえる。

ここで，取引の具体的例を用いて，連結会計が後入先出法を認める根拠を明らかにしていく。その分析視点として，分離アプローチおよび結合アプローチを用いる。

具体例11-4-2　財貨属性としては，財貨それ自体（b）の変動がない。よって，同一財貨が受入れ・払出しされるので（b_0）と示す。一方，資金属性としては，財貨の受入時（t）が（t_0）のときには価格（m）が（m_0）となる。つぎに，（t_1）のときには（m_1）となる。さらに，（t_2）のときには（m_2）となる。このことは，時間の経過とともに，財貨価格が上昇することを意味する。すなわち，（G_0）は（m_0, t_0），（G_1）は（m_1, t_1），さらに（G_2）は（m_2, t_2）となる。この取引を図で示すと，「図11-4-2　取引の3分解」となる。

分離アプローチでは，財貨属性が変わらない。それなのに，時間属性が変わる。だから，（H_0）から（H_1），（H_1）から（H_2）へと認識・評価が推移する。時間属性の可変性を重視する会計処理は，加重平均原価法ないしは先入先出法の適用を意味する。これは，取引日という法的側面を重視する個別忠実性の役割と結び付く。これに対して，結合アプローチでは，資金属性が時間属性によって変わる。だから，（G_0）から（G_1），（G_1）から（G_2）へと認識・評価が推移する。ところが，取得原価規準の枠内で期間収益と期間費用の対応を考慮して

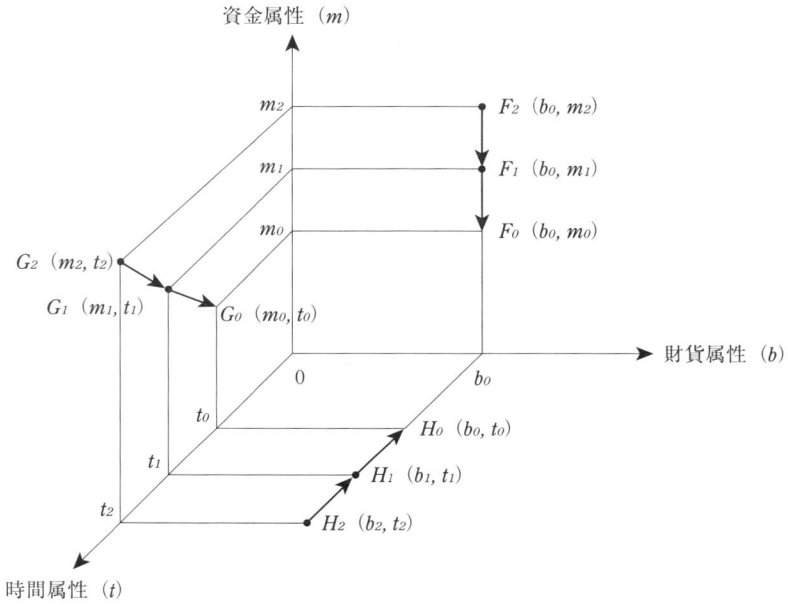

図11-4-2 取引の3分解

価格変動を把握するには，(G_2) から (G_1)，(G_1) から (G_0) へと認識・評価せざるを得ない。なぜなら，財貨属性が変わらないのに，資金属性が変わるからである。その結果，(F_2) から (F_1)，(F_1) から (F_0) へと認識・評価が推移することになる。つまり，取得原価規準の枠内で資金属性の可変性を重視する会計処理は，後入先出法の適用を意味する。これは，価格の流れという経済的側面を重視する連結忠実性の役割と結び付く。

11-4-3 商法第12条～第15条からの離脱
（1） 商法第12条「評価規則」

個別会計では，企業資産としての流入日に，まず有償取得した財貨は取得原価で計上される。つぎに，無償取得した財貨は市場価値で計上される。さらに，製造財貨は製造原価で計上される（1983年改正商法第12条①）。この規定は，連結会計でも踏襲されるべきである。資産としての流入価値は流入日の市場価

値であるから，資産流入日においては取得原価と市場価値が一致する。

つぎに，個別会計では，固定資産は棚卸時に評価替された棚卸価値として計上される（同条②）。もちろん，棚卸価値は取得原価を上限値としてこれを超えることができない。ところが，この規定は連結会計では離脱できる。固定資産の市場価値が取得原価より大きいときには，取替価値による評価替が可能となる。また，固定資産は有形・無形・金融の属性によって分類される。個別会計では，いずれの固定資産でも取得原価を超える時価計上が認められていない（同条④）。ただし，有形・金融固定資産に限って，取得原価を超える時価計上が認められる（同条④）。

有形・金融固定資産に限らず，長期保有の無形固定資産についても同様に，その流入日と流出日の時間的ズレが大きくなるほど，取得原価と時価の差異が大きくなる。そこで，連結会計では，その対象として無形固定資産も含めることができるようになった。

(2) 商法第13条 「総額主義」

個別会計では，積極側項目と消極側項目が個別に評価されなければならず，いかなる相殺消去も禁止される（1985年改正商法第13条）。ところが，この規定から離脱する具体的例が挙げられる（1986年改正会社施行令第248-8条g）。外国通貨建てからフランス・フラン建てに評価替するときに生じる換算益と換算損を相殺消去して，その差額を自己資本ないし成果計算書に計上できる。もっとも，総額主義は，個別会計であろうと連結会計であろうと，取引規模を明らかにするための有効な考え方である。だから，両会計においても遵守すべき規定であると解される。

(3) 商法第14条 「評価の一般規則」

個別会計では，年度計算書類を作成する際に，慎重性の原則を遵守しなければならない（1983年改正商法第14条①）。連結会計でも連結計算書類を作成する際には慎重性の原則を遵守しなければならず，この原則からは連結会計でも離脱できない。しかも，個別会計では，当期の利益額に拘わらず，必要と認められる償却費および引当金は計上しなければならない（同条②）。また，後発事象による損失も計上しなければならない。

(4) 商法第15条 「実現利益」

個別会計では，棚卸日までに実現した利益を計上できる（1985年改正商法第15条）。限定的に，部分完成規準による部分的実現利益は計上可能となる。ところが，この規定は連結会計では離脱できる。連結会計では，取替価値による評価替を認めている。そこで，棚卸日に生じる取得原価と取替価値の差異が蓋然損失となると，この損失が計上義務となる。反対に，蓋然利益となった場合には，この利益が計上可能となる。ただし，蓋然利益は自己資本の部に計上される。ときとして，為替差損益のように成果計算書に計上することもある（1986年改正会社施行令第248-8条g）。

11-4-4 1986年改正商事会社法施行令第248-8条 ［連結計算書類の評価規定］の参照

商法第12条から第15条までの離脱の他に，つぎの項目がある。

(1) 借入資本の利息：製造原価に算入可能

取得原価は，財貨の購入代価にこれを稼動状態にするために必要な付随費用を加えた額に等しくなる（EC第4号指令調和化施行令第7条①）。付随費用は，財貨取得に関わる直接的または間接的な費用である。その用途は，①財貨の稼動状態にするための費用，または②搬入のための費用に限定する（Villeguérin [1993] p. 403）。例えば，運搬費，取付費，組立費などが挙げられる。だから，付随費用は，財貨属性によって必然的に生じる費用となる。ところが，借入資本の利息は，財貨属性から生じるのではない。むしろ，財貨を利用する人的属性によって生じる費用である。経営者が財貨を自己資金で取得するか，または他人資金で取得するかは，経営者側の資金的状況に応じて判断されるべき属性であり，財貨属性とは無関係である。したがって，借入資本の利息は，流動資産の製造原価に含めるべきではないと解する。これに対して，連結会計では，流動資産の製造期間中に限り，利息を製造原価に含めることができると定めた。これは，財務費である借入資本利息が営業費に組み替えられることを意味する。この組み替えの根拠は，財貨属性と経営者の属性を同質化することによって，取得原価の内訳項目を明確にすることにある。

そこで，「図11-4-1 取引の2分解」を用いて，借入資本利息が製造原価に組

み込まれる根拠を明らかにしていく。分離アプローチでは，財貨属性が変わらない。よって，(F_0) として認識・評価される。このことは，取引の法的側面を重視した個別忠実性の役割に結び付く。これに対して，結合アプローチでは，資金属性が変わる。よって，(F_1) として認識・評価する。すなわち，自己資金 (m_0) で財貨を取得する。ところが，他人資金 (m_1) で取得するときは，借入資本利息 (m_1-m_0) を新たに負担しなければならなくなる。この負担は，財貨取得のためには必要な支出である。したがって，取引の経済的側面を重視した連結忠実性の役割と結び付くことになる。

(2) リース契約などによる保有財貨：信用取引による取得と見做す

1986年改訂PCG 82は，資産 (actifs) を「財産 (patrimoine) 項目が企業にとって経済的価値を持つ」ものと定義する (PCG [1986] p.I. 19)。この定義からは，財産の所有権が不可欠となる (Colasse [1996] p. 80)。所有権は，財貨の帰属を識別するための判断基準である。この基準が求められるのは，財産が現金獲得の根源となり得るからである。すなわち，ここには，財産が経済的価値を持つという基本的思考がある。逆説的に，経済的価値を持つものが財産であると解するならば，財産は財貨の帰属と使用に分けて解することもできる。前者の帰属では，財貨の所有権が優先事項となる。この範疇に属する財貨を法的財産と称する。後者の使用では，財貨の使用権が優先事項となる。この範疇に属する財貨を経済的財産と称する (Colasse [1996] p. 80)。ここで，財貨の所有権と使用権をマトリックス的に組合せると，「表11-4-1 財産の分類」となる。

表11-4-1 財産の分類

		使用権	
		肯　定	否　定
所有権	肯　定	法的財貨	経済的財貨
	否　定	経済的財貨	対　象　外

　財産を所有権に基づく法的財産と使用権に基づく経済的財産に分けると，前者が従来からの法的財産である。後者がリース取引によって生じる新たな資産である経済的財産である。なお，所有権が認められず，しかも使用権が認めら

れないものは，財産としては認められない。すなわち，財産の分類からは対象外となる。ここで，リース取引の概要を示すと，つぎのとおりになる（Cibert [1984] p. 209)。

－貸手（bailleur）には，契約での予見条件として，借手（locataire）に対して財貨の使用権（droit d'usage du bien），予見価格すなわち妥当な価格での買取可能性を保証することが課せられる。

－借手には，契約条件に従って貸手に対して賃借料（loyer）の支払が課せられる。なお，借手は，この財貨を買い取るのか，それとも買い取らないのかの自由選択権を行使できる。

この取引から貸手と借手の相互責務が明らかになる（Cibert [1984] p. 210)。すなわち，貸手は，借手が買い取りの意思決定を下すまで財貨の所有者であり続ける。だから，この財貨は，貸手側の貸借対照表に記載されなければならない。ただし，貸手は，借手に対して財貨の使用権を保証するという制約の下で，この財貨を処分できる。これに対して，借手は，貸手に対してリースの満期日まで賃借料の総額を支払い続ける。その期間中，取引の内容は貸借対照表の附属明細書に記載されなければならない。

個別会計では，リース取引は財産性の原則を厳格に適用して処理される。だから，リース取引による財貨を資産として計上することが禁止される（Colasse [1996] p. 80)。これに対して，連結会計では，財産性の原則が例外措置として所有留保条項付き信用販売を認めている（Colasse [1996] p. 81)。この条項は，購入者が財貨の価格を全額支払うまで，販売者からの所有移転が遅れる内容である。この信用取引に対して財産性の原則を厳密に適用すると，販売者からの所有が移転するまでは購入者側の貸借対照表に資産として計上できない。ところが，貸借対照表の計上内容と経済的実態の乖離が著しくなっている状況下では，財産性の原則の例外措置として，所有の移転が既におこなわれたかのごとく会計処理する方法が容認されているのである。

－販売者は，貸借対照表借方側に債権として計上する。
－購入者は，貸借対照表借方側に資産として計上する。

個別会計から離脱し，連結会計ではリース資産として計上可能になるのは，連結忠実性が経済的実態を重視しているからである。なお，リース取引におい

て，買取選択の行使を契約条項として組み入れることは，財産の帰属をもってして資産計上することを意味する。すなわち，資産計上の基軸は財産の帰属である。この帰属条件を弾力的に適用することによって，資産計上が認められるにすぎない。

そこで，「図11-4-1　取引の2分解」を用いて，連結会計ではリース資産として計上可能になる根拠を明らかにしていく。分離アプローチでは，財貨属性が変わらない。よって，(F_0) として認識・評価される。このことは，取引の法的側面を重視した個別忠実性の役割に結び付く。これに対して，結合アプローチでは，資金属性が変わる。よって，(F_1) として認識・評価する。すなわち，取得原価 (m_0) で財貨を取得する。ところが，賃借料の総額 (m_1) で取得するときは，借入資本利息 (m_1-m_0) を新たに負担しなければならなくなる。この負担は，財貨取得のためには必要な支出である。だから，取引の経済的側面を重視した連結忠実性の役割と結び付くことになる。

(3)　成果配分型社債の発行：自己資本の部に計上可能

成果配分型社債は，自己資本としての性質と同時に社債としての性質を持っている。前者は，配当可能利益に基づき報酬額が決められるという性質をもつ。後者は，資金の貸付である限り元本が保証されるという性質をもつ。したがって，償還時期は，貸付人の判断に委ねられていない。また，この型の社債は，貸付期間中，貸付人による解約もできない。かつ，報酬額が配当可能利益によって決められる。しかるに，この型の社債は，自己資本としての性質が社債としての性質よりも強いため，自己資本として計上できると解する。

ここで，1983年改正商法第12条・第13条・第14条・第15条からの離脱規定と1986年改正商事会社施行令第248-8条の規定を比較し状態表に纏めると，「表11-4-2　1983年改正商法第12条・13条・14条・第15条からの離脱規定」となる。

11-5　結　　論

以上，取引の経済的実態を優先する視点から，連結忠実性の役割を明らかにしてきた。フランスは，伝統的に個別計算書類を重要視してきた。その状況下で，1985年の改正で，連結計算書類の作成が要請された。このことは，個別計

表11-4-2　1983年改正商法第12条・13条・14条・第15条からの離脱規定
1985年改正商事会社法第357-8条

-価格変動・取替価値 -後入先出法 -1983年改正商法第12条～第15条からの離脱	-1986年改正商事会社施行令第248-8条
第12条［評価規則］ 　①有償取得による財貨：取得原価 　　無償取得による財貨：市場価値 　　製造財貨　　　　　：製造原価 　②固定資産の棚卸価額： 　　簿価（減価償却に基づく） 　　棚卸価値（簿価＞時価） 　③代替可能財貨の棚卸価値： 　　加重平均原価法 　　先入先出法 　④財貨評価益の計上禁止 　　有形・金融固定資産の再評価差異：計上可能 第13条［総額主義］ 　①個別項目としての計上 　②借方・貸方の相殺消去禁止 第14条［評価の一般規則］ 　①商業活動の継続性 　②償却費・引当金の計上義務 　③後発事象による損失計上義務 第15条［実現利益］ 　①実現利益の計上義務 　②部分完成規準の適用可能	 b）取替価値の適用可能 　（簿価＞時価，または簿価＜時価） c）後入先出法の適用可能 b）棚卸資産の棚卸価値 　：取替価値の適用可能 　（簿価＞時価，または簿価＜時価） g）換算差損益の計上可能 a）フランス・フランによる購買力 d）借入資本利息の製造原価算入 e）オペレーティング・リース：費用 f）ファイナンス・リース：固定資産 h）成果配分型有価証券 　：自己資本の部に計上可能 i）特別法による損益計上

第11章　1985年EC第7号指令調和化法における連結忠実性の導入意義　237

算書類に代わって連結計算書類を作成するのではなく，連結計算書類の重要性が個別計算書類の重要性と同水準になったことを意味する。ここに，フランス的な国際化の特徴がみられる。

　本章では，個別・連結の共通規則によって制約された取引の特質と連結固有規則によって制約される取引の特質を比較してきた。その際に，連結固有の取引にみられる特質を明らかにすれば，連結忠実性の役割が明らかになるのではないかという仮説を立ててきた。その結果，個別会計では否まれる規則が連結会計では認められる根拠を明らかにすることによって，連結忠実性の役割を明らかにすることができた。すなわち，個別忠実性は法的側面を重視する。これに対して，連結忠実性は経済的側面を重視する。それゆえに，個別会計では否まれるが，連結会計では認められる規則が定められた。具体的には，1986年改正商事会社施行令第248-8条［連結計算書類の評価規則］に定められた。ここで，ベン図を用いて，個別規則と連結規則の組み合せを図で示すと，「図11-5-1　個別規則と連結規則の関係」となる。

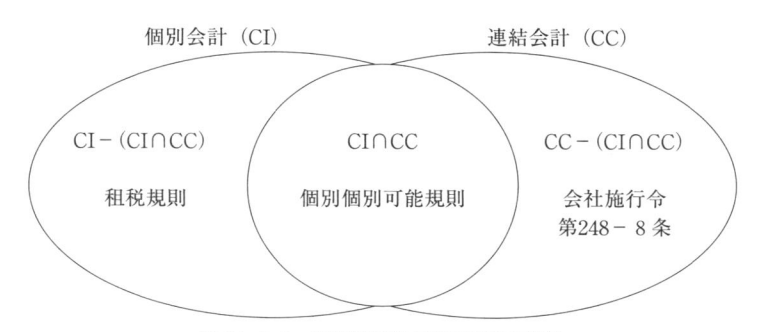

　　　　　　個別会計（CI）　　　　　　連結会計（CC）

　　　CI−(CI∩CC)　　　CI∩CC　　　CC−(CI∩CC)

　　　　租税規則　　　　個別個別可能規則　　　　会社施行令
　　　　　　　　　　　　　　　　　　　　　　　　　第248−8条

図11-5-1　個別規則と連結規則の関係

　(CI∩CC) の集合では，個別会計で認められている規則が連結会計でも認められている。すなわち，法的側面を重視した個別忠実性と経済的側面を重視した連結忠実性が一致する。ところが，｜CC−(CI∩CC)｜の集合では，1986年改正商事会社施行令第248-8条［連結計算書類の評価規則］が定められた。この規則を詳細に検討したところ，忠実性の役割は，財貨を取得する際に財貨属性と資金属性を断ち切るのか，それとも両者を結び付けるかによって異なることが明らかになった。分離アプローチでは，財貨を引き取り，稼動状態にする

までの属性と取得するための支払手段としての属性を断ち切る。だから，財務的側面を考慮せずに取引実態を把握することになる。結果的に，法的側面から取引を把握することになる。このことが個別忠実性の役割となる。これに対して，結合アプローチでは，財貨属性と資金属性を結び付ける。だから，財務的側面を考慮して取引実態を把握することになる。結果的には，経済的側面から取引を把握することになる。このことが連結忠実性の役割となる。

略字状態表

CI：Comptes Individuels	個別会計	m ：attribut de monnaie	資金属性
CC：Comptes Consolidés	連結会計	t ：attribut de temps	時間属性
b ：attribut de bien	財貨属性		

注　釈

（注1）　1966年商事会社法は，貸借対照表の添付書類として明細表の作成を定め，1967年会社施行令はその様式を定めた。

1966年商事会社法第357条［貸借対照表の添付書類］

① 会社の取締役（conseil d'administration），執行役会（directoire）ないし業務執行者（gérant）は，当該会社が子会社または資本参加会社を有しているならば，会社の貸借対照表に明細表（tableau）を添付する。明細表の様式は，子会社および資本参加会社の状態を明らかにさせる視点から，施行令によって定められる。

② 1967年商事会社施行令第247条・第295条は，子会社および資本参加会社に係わる情報を明らかにする明細表の作成をつぎのとおりに義務づけている。

（注2）　連結財務諸表の作成に係わる規定は，EC第7号指令調和化法以前にも存在していた。

1967年商事会社施行令第248条［連結計算書類の添付］

① 会社は，貸借対照表，損益計算書および経常損益計算書につぎの貸借対照表と連結計算書類を添付できる。すなわち，貸借対照表と連結計算書類には，子会社と資本参加会社に係わる積極側と消極側の状態および成果が加味される。なお，資本参加会社とは，会社が直接的ないしは間接的に資本参加する。

② 連結貸借対照表と連結計算書類の作成方法は，当該書類の注記欄に明示されなければならない。

第12章 会計基準の設定機関
―国際会計基準への対応―

12-0 序　　論

　フランスは，伝統的に会計基準を成文化し，会計秩序の安定化を図ってきた。また，個々の企業が作成する財務計算書類を集計すると，自動的に国の経済力を測るための国家計算書類が作成できるよう，会計計算システムを構築してきた。ところが，会計の世界が欧州規模から国際規模へと拡張していくと，従来型のフランス会計システムでは対応しきれなくなっていった。なぜなら，従来型の会計システムは税務会計，商法会計および財務会計から成り立ち，その中核をなす税務会計が議会での承認事項となっているからである。すなわち，税務会計基準の設定までには相当な時間を要し，その改廃にも相当な時間を要することになる。この時間的制約が，設定時期の趣旨と現状における要請との間に隔たりを生じさせることになったのである。

　今日，フランス国内の企業は，国際規模での資金調達を求めるならば，国際的会計基準に従って財務計算書類を作成しなければならない。そこで，フランスは，国際的対応を可能とするために，会社規模に応じた斟酌すべき会計基準を定めた。すなわち，小・中規模会社は，税務会計基準を中核に据えた国家統制型の会計に準じた財務計算書類を作成する。また，大規模会社は，国際的会計基準を斟酌して経済統制型の会計に準じた財務計算書類を作成する。このことは，国内的には会計の二重基準が存在することを意味することになる。すなわち，課税所得計算と会計利益計算が分離することになるのである。そして，本章で取り上げるのは，後者の計算である。

　フランスは，激変する会計環境に迅速に対応できる会計基準設定主体を設置

した。これが会計規定委員会である。すなわち，当該委員会は，財務会計基準を独占的に設定する権限を有することになる。

本章の研究目的は，国際的な会計環境への対応という観点から，財務会計基準の設定手続を明らかにすることである。この検討に際しては，つぎのことがらが論点となる。

① フランスは，従来から国家会計審議会が財務会計基準を設定してきた。
② 激変する会計環境に対応するために，フランスは，新たに会計規定委員会を設けた。

12-1　会計基準の階層化

フランスは，1980年代に欧州規模での会計基準の国際化を成し遂げた。その後，世界規模での国際化に迫られている。欧州規模では，EC会社法指令が国内法として導入された。その指導的役割を演じたのが，公的機関である議会，政府，国家会計審議会および証券取引委員会であった。会計法は，その強制力の度合に応じて，EC会社法指令，法律（loi），施行令（décret），省令（arrêté ministériel），命令（réglements）の順に階層化される（Esnault et Hoarau [1994] p. 34）。ここで，順次，会計法の強制力を検討することにする。

EC第4号指令は，立法権をもつ議会において，国内法として可決された。これは，EC第4号指令調和化法（個別会計）として制定された。この調和化法は，後にEC第7号指令調和化法（連結会計）によって部分的に改められた。

会計施行令は，行政権をもつ政府において，会社法を施行するために制定される。EC第4号指令調和化施行令は，EC第4号指令調和化法の実施規定を定めた施行令である。そして，この施行令は，同様にEC第7号指令調和化施行令によって部分的に改められた。

Plan Comptable Général 1982（以下，PCG 82と略する）は，経済・財務大臣の諮問機関である国家会計審議会において作成された。PCG 82は経済・財務大臣の省令によって承認されることによって初めて，その適用が商工業企業に対して強制力をもつことになる。このことからも，PCG 82は，EC第4号指令調和化施行令およびEC第7号指令調和化施行令を補完する規定となる。

命令は，上場会社に対する法的規制を行使できる証券取引委員会において施行される（Burlaud et. al.［1992］p.13）。これは，有価証券を公募する法人に限定されるもので，その及ぼす範囲も自ずから限定されることになる。ここで，会計基準の階層化を表で示すと，「表12-1　会計基準の階層化」のとおりになる。

表12-1　会計基準の階層化

会　計　基　準	設　定　機　関
EC第4号指令　EC第7号指令	欧州連合
法律　商法	議会
政令　省令　大臣意見書	政府
意見書　会計規則集の職業別適用書	国家会計審議会
会計基本規定	会計規定委員会
規定書　指令書　勧告書	証券取引所

出所：Burlaud et. al.（［1992］p.14）参照。

欧州規模の国際化を成し遂げた後，フランスは，1990年代から世界規模での国際化に取り組んできた。1996年に国家会計審議会を刷新し，2年後の1998年には会計規定委員会を設置した（Compt［2001］p.34）。

12-2　国家会計審議会

12-2-1　国家会計審議会の役割

国家会計審議会の役割は，1996年8月26日施行令第96-794号第2条によってつぎのとおり定義される（CNCompta［1998］）。すなわち，本審議会は，省庁，会計関連協会ないし専門機関と連携し，つぎの4つのことを担うことになる。

①　国内要請に係わる先決意見書：

国家会計審議会は，会計要請の起源が国内ないしは欧州共同体に拘わらず，会計基準の設定要請に係わる先決意見書（avis préalable）を提案する。当該意見書は，省庁または公共団体，公共権力の指導のもとで設置される臨時委員会（commision）または恒常委員会（comité）において審議される。とりわけ，重

要な委員会として，銀行・金融規則に係わる恒常委員会および国内保険審議に係わる臨時委員会が挙げられる。

② 国外要請に係わる意見書：

国家会計審議会は，国際または外国の組織体が設定した会計基準について，当該基準を国内の会計基準として適用するにあたり，当該基準に関する意見書を会計規定委員会に提案する。

③ 財務計算書類に係わる技法：

国家会計審議会は，国内統計・予算および国家計算書類の作成という視点から，財務計算書類の利用手段を提案する。なお，この手段は，企業および企業専門集団の便益に適うものでなければならない。

④ 理論と技法に係わる調整：

国家会計審議会は，会計基準の理論と処理方法を審議し，両者の調整と統合を検証する。また，財務計算書類の適用と発展のために，会計教育，企画に係わる資料を提供する。

上述のとおり，国家会計審議会は，国内要請を受けて，国単位の視点から財務計算書類の作成・利用を検討する。また，国外要請を受けて，企業単位の視点からも財務計算書類の作成・利用を検討しなければならない。検討した結果は，先決意見書として，会計規定委員会に提案される。

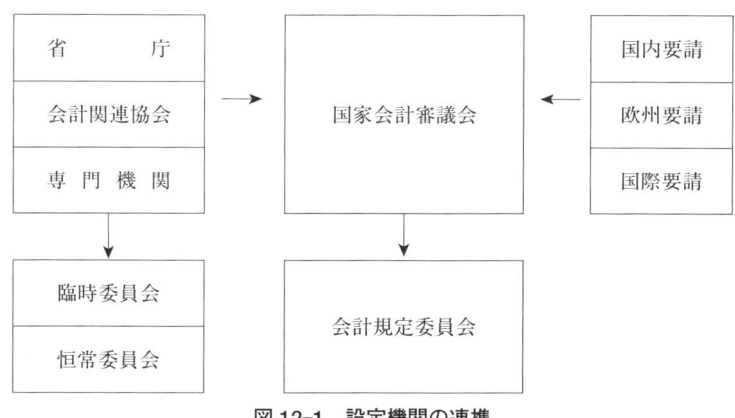

図12-1　設定機関の連携

12-2-2　国際会計基準への対応

フランスは，税務会計を中核に据えた会計処理をおこなってきた（Nobes [1992] pp.84-85）。すなわち，フランスの企業は，税務会計基準に従って財務計算書類を作成していた。これは，個々の企業計算書類を集計することによって，自動的に国家計算書類が作成できるという国策に根ざしたものである。

ところが，今日では会計基準の国際化が問われるようになり，会計基準の柔軟性が求められるようになった。そこで，財務会計の領域においては，国際化に対応することにした。その中核的役割を果たすのが国家会計審議会である。

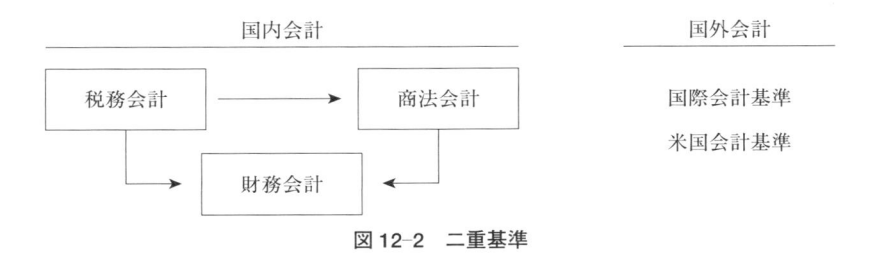

国内会計		国外会計
税務会計 → 商法会計 ↓ ↙ 財務会計		国際会計基準 米国会計基準

図 12-2　二重基準

国家会計審議会は，「2002年活動報告（Rapport d'activité 2002）」において，国際会計基準委員会（以下，IASBと略する）の計画書に積極的に貢献することについてつぎのとおり記述している（CNCompta [2002]）。すなわち，IASBは，2002年5月15日に調査結果である「改良（Improvement）」を公表した。この調査は，既存の会計基準を大幅に改訂し，しかも随時改訂していくために実施された。これを受けて，国家会計審議会は4つの作業部会を設置した。その設置理由は，2002年8月20日の欧州財務報告書助言部会（European Financial Reporting Advisory Group，以下，EFRAGと略する）および9月16日のIASBへの回答を準備するためであった。

調査結果である「当初適用（Frist Time Application）」は，国家会計審議会を中心として設置された作業部会によって明らかにされた。この内容は，国際会計基準・国際財務報告書基準（IFRS）の当初適用に関わる標準計画である。当該計画の適用にあたり，その適用時期および報告書の様式は会社の判断に委ねられている。なお，適用対象は，欧州にある証券市場において資金を公募し，連結計算書類を作成・公表する会社となる。また，該当会社は，2005年1月1

日以降，IASによる財務計算書類への転換が強制されることになる。

結果的に，フランスは国内向けの会計基準と国外向けの会計基準が共存することになる。このことを図で示すと，「図12-1　二重基準」となる。

12-3　会計規定委員会

会計標準化の再構築は，1996年8月に国家会計審議会の刷新と緊急委員会の設置によって始められ，会計規定委員会の設置によって成し遂げられた。これは，1998年4月6日法律第98-261号第1条〜第5条によるものである（Compt ［2001］p.34）。

1998年10月14日施行令第98-939号は，コンセイユ・デタ（Conseil d'Etat：行政最高裁判所と訳せる）によって制定されたものであり，会計規定委員会の役割形態に係わる詳細な規定を明示した。すなわち，会計規定委員会の設置はつぎのことを可能にしなければならない（Compt ［2001］p.34）。

① 会計環境への適用

フランス会計を取巻く環境が激変し，従来型の行政機関または租税機関では対応しきれなくなった。そこで，その激変に対応できる会計規定委員会を設置することになった。当該委員会には，会計基本規定（textes comptables）を作成する権限が付与される。

② 会計基本規定の統一化

会計規定委員会は，会計基本規定の作成に関して独占的立場をもつことになる。フランスは，PCG 82を改訂し，1999年に連結に係わる新規則を設定した。これによって，フランス会計基準の統一化が成されることになる。

12-3-1　会計規定委員会の役割

(1)　財務情報の透明性

今日，株主と同様に，会計の専門家といわれる会計監査人でさえも，財務計算書類を理解するのが難しいと嘆いている（Compt ［2001］p.34）。また，外国からの投資家からその作成基準を適用する際の継続性が欠如しているとの指摘も受けた。なぜなら，会計基準を適用し財務報告書を作成するにあたり，会計人

による解釈の余地があまりにも多く残されているからである。

　フランスでは，このことを「会計放浪（vagabondage comptable）」と称している（Compt［2001］p.34）。会計人による会計基準の解釈が介在することによって，ときとして外国の投資家は，フランス企業を信頼することができなくなり，悪印象をもつことになる。さらに，信頼性の欠如が国内における法的な不安要素となり，会計人は財務計算書類の忠実な写像を示せなくなることも起こり得ることになる。

　そこで，フランスは，会計基準の解釈を統一化し，外国投資家からの信頼性を得るために，会計基準の解釈に係わる権限を有する専門機関を設置する必要性に迫られた。

(2) 会計基準の統一化

　フランスにおいては，会計法の源泉が分散されていた（Compt［2001］p.34）。すなわち，施行令，大臣による省令，国家会計審議会の意見書，銀行・財務規定委員会の規則が混在していた。会計基本規定の源泉とするところが異なれば，その法的行使力も異なってくる。このことが，会計基準の明瞭性を害することになった。

　そこで，フランスは会計基準を独占的に取り扱う組織を設置する必要性に迫られた。この趣旨に添って，1999年11月22日法律第99-957号は改められた。すなわち，会計規定委員会が新たに設けられ，そこで会計基準を独占的に定めることになったのである。

(3) 新会計基準の作成

　会計規定委員会は，国家会計審議会と連携しながら，会計基準を定める責務を負っている（Compt［2001］p.35）。ところが，会計規定委員会は，会計基本規定の全体を改訂する権限を有していない。すなわち，会計規定委員会が設定する会計基準は，省令と同等な法的拘束力を有するに過ぎない。したがって，省令よりも優位にある法律または施行令について，会計規定委員会は改めることができない。

　会計規定委員会は，法律によって国家会計審議会との連携内容が定められている（Compt［2001］p.35）。すなわち，会計規定委員会は，国家会計審議会から提案された勧告書または意見書を審議し，当該書に添った会計基準を採択しな

けばならない。なお，会計規定委員会は，国家会計審議会によって提案される会計基本規定を修正する自由度を有している。もっとも，この自由度は限定されている。すなわち，会計規定委員会は，会計基本規定の論理性に不備があるときに限り，その不備を直すことができる。

実際に，会計規定委員会の役割は，原則として会計法（国際的会計基準，欧州指令，法律，施行令）を形成する会計基本規定の階層と会計規定の首尾一貫性を検証することにある。そして，会計規定委員会の目的は，会計技術（会計審議会に課せられる役割）よりも法的根拠を明らかにするところにある。

フランスでは，国家会計審議会が会計標準化の基軸となる。なぜなら，国家会計審議会は，現行の会計基準を改訂できる会計基本規定を提案できる任務を負っているからである。

なお，1999年施行令（第4条）によると，国家会計審議会は，会計規定委員会によって提案された規定について6ヶ月の期間以内に意見表明しなければならない。この期間以内に国家会計審議会からの回答がなければ，当該審議会は会計規定委員会の提案に賛成であると見做される。また，この期間が3ヶ月に短縮されることもある。それは，会計規定委員会長による認識および国家会計審議会の既得権による言及によって緊急性があると認められるときに限られる。

12-3-2　会計規定委員会の構成員

会計規定委員会は，つぎの15人の委員から構成される（Compt［2001］p.35）。
① 国家権力（pouvoirs publics）からの代表者4人
　・経済担当大臣またはその代理人である委員長
　・法務大臣またはその代理人である副大臣
　・予算担当大臣またはその代理人
　・証券取引所の会長またはその代理人
② 司法権からの代表者3人　任期3年（1998年10月14日施行令第98-939号第1条）
　・コンセイユ・デタの会員1人，政府評議会長によって指名される。
　・会計検査院（Cour de comptes）の院員1人，会計検査院の首席院長によって任命される。

・破毀院（Cour de cassation）の院員 1 人，破毀院の首席院長または法院検事長（procureur général）によって指名される。
③ 会計規定委員会長
④ 会計規定委員会員 7 人
・会計専門家協会の上級委員会長またはその代理人
・会計監査人の国内団体長またはその代理人
・企業の代表者 3 人，労働組合の代表者 2 人，国家会計審議会の任期中（施行令第 1 条）に国家会計審議会長の提案で経済担当大臣の省令によって任命される。

　会計規定委員会は，国家会計審議会の会計基本規定を採択するための投票規定をつぎのとおり定めている（Compt［2001］p.35）。すなわち，会計規定委員会員の過半数が出席すると，定足数に達することになる（1999年施行令第 2 条）。また，当該委員会長は，経済担当大臣またはその代理人が務めることになっている。会計規定委員会は，出席した会員の投票数が過半数に達したときに意思決定できる。なお，投票数が同数の場合には，委員長の投票が優先される（1998年 4 月 6 日法律第98-261号第 5 - Ⅱ条）。会計規定委員会によって採択された規定は，担当大臣（経済担当，司法，予算担当）の省令によって認可され，後に官報に公表される（Compt［2001］p.36）。

12-4　結　　論

　以上，激変する会計環境への対応という観点から，フランスにおける会計基準設定主体について検討してきた。
　フランスは，議会が制定する会計法を制度会計の中核に据えて，会計基準を成文化してきた。ところが，成文法は，利点と欠点の両方を持ち合わせることになる。すなわち，一方では会計秩序の安定が保たれ，他方では会計環境への対応が遅れがちになった。その欠点を補完するために，現行の会計基準の解釈によって新しい環境に対応してきた。もっとも，その解釈には統一見解が求められていなかった。

フランスの国内では，税務会計を中核として，商法会計および財務会計が制度会計として存在している。ところが，国外での会計環境が激変している。この影響は国内の会計基準の改廃に直結し，著しい影響を与えている。この影響に対して，フランスは，会計規定委員会を新たに設けて，省令という法的拘束力をもつ財務会計基準の改廃によって対応することになった。

　会計規定委員会は，まず国家会計審議会から提案された勧告書または意見書を審議する。つぎに，会計基準の法的根拠を明らかにする。また，現行の会計基準に対する解釈については，会計規定委員会が統一見解を出し，その収斂化を目指した。このことによって，フランスは，成文法に付随する会計基準の硬直性を補完することになり，国際的な対応を図ることに成功した。

終　章　研　究　成　果

　フランス会計は，欧州経済共同体の創立を節目として大きく変化してきた。EC会社法指令が導入される以前のフランス国内型会計は，経営者，株主，債権者などを保護するための財務計算書類を作成してきた。とりわけ，経営者が破産犯罪人として起訴されないよう，制度上，人的属性に係わる規定が整備されていた。ところが，EC会社法指令が会計情報の結果を重視したことを受けて，フランスは，原因責任としての手段の義務を重視しながらも，作成された財務計算書類に対する責任としての結果の義務を取り入れることにした。こうして，EC会社法指令導入後のフランス国際型会計は，利害関係者の経済的意思決定に有用な会計情報を提供する機能も持ち合わせなければならなくなった。伝統的に，フランス会計においては，会計情報の作成過程を重視することにより，良質な会計情報の作成が試みられてきた。すなわち，物的属性としての会計規則の役割と人的属性の影響を総体的に捉えるところに，フランス会計の特徴が顕著に表れている。このことは，会計人の信義を制約し，会計技能を高めることによってなされてきた。

13-1　フランス型会計の基本原則

　1673年商事王令は，商人が商業状態を把握するために，また商人自身を保護するために商人に商業帳簿を作成させていた。商業帳簿は，通常時のものと破産時のものに分けられた。通常時の商業帳簿は，商人の経営状態を把握するために商業帳簿の作成規定に従って作成されたものである。また，破産時の商業帳簿は，債権者からの信頼を得るための，商人自らが証明した財産有高と商行為を記した状態表という会計書類であった。このことは，商業帳簿が破産時の

物的証拠として活用されるよう，制度上の会計規則に準拠した商業帳簿の作成を要請したものである。しかし，1673年商事王令は，規定上，正規性に係わる直接的な条文を明示しなかった。けれども，破産時の物的証拠として活用されるよう，商人が会計規則に準拠して財産目録を作成することを要請していた。これは，実質的に正規性が法制化されていたことを示している。ここに，1673年商事王令の基本原則として，正規性を取り上げる歴史的意義がある。

　1673年商事王令の基本原則を実質的に引き継ぐことによって，1807年商法が制定された。1807年商法の商業帳簿は，商事裁判所で商行為の事実として認証されるよう，法廷での証拠資料として提示された。たとえ商人が破産しても，商業帳簿を作成していれば，破産犯罪人として起訴されずに済んだ。なぜなら，真実性には，商業帳簿が真実であるならば，商人が破産犯罪人として起訴されることから免れるという役割があったからである。この役割を支えるのが正規性である。その重要性を鑑みて，1673年商事王令では明文化されていなかった正規性が，1807年商法においては明文化されることになった。これにより，商業帳簿の作成に際しては，正規性の遵守によって真実性が満たされることになった。したがって，商人が当時の会計慣行に準拠して商業帳簿を作成すれば，この帳簿の真実性が保たれることになる。つまり，この帳簿には法廷での証拠力があるといえる。

　ところで，商業帳簿の作成は，会計規則という物的属性および会計人の信義と技能という人的属性に依存する。人的属性である会計人としての個々の専門能力には一定の幅がある。たとえ，会計規則の充実度が同程度であったとしても，会計規則の理解度には一定の幅が生じることになる。この幅が真実性にも一定の幅を生じさせることなる。結果的に，正規性の許容範囲として認められる一定の幅内にあるならば，真実といえる。したがって，法廷での証拠力にも一定の幅が生じることになる。

　1867年会社法は，株主および債権者を保護するために，経営者に財務計算書類を作成させていた。この法が株式会社の自由創立を認めた。このことから，株主および債権者を保護するための監査制度が導入された。また，1807年商法の基本原則として，「正規性」および「真実性」が1867年会社法の基本原則として「不正規性の違反」および「不正確性の違反」に改められた。これらによ

って，商業帳簿の作成時に不正規性の違反を適用する場合，正規性に一定の幅をもたせたことになる。すなわち，会計人は会計規則へ準拠しているとき，およびその準拠が不明確なときも会計規則に準拠しているものと解された。また，商業帳簿が一定の幅をもった状態で正規であると認められるならば，正確性も一定の幅をもって満たされるといえる。これは，会計人の能力の差が商業帳簿に及ぼす影響を考慮して，法規定が整備されたことを示すものであり，歴史的意義が大きい。

1966年商事会社法は，経営者を含めて株主，債権者などを保護するために，経営者に財務計算書類を作成させていた。株主は，財務計算書類に基づき経済的意思決定を下す。仮に株主が損害を被ったときには，株主からの訴訟が起こされることもあった。そこで，商業裁判所は，株主からの訴訟に対して抗弁に相当するだけの事実として，経営者自らが作成した財務計算書類を証拠資料として認めた。歴史的にみて，1867年の基本原則である「不正規性の違反」および「不正確性の違反」が1966年商事会社法の基本原則として「正規性」および「誠実性」に改められた。これは，制度上，人的属性として会計人の信義を反映させるべき規定の整備であった。準拠すべき会計規則の優先順位は，立法府による法律，行政府による規定，国家会計審議会による規則および専門職業機関による意見書・勧告書などとされた。

誠実性は，主観的な解釈と客観的な解釈に分かれた。主観的な解釈は，会計人の信義に基づいた適用であった。これに対して，客観的な解釈は，会計規則の合理的な適用であった。すなわち，この客観的な解釈に立脚し，会社の経済的実態を財務計算書類に如実に描写することを要請するものであった。したがって，会計人は，ある会計事象について，当時の会計規則に準拠して財務計算書類を作成しても誠実性を満たさないと判断したならば，客観的誠実性を根拠として当時の会計規則から離脱できる。すなわち，当時の会計規則以外の規則を適用することができた。なお，当時の会計規則からの離脱は認められたものの強制ではなかったので，当時の会計規則に準拠した財務計算書類も作成できた。

ここにおいて，フランス国内において物的属性である会計規則が整備されるに伴って，人的属性に係わる基本原則も制度的に盛り込まれていく過程を歴史

的視点から考察した。

13-2　フランス・イギリス調和化型会計の基本原則

　1948年英会社法は，利害関係者の経済的意思決定に有用な会計情報を提供するために，経営者に財務計算書類を作成することを義務づけていた。ここでは，財務計算書類の作成手段よりも作成結果を重視していた。仮りに，財務計算書類が会社の経営実態を表していなかったときには，基本原則である真実性・公正性が欠けていたと見做された。ここでの真実性は，継続する企業活動の状態と財務計算書類から読み取れる経済的状態が適合することを意味する。かつ，公正性は，会計人が客観的で検証可能な証拠の基準に従って財務計算書類を作成したことを意味する。また，上述の基本原則は，遵守機能および離脱機能を備えていた。これに対して，1981年英会社法の基本原則は，従来の遵守機能および離脱機能に新たに補足機能を備えた。これにより，1981年英会社法は，会計規則の準拠性を高める効果を有することになった。すなわち，補足情報を充実させたことにより，当時の会計規則の準拠性に幅を持たせたことになる。

　EC第4号指令原案は，財務計算書類の作成過程を重視したフランス・ドイツ型会計を指向したものである。会計人は，会計規則への準拠によって，会計情報が経営活動の実態を明らかにできたと解した。この原案は，株主，債権者などを保護するために経営者に財務計算書類を作成させるものであった。また，同指令原案第2条の基本原則である正規性および誠実性は，遵守機能および補足機能を有していた。ところが，離脱機能を備えていなかった。したがって，この原案では，当時の会計規則から離脱することができず，補足情報を附属明細書に記載することによってしか良質な会計情報を提供できなかった。これに対して，EC第4号指令は，利害関係者の経済的意思決定に必要な会計情報を提供するイギリス型会計を指向したものである。また，同指令第2条の基本原則である真実性・公正性は，離脱機能も備えていた。したがって，この離脱機能の導入が，当時の会計規則を改める拠り所になった。

　上述のとおり，フランス固有の会計制度にイギリス型会計を導入することに

より,「誠実性」といった人的属性に係わる基本原則に「忠実性」が加えられることになる。

13-3　フランス国際型会計の基本原則

　EC第4号指令調和化法は，利害関係者の経済的意思決定に有用な会計情報を提供するために，経営者に財務計算書類を作成することを義務づけていた。これまでの1966年商事会社法においては，会計人は正規かつ誠実な財務計算書類を作成する。したがって，その「手段の義務」を満たせばよかった。これに対して，EC第4号指令調和化法においては，会計人は慎重性の枠内で正規かつ誠実な財務計算書類を作成する。これらの書類が企業の経済的実態を忠実に写像しなければならない。したがって，その「結果の義務」を満たさなければならなくなった。

　当時の会計規則の準拠性である正規性は，表現上，1966年商事会社法においても1983年改正商事会社法においても同じであった。当時の会計規則を会計人の信義と技能に基づいて適用する誠実性は，表現上，1966年商事会社法とEC第4号指令調和化法では同じであった。ところが，その役割が異なっていた。1966年商事会社法は，客観的誠実性を広義に解したからである。すなわち，広義の客観的誠実性によると，会計人が当時の会計規則を信義に基づいて適用して財務計算書類を作成した場合，それらの書類が企業の経済的実態を不忠実に写像していたのか否かを，客観的誠実性に基づいて判断されることとなる。これに対して，EC第4号指令調和化法による客観的誠実性は狭義に解されたからである。すなわち，狭義の客観的誠実性によると，慎重性の枠内で現行の会計規則を会計人の技能に基づいて適用して財務計算書類を作成した場合，それらの書類が企業の経済的実態を忠実に写像していたのか否かを，忠実性に基づいて判断されることとなる。

　EC第4号指令調和化法で定められた基本原則の相互間の関係は，誠実性が慎重性の枠内でその要請を満たすべきである。そこでは，慎重性の枠を越えることができなかった。また，忠実性には「結果の義務」としての役割が求められる。けれども，それ自体ではこの役割を果たすことができない。そこで，慎

重性の枠内での，正規性および誠実性の要請が「手段の義務」として良質な会計情報を作成する役割を担っている。つまり，慎重性の枠内で正規性と誠実性の要請を満たせば，忠実性が必然的に確保できることとなる。

フランス制度会計では，EC会社法指令を国内法に導入する過程で適法性と同様に適正性が求められるようになった。このことは，取引の経済的実態をも把握することが要請されたことを意味する。そして，取引の法的実態よりも経済的実態を優先する思考の延長線上には，蓋然収益の認識がある。ところが，現行のフランス制度会計では，実現収益から実現費用・蓋然費用を控除したものが当期利益として計上される。仮に蓋然収益が計上されると，配当可能利益のなかに未だに実現されていない利益が含まれることになる。そこで，擬制配当を回避するために，蓋然利益が計上されないことになる。また，擬制配当の回避は，企業の最終目的である経営活動の継続性に合致する。

附属明細書は，財務計算書類の中でも貸借対照表・損益計算書と同等なまでに，その重要性が認められた。これは，EC第4号指令調和化法が定めた忠実性を確保するためである。また，附属明細書の標準化は，PCG 82がその作成のための基本方針を示したことによってなされた。財務計算書類に企業の財産，財務状態および諸成果を忠実に写像するために，附属明細書を作成する。これは忠実性の持つ3つの機能の中の補足機能によるものである。この機能が会計規則の準拠性を高めることになる。

EC第7号指令調和化法は，利害関係者の経済的意思決定に有用な会計情報を提供するために，経営者に対して連結財務計算書類を作成することを義務づけている。個別忠実性は法的側面を重視する。これに対して，連結忠実性は経済的側面を重視する。それゆえに，個別会計では否まれるが連結会計では認められる規則が定められた。

財貨属性と資金属性を分けて考察する分離アプローチでは，財貨を引き取り，稼動状態にするまでの属性と取得するための支払手段としての属性を断ち切る。そして，財務的側面を考慮せずに取引実態を把握する。結果的に，法的側面から取引を把握することになる。このことが個別忠実性の役割と解される。これに対して，双方の属性を結び付けた結合アプローチでは，財貨属性と資金属性を結び付ける。そして，財務的側面を考慮して取引実態を把握するこ

とになる。結果的に，このアプローチでは，経済的側面から取引を把握することになる。すなわち，このことが連結忠実性の役割と解される。

　以上の考察から明らかになるとおり，フランス会計は，EC会社法指令を取り入れることにより国際型会計の性質を帯びることになる。ここにおいて，人的属性に係わる従来の基本原則に「連結正規性」，「連結誠実性」および「連結忠実性」が加味されることによって，フランス会計においては物的属性としての会計規則が充分に機能する制度的基盤が確立されたのである。

商法・関連法令・各種基準の制定と改正に係わる年表

1673年　商事王令（Ordonnance du 23 mars 1673, de Louis XIV. Roy de France et de Navarre, sevrant de Règlement pour le Commerce de Marchands）

信用制度の回復，経済秩序の維持を図るため，J. Savary が Louis XIV に提出した建白書を骨子とし，ここに初めて商業帳簿ならびに財産目録に係わる包括的規定が制定された。これは，貸借対照表制度の確立に対する礎石となった。この王令の商業帳簿規定は，破産犯罪の防止とその証拠としての利用を主目的とした。とりわけ，前者の目的を優先している。

基本原則：「**正規性**」

1807年　商法（Code de commerce du 10 septembre 1807）

Napoléon 商法ともいわれ，商業帳簿の作成を商人に義務づけ，破産犯罪防止のために財産目録の利用を強化した。

基本原則：「**真実性**」・「**正規性**」

1838年　法律（Loi du 28 mai 1838）

1807年商法第3篇基本条文を改める。

1857年　会社法（Loi du 30 mai 1857, qui autorise les sociétés anonymes et autres associations commerciales, industrtielles ou financières, légalement constituées en Belguie, à exercer leurs droits en France）

法律は，ベルギーにて法的に創立された株式会社およびその他の商業，工業または財務協会がフランスにおいてその権利を行使できることを許可する。

1867年　株式設立会社法（Loi du 24 juillet 1867 sur les sociétés par actions）

この会社法は，1807年商法「会社」の規定を株式合資会社の規定と株式会社の基本規定に分けて書き改められた。株式会社の創立については，許可主義を廃止し，準則主義を導入した。この準則主義の導入により，同法では，債権者および一般株主を保護するための規定が設けられた。

基本原則：「**不正確性の違反**」・「**不正規性の違反**」

1907年　1907年度一般予算決定法律（Loi du 30 janvier 1907, portant fixation du budget géréral de l'exercice 1907）

フランスまたは外国の会社は，証券の発行，発売について官報にて公開する。

1909年　営業権法（Loi du 17 mars 1909, relative à la vente et au nantissement des fonds de commerce）
会社は，営業権の販売および担保に関して公共性のある新聞において公開する。

1917年　共同組合法（Loi du 7 mai 1917, ayant pour objet l'organisation du crédit aux sociétés coopératives de consommation）
消費共同組合の信用設立を対象とする。

1925年　1925年度一般予算決定法（Loi du 13 juillet 1925, portant fixation du budget général de l'exercice 1925）
償却表および振出時の発売証状態表を公開する。

1929年　創立者出資法（Loi du 23 janvier 1929, sur les parts de fondateur émises par les sociétés）
株式商業会社は，創立者の出資という名目で，商業証券を発行する。

1934年　証券償還・配当券支払法（Loi du 11 juillet 1934, relative à la compétence en matière de remboursement de titres ou de payment de coupons émis par les sociétés et collectivités françaises ou étrangères）
フランスまたは外国の会社によって発行された証券の償還または配当券の支払いに係わる権能である。

1935年　倒産・不正破産適用デクレ・ロワ（Décret-loi du 8 août 1935, portant application aux gérants et administrateurs de sociétés de la législation de la faillite et de la banqueroutes et instituant l'interdiction et la déchéance du droit de gérer et d'administrer une société）
このデクレ・ロワは，会社の業務執行者および取締役に倒産および破産の法律の適用をもたらす。また，会社を業務執行する，および取り締る法律の禁止，および失効を定める。さらに，株主に真実な貸借対照表を作成し，提出するよう義務づける。

1937年　債券デクレ・ロワ（Décret-loi du 25 août 1937, réglementant les bons de caisse）

1942年　PCG 42（Plan Comptable Général 1947）
第2次世界大戦中，ドイツ占領軍の指導下において，ドイツ流のKontenrahmenaを中核としたPCGが制定された。この会計規則集は，ドイ

ツの占領政策に基づきつぎの目的を有する標準会計制度として，フランス産業の利用のために設定された。
- 政府が必要とする経済情報の提供
- すべての企業に適用可能な会計制度の設定

1947年　PCG 47（Plan Comptable Général 1947）

PCG 42が1947年施行令により改訂された。この会計規則集は，公企業と混合経済会社に対してつぎの目標を有する会計標準として適用することを求めた。
- 株主・債権者に対する会計情報の改善（財務会計目的）
- 会計を企業の有効な管理用具（管理会計目的）
- 社会会計に対する基礎資料の提供（社会会計目的）

1949年　償却表・証券状態表施行令（Décret n° 49-301 du 28 février 1949, fixant les modalités et les délais de publication des tableaux d'amortissement et des listes de titres sortis au tirage）

この施行令は，償却表および発行時の証券状態表の様式および公開期間に係わる施行令の租税的性格をもつ基本条文である。

1953年　商業帳簿施行令（Décret du 22 septembre 1953 relatif à la tenue des livres de commerce）

1807年　商法第8条・第9条を改め，年度財務諸表の作成を定める。

1957年　PCG 57（Plan Comptable Général 1957）

PCG 47が1957年省令により改訂された。この会計規則集はつぎの目標を有する。
- 企業の原価計算，予算管理を重視した経営分析会計・原価会計
- 資本の明確化
- 設備助成金の会計処理
- 固定資産会計の改善

1959年　法律

PCG 57の暫定的適用期間を5年以内とする

1965年　租税施行令

商工企業は，一般租税法第54条の規定により納税申告書として一般経営計算

書，損益計算書，貸借対照表などの財務諸表を添付しなければならない。これらの諸表は，PCG 57の規定に酷似した財務諸表の様式として定められた。

1966年　商事会社法 (Loi n° 66-535 du 24 juillet 1966, sur les sociétés commerciales)
この会社法は，1世紀ぶりに1867年会社法をつぎのことを考慮して全面的に改正されたものである。
・会計情報公開制度の近代化
・損益法的利益概念の導入
基本原則：「**誠実性**」・「**正規性**」

1967年　商事会社施行令 (Décret sur les sociétés commerciales n° 67-236 du 23 mars 1967)
企業の経済的・財政的立ち直りを容易にする。

1967年　証券取引委員会オルドナンス (Ordonnance n° 67-833 du 28 septembre 1967, instituant une commission des opérations de bourse et relative à l'information des porteurs de valeurs mobilières et à la publicité de certaines opérations de bourse)
証券取引委員会を創立し，有価証券所持者への情報および特定の証券取引の公開に係わる命令である。

1968年　1967年商事会社施行令改正 (Décret n° 68-25 du 2 janvier 1968, modifiant et complètant le décret du 23 mars 1967 sur les sociétés commerciales)
1967年会社施行令の改正に係わる施行令である。

1969年　1966年会社法改正 (Loi n° 69-12 du 6 janvier 1969, modifiant la loi n° 66-537 du 24 juillet 1966 sur les sociétés commerciales)
1966年会社法の改正に係わる法律である。

1970年　1966年会社法・1968年証券取引委員会創立命令改正法 (Loi n° 70-1208 du 23 décembre 1970, modifiant la loi n° 66-537 du 24 juillet 1966 sur les sociétés commerciales et la commission des opérations de bourse et relative à l'information des porteurs de valeurs mobilières et à la publicité de certaines opérations de bourse)
この法律は，1966年会社法および1968年証券取引委員会創立命令を改め，有価証券所持者への情報と特定の証券取引を公開する。

1973年　租税法（Loi n° 73-1128 du 21 décembre 1973）
　　　　1966年会社法第343条「創立費用および増資費用の償却」を改めた。
1981年　証券取引委員会一般決定（Décision générale du 17 mars 1981, de la commission des opérations de bourse relative aux informations à fournir lors de l'acquisition d'une participation significative dans une société dont les actions sont inscrites à la cote officielle ou au comprativement spécial au marché hors cote）
　　　　証券取引委員会は，1部または2部に上場している会社の有意義な参加取得に係わる情報を公開する。
1981年　EC第2号指令調和化法（Loi n° 81-1162 du 30 décembre 1981, mise en harmonie du droit des sociétés commerciales avec la IIe directive adoptée par le conseil des communautés européennes, le 13 décembre 1976）
　　　　EC第2号指令とフランス会社法の調和化に係わる法律である。この調和化法は1966年会社法の利益計算に係わる規定を改めた。
1982年　PCG 82（Plan Comptable Général 1982）
　　　　PCG 57は，1982年省令によるつぎのことを考慮して改訂された。
　　　　・法的・経済的状況に対する調整
　　　　・各種利害関係者に対する会計情報の改善
　　　　・最新の情報処理技術の考慮
　　　　基本原則：「**忠実性**」・「**誠実性**」・「**正規性**」
1982年　投資促進・貯蓄保護法（Loi n° 83-1 du 3 janvier 1983, sur le développement des investissements et la protection de l'épargne）
　　　　投資の促進および貯蓄の保護に係わる法律である。この法律は，1966年会社法の賞与に係わる規定を改めた。
1983年　EC第4号指令調和化法（Loi n° 83-353 du 30 avril 1983, mise en harmonie des obligations comptables des commerçants et de certaines sociétés avec la IVe directive adoptée par le conseil des communautés européennes le 25 juillet 1978）
　　　　この調和化法は，1966年商事会社法をEC第4号指令に基づき改められたものである。
　　　　基本原則：「**忠実性**」・「**誠実性**」・「**正規性**」
1983年　EC第4号指令調和化施行令（Décret n° 83-1020 du 29 novembre 1983, pris en

1984年　企業困難防止・規則法（Loi n° 84-148 du 1ᵉʳ mars 1984, relative à la prévention et au réglement amiable des difficultés des entreprises）
　　　　　企業が困難な状態にある時に，この法律は，その防止と規則に係わる法律である1966年会社法の計算書類の作成義務および作成方法と評価規則に係わる規定を改めた。

1985年　EC第7号指令調和化法（Loi n° 85-11 du 3 janvier 1985 relative à la mise en harmonie des obligations concernant les comptes consolidés de certaines sociétés commerciales et entreprises publiques avec la VIIᵉ directive adoptée par le conseil des communautés européennes le 13 juin 1983）
　　　　　この調和化法は，EC第7号指令に基づき改められたものである。
　　　　　基本原則：「連結忠実性」・「連結誠実性」・「連結正規性」

1985年　有価証券法（Loi n° 85-1321 du 14 décembre 1985, modifiant diverses dispositions du droit des valeurs mobilières, des titres de créances négociables, des sociétés et des opérations de bourse）
　　　　　投資目的有価証券，取引可能債権証書，会社および証券取引の規定に係わる法律である。この証券法は1966年会社法の利益計算を改めた。

1986年　連結計算書類施行令（Décret n° 86-221 du 17 février 1986, pris pour l'application de la loi n° 85-11 du 3 janvier 1985, relative aux comptes consolidés de certaines sociétés commerciales et entreprises publiques et portant dispositions diverses relatives à l'établissement des comptes annuels）
　　　　　1985年連結計算書類法の適用に係わる施行令である。この施行令は，年度計算書類の規定を設けている。

1986年　PCG 86（Plan Comptable Général 1986）
　　　　　PCG 82は，1986年省令によるつぎのことを考慮して改訂された。
　　　　　・第Ⅱ編第Ⅳ章「計算書類の連結：方法論」を挿入する。

1988年　消費者団体訴訟・消費者情報法（Loi n° 88-14 du 5 janvier 1988, relative aux actions en justice des associations agréées de consommateurs et à l'information des consommateurs）

消費者団体による訴訟および消費者への情報提供に係わる法律である。

1988年 企業発展・譲渡法（Loi n° 88-15 du 5 janvier 1988, relative au développement et à la transmission des entreprises）

企業の発展および譲渡に係わる法律である。この法律は，1966年会社法の賞与に係わる規定を改めた。

1989年 消費者情報・保護法（Loi n° 89-421 du 23 juillet 1989 relative à l'information et à la protection des consommateurs ainsi qu'à diverses pratiques commerciales）

消費者への情報提供および保護，ならびに商業実務に係わる法律である。

1998年 国際的会計規則適用法

1985年EC第7指令調和化法第357-8-1条では，国際的に認められた会計規則に準拠して，連結計算書類の作成が認められるようになる。

1999年 連結計算書類規則・方法（Règles et méthodes pour les comptes consolodés）（Règlement comité règlementation comptable n° 99-02 homologué par l'arrêté du 22 juin 1999）

PCG 86には個別会計規定のみを記載する。連結会計規定は独立した規則集を作成する。

2000年 環境法典オルドナンス（Ordonnance n° 2000-914. Partie législative du Code de l'environnement）

このオルドナンスは，1967年商事会社施行令および1966年商事会社法適用施行令を吸収し，整備する。

2002年 会計義務に係る規定修正施行令（Décret n° 2002-12. Modification de diverses dispositions relatives aux obligations comptables des commerçants et de certaines sociétés）

この修正施行令は，1983年EC第4号指令調和化施行令を改める。また，1967年商事会社施行令を改める。

引用文献一覧表

(1) Act [1948]："Companies Act 1948", Her Majesty's Stationery Office.
(2) Act [1981]："Companies Act 1981", Her Majesty's Stationery Office.
(3) Alauzet [1867]：I. Alauzet, 'Des Faillites et Banqueroutes et de la Juridiction Commerciale' Tome V, "Commentaire du Code de Commerce et de la Législation Commerciale" 2ème Edition, Imprimerie et Librairie Générale Jurisprudence Cosse, Marchal et Cie, Imprimeurs-Editeurs.
(4) Alauzet [1868]：I. Alauzet, 'Des Commerçants des Sociétés Civiles et Commerciales' Tome Ier, "Commentaire du Code de Commerce et de la Législation Commerciale" 2ème Edition, Imprimerie et Librairie Générale Jurisprudence Cosse, Marchal et Cie, Imprimeurs-Editeurs.
(5) Burlaud *et. al.* [1992]：Georges LANGLOIS, Micheline FRIEDERICH et Alain BURLAUD, "Comptabilité Approfondie", Foucher.
(6) Burlaud *et. al.* [1998]：Alain BURLAUD, François-Denis POITRINAL, Edouard SALUSTRO *et. al.*, "Comptabilité et Droit Comptable", Gualino Editeur.
(7) CCE [1973]：Le Conseil des Communautés Européennes, 'L'Harmonisation des Comptes Annuels des Sociétés de Capitaux dans les Etats de la Communauté Economique Européenne', "Revue Française de Comptabilité" n°. 27, Expert Comptable Média.
(8) Cibert [1984]：André CIBERT, "Comptabilité Générale" 7ème Edition, Dunod.
(9) CNCompta [1998]：http：//www. finances. gouv. fr/CNCompta/missions. htm.
(10) CNCompta [2002]：http：//www. finances. gouv. fr/CNCompta/activité/rapport-activité-2002. htm.
(11) COB [1974]：Commission des Opérations de Bourse, "Bulletin" n° 57.
(12) COB [1985]：Commission des Opérations de Bourse, "Rapport 1985".
(13) Code [1762]："Code Marchand：Ordonnance du 23 mars 1673, de Louis XIV, Roy de France et de Navarre, servant de Règlement pour le Commerce de Marchands", De l'Imprimerie de la Veuve de Bernard BRUNET.

(14) Code [1807] : "Code de Commerce", les Orateurs du Gouvernement, Chez A. Galland.

(15) Code [1921] : "Code de Commerce", Sous la Dirction de Gaston GRIOLET et Charles VERGE, Librairie Dalloz.

(16) Code [1967] : "Code de Commerce", Emmauel VERVE, Jurisprudence Générale Dalloz.

(17) Colasse [1996] : Bernard COLASSE, "Comptabilité Générale" 5ème Edition, Economica.

(18) Compt [2001] : "Mémento Pratique Francis Lefebvre Comptable 2001", Pierre DUFILS et Claude LOPATER.

(19) Dongois [1721] : Dongois, "Declaration du Roy Louis VX", Paris, Chez les Associés Choisis par Ordre de ses MAJESTRE pour l'Impression de ses Nouvelles Ordonnances.

(20) Esnault et Hoarau [1994] : Bernard ESNAULT et Christian HOARAU, "Comptabilité Financière", Presses Universitaires de France.

(21) Goré [1973] : François GORE, 'Les Notions de Régularité et de Sincérité des Comptes', "Revue Française de Comptabilité" n° 25, Expert Comptable Média.

(22) Kerviler [1986] : Isabelle de KERVILER, "Droit Comptable" 1ere Edition, Economica.

(23) Lee [1982a] : Tom LEE, "Company Financial Reporting", 2nd Edition, Van Nostrand Reinhold (UK).

(24) Lee [1982b] : Tom LEE, "Company Auditing", 2nd Edition, The Institute of Chartered Accountants of Scotland.

(25) Mullenbath [1984] : Jean-Louis MULLENBATH, 'L'Elaboration de l'Annexe', "Revue Française de Comptabilité" n° 150, Expert Comptable Média.

(26) OEC [1980] : Ordre des Experts-Comptables, "Travaux du 35e Congrés".

(27) PCG [1982] : Conseil National de la Comptabilité, "Plan Comptable Général".

(28) PCG [1986] : Conseil National de la Comptabilité, "Plan Comptable Général" 4ème Edition.

(29) Pérochon [1983] : Claude PEROCHON, "Présentaion du Plan Comptable Français", Foucher.

(30) Pleven [1970] : René PLEVEN, 'Le Contrôle des Comptes des Sociétés' "Supplément

à Revue Française de Comptabilité" n°106, Expert Comptable Média.
(31) Nobes [1992]：Christopher NOBES, "International Classification of Financial Reporting" 2nd Edition, Routledge.
(32) Raffegeau *et. al.* [1984]：Jean RAFFEGEAU, Pirre DUFILS, Jean CORRE et Claude LOPATER, "Memento Pratique Francis LEFEBVRE Comptable 1985", Francis LEFEBVRE.
(33) Raffegeau *et. al.* [1989]：Jean RAFFEGEAU, Pierre DUFILS, Jean CORRE et Didier de MENOVILLE, "Comptes Consolidés", Francis LEFEBVRE.
(34) Raffegeau *et. al.* [1990]：Jean RAFFEGEAU, Jean CORRE et Claude LOPATER, "Memento Pratique Francis LEFEBVRE Comptable 1990", Francis LEFEBVRE.
(35) Reydel [1975]：Andre REYDEL, 'Les Régularité des Comptes en France au Regard des Projets d'Harmonisation Internationale et Européenne', "Revue Française de Comptabilité" n° 56, Expert Comptable Média.
(36) Sylvain [1982]：Fernand, C. A. SYLVAIN, "Dictionnaire de la Comptabilité", Institut Canadien des Comptables Agréés, Ordre des Experts Comptables et des Comptables Agréés-Paris, Institut des Réviseurs d'Entreprise-Bruxelles.
(37) Vienne [1983]：Dominique VIENNE, 'L'Image Fidèle', Séminaire Franco-Britanique du 11 au 13 mai 1983.
(34) Viandier et Lauzainghein [1993]：Alain VIANDIER et Christian de LAUZAING-HEIN, "Droit Comptable" 2ème Edition, Précis Dalloz.
(38) Villeguérin [1983]：Sous la Direction d'Erik VILLEGUERIN, "Dictionnaire de la Comptabilité", Les Publications Fiduciaires.
(39) Villeguérin [1984]：Sous la Dirction d'Erik de la VILLEGUERIN, "Dictionnaire de la Comptabilité", Les Publications Fiduciaires.

(40) 安藤 [1985]：安藤英義，『商法会計制度論』，国元書房。
(41) 青木 [1972]：青木脩，『新版フランス会計学』，財経詳報社。
(42) 藤原・田中 [1994] ：藤原豊司・田中俊郎，『EC統合・欧州連合入門』，東洋経済新報社。
(43) 伊吹他 [1982]：伊吹武彦，渡辺正明，後藤敏雄，本城格，大橋保夫編，『仏和大辞

(44) 岸［1975］：岸悦三,『会計生成史』, 同文舘。
(45) 森川［1978］：森川八洲男,『フランス会計発達史論』, 白桃書房。
(46) 中村［1969］：中村宣一朗,『近代フランス会計学』, 中央経済社。
(47) 中村他［1996］：中村紘一, 新倉修および今関源成,『フランス法律用語辞典』, 三省堂。
(48) 野村［1970］：野村健太郎,「フランスにおける監査制度の展開 (1)」,『産業経理』第30巻第6号。
(49) 野村［1990］：野村健太郎,『フランス企業会計』, 中央経済社。
(50) 大隅［1971］：大隅健一郎,『株式会社法変遷論』, 有斐閣。
(51) 大下・小津［1999］：大下勇二・小津稚加子,「フランス連結会計基準の国的調和―フランス商事会社法とEC会社法指令第7号―」,『連結会計基準の国際的調和』野村健太郎編著, 白桃書房。
(52) 滝沢［2001］：滝沢正,『フランス法』, 三省堂。
(53) 嶌村［1991］：嶌村剛雄,『会計学一般原理』, 白桃書房。
(54) 商法研究会［1975］：『フランス会社法』, 早稲田大学フランス商法研究会, 国際商事法研究所。
(55) 山口［1984］：山口幸五郎,『EC会社法指令』, 同文舘。
(56) 山口［1986］：山口俊夫,『フランス債権法』, 東京大学出版会。
(57) 山本［1972］：山本桂一,『フランス企業法序説』, 東京大学出版会。
(58) 早稲田［1971］：早稲田大学法学会,『フランス会社法 (1)』第47巻第3号。
(59) 早稲田［1981］：早稲田大学フランス商学研究会,『フランス会社法 (11)』第56巻第2号。

主要参考文献一覧表

(1) Accounting Standardes [1989]: "Accounting Standards 1989/1990", The Institute of Charterd Accountants in England and Wales.
(2) Alexander and Archer [1998]: Edided by David ALEXANDER and Simon ARCHER, "European Accounting Guide" 3nd Edition, Harcourt Brace.

(3) Bourquin [1976] : Gérald-Charles BOURQUIN, "Le Principe de Sincérité du Bilan", Librairie de l'Université Genève.
(4) Bremond et Galedan [1990] : Janine BREMOND et Alain GALEDAN, "Dictionnaire Economique et Social" 5ème Edition, Hatier.
(5) Burlaud [1988] : Alain BURLAUD, 'Les Méthodes d'Evaluation en Coûts Historiques', "Principes Comptables et Information Finanicère", Edtion Comptables Malesherbes.
(6) Burlaud et Simon [1993] : Alain BURLAUD et Claude SIMON, "Comptabilité de Gestion : Coûts／Contrôle", Vuibert.
(7) CE [1999] : "Mémento Pratique Francis LEFEBVRE : Communauté Européenne 2000 -2001", Francis LEFEBVRE.
(8) Claveranne et Darne [1983] : Jean-Pierre CLAVERANNE et Jacky DARNE, "Comptabilité et Entreprise", Economica.
(9) CNC [1973] : Conseil National de la Comptabilité, "Consolidation des Bilans et des Comptes".
(10) Cohendy [1901] : Emile COHENDY, "Code de Commerce et Lois Commerciales Usuelles" 3ème Edition, Berger-Levrault & Cie Editeurs.
(11) Colasse [1982] : Bernard COLASSE, "Gestion Financière de l'Entreprise", Presses Universitaires de France.
(12) Colasse [1984] : Bernard COLASSE, "Une Présentation de la Comptabilité Générale des Entreprises", Economica.
(13) Colasse [2000] : Sous la Dirction de Bernard COLASSE, "Encylopédie de Comptabilité, Contrôle de Gestion et Audit", Economica.
(14) Corne [1989] : Jean CORNE, "Les Règles de la Consolidation des Bilans", Dunod.
(15) Craig and Búrca [1998] : Paul CRAIG and Gráinne de BURCA, "EU Law : Text, Cases, and Materials" 2nd, Oxford.
(16) Dalsace [1968] : André DALSACE, "Manuel des Sociétés Anonymes" 4ème Edition, Librairie Dalloz.
(17) Décret [1938] : "Le Décret du 31 Août 1937 : Les Sociétés par Actions", Association Nationale des Sociétés par Actions.
(18) Delesalle [1996] : Eric DELESALLE, "100 Difficultés Comptables Fiscales et

Juridiques" 3ème Edition, Documentation Organique.

(19) Fiscal [1990] : "Mémento Pratique Francis Lefebvre : Fiscal 1990", Francis LEFEBVRE.

(20) Fontaine *et. al.* [1998] : Michelle FONTAINE, Robert CAVALERIE, Danielle FOUILHE et Jacques-André HASSENFORDER, "Notions Fondamentales de Droit", Foucher.

(21) Galcher-Baron [1979] : Michel le GALCHER-BARON, "Droit Civil les Obligations", Francis LEFEBVRE.

(22) Gambier [1986] : Claude GAMBIER, "Les Impôts en France" 18ème Edition, Francis LEFEBVRE.

(23) Hémard *et. al.* [1968] : Jean HEMARD, François TERRE et Pierre MABILAT, "La Réforme des Sociétés Commerciales : Décret n° 67-236 du Mars 1967 Modifié", Librairie Dalloz.

(24) Kerviller [1981] : Isabelle de KERVILLER, 'Amortissements et Provisions pour Dépréciations : la Nouvelle Doctrine du Plan Comptable Général Révisé', "Revue Française de Comptabilité" n° 115, Expert Comptable Média.

(25) Kerviller [1982] : Isabelle de KERVILLER, 'La 4ème Directive Européennne et les Incidences en France', "Revue Française de Comptabilité" n° 130, Expert Comptable Média.

(26) Kerviller [1986] : Isabelle de KERVILLER, "La Comptabilité Générale", Economica.

(27) Lavoyer et Richard [1989] : Jean-Claude LAVOYER et Jaques Richard, "Manuel de Consolidation de l'Initiation à la Pratique", La Villeguérin Editions.

(28) Lefebvre-Teillard [1985] : Anne LEFEBVRE-TEILLARD, "La Société Anonyme au 19e Siècle", Presses Universitaires de France.

(29) Lequin [1994] : Yves LEQUIN, "Principes Comptables Européens", Les Editions d'Organisation.

(30) Montoussé *et. al.* [2001] : Marc MONTOUSSE *et. al.*, "Histoire des Faits Economiques et Problèmes Economiques Contemporains", Bréal.

(31) Muchlinski [1999] : Peter MUCHLINSKI, "Multinational Enterprises and the Law", Blackwell.

(32) PCG [1957]：Conseil National de la Comptabilité, "Plan Comptable Général".
(33) Pontavice et Dupichot [1982]：Emannuel du PONTAVICE et Jacques DUPICHOT, "Traité de Droit Commercial" 2ème Volume, Montchrestien.
(34) Raffegeau *et. al.* [1987]：Jean RAFFEGEAU, Pirre DUFILS, Jean CORRE et Claude LOPATER, "Memento Pratique Francis LEFEBVRE Comptable 1986", Francis LEFEBVRE.
(35) Richard *et. al.* [1984]：Georges RICHARD, Jean-Marc AUBANEL et Jean-Claude GRONSFELD, "Comptabilité de l'Entreprise" Tome Ⅲ, Foucher.
(36) Solus [1938]：Henry SOLUS, "La Réforme du Droit des Sociétés par les Décrets-Lois de 1934 et 1937", Recueil Sirey.
(37) Verge *et. al.* [1958]：Emanuel VERGE, Georges RIPERT et Suzanne DALLIGNY, "Répertoire de Droit Commercial et des Sociétés" Tome Ⅲ, Dalloz.
(38) Wooldridge [1991]：Frank WOOLDRIDGE, "Company Law in the United Kingdom and the European Community：Its Harmonization and Unification", The Athlone Press.
(39) Zenati et Revet [1998]：Frédéric ZENATI et Thierry REVET, "Les Biens" 2ème Edition, Presses Universitaires de France.

(40) 新井 [1984]：新井清光，『新版財務会計論』，中央経済社。
(41) 番場他 [1986]：番場嘉一郎監修，『フランス会計論―プラン・コンタブル研究』第2版，中央経済社。
(42) 千葉 [1991]：千葉準一，『英国近代会計制度―その展開過程の探求―』，中央経済社。
(43) 江藤 [1988]：江藤价泰，『フランス民事訴訟法研究―当事者主義的訴訟法の断面―』，日本評論社。
(44) 堀田 [1977]：堀田和弘，『フランス公企業の成立』，ミネルヴァ書房。
(45) 五十嵐 [1989]：五十嵐邦正，『静的貸借対照表論』，森山書店。
(46) 稲垣 [1987]：稲垣冨士男編著，『国際会計基準』，同文舘。
(47) 井上 [1968]：井上清，『ヨーロッパ会計史』，森山書店。
(48) 伊藤 [1999]：伊藤秀俊，『フランス外貨換算会計―為替デリィバティブ会計を含めて―』，税務経理協会。

(49) 伊豫田 [2000]：伊豫田隆俊,『フランス監査制度論』, 同文舘。
(50) 蟹江 [2001]：蟹江章,『現代監査の理論』, 森山書店。
(51) 監査学会 [1998]：日本監査研究学会・EUにおける会計・監査制度研究部会,『EUにおける会計・監査制度の調和化』, 中央経済社。
(52) 河合 [1983]：河合秀敏,「EC第4号指令とimage fidèle」,『税経セミナー』第28巻第10号。
(53) 木村 [1958]：木村重義,『決算評価論』, 中央経済社。
(54) 岸 [1963]：岸悦三,「フランスにおける固定資産再評価について」,『広島商大論集』第4巻第1号, 広島商科大学商経学会。
(55) 岸 [1967]：岸悦三,「サヴァリー法と会計」,『広島商大論集商経編』第8巻第1号, 広島商科大学商経学会。
(56) 岸 [1968]：岸悦三,「ルイ14世商勅令会計規定制度の背景」,『広島商大論集商経編』第8巻第2号, 広島商科大学商経学会。
(57) 岸 [1968]：岸悦三,「貸借対照表相当語の起源に関する一考察—16, 17世紀フランスの一断面—」,『広島商大論集商経編』第9巻第1号, 広島商科大学商経学会。
(58) 岸 [1970]：岸悦三,「フランス会社法における継続性の原則」,『産業経理』第30巻第5号, 産業経理協会。
(59) 岸 [1975]：岸悦三,「決算制度の萌芽」,『広島修大論集商経編』第15巻第2号, 広島修道大学商経学会。
(60) 岸 [1975]：岸悦三,「フランスにおけるインフレーション会計の動向」,『国民経済雑誌』第132巻第4号, 神戸大学経済経営学会。
(61) 岸 [1982]：岸悦三,「危険引当金—フランスにおける偶発損失の引当計上をめぐって—」,『産業経理』第42巻第3号, 産業経理協会。
(62) 岸 [1982]：岸悦三,「フランスの監査制度—監査役監査を中心として—」,『監査制度の研究—各国監査制度の比較研究—』, 広島修道大学総合研究所。
(63) 岸 [1988]：岸悦三,「フランス連結会計の新展開」,『産業経理』第47巻第4号, 産業経理協会。
(64) 岸 [1989]：岸悦三,「フランスにおけるディスクロージャーの進展—営業報告書を中心として—」,『修道商学』第29巻第2号, 広島修道大学商経学会。
(65) 岸 [1990]：岸悦三,『会計前史』, 同文舘。

(66) 岸［1993］：岸悦三,「プラン・コンタブルにおける一般会計（財務会計）と分析会計（原価会計）との関連について」,『修道商学』第33巻第2号, 広島修道大学商経学会。
(67) 岸［2000］：岸悦三,「資料 プラン・コンタブル・ジェネラル（フランス会計原則）(1999年度版)(1)」,『東亜大学経営学部紀要』第13号, 東亜大学経営学部。
(68) 岸［2001］：岸悦三,「資料 プラン・コンタブル・ジェネラル（フランス会計原則）(1999年度版)(2)」,『東亜大学経営学部紀要』第14号, 東亜大学経営学部。
(69) 岸［2001］：岸悦三,「資料 プラン・コンタブル・ジェネラル（フランス会計原則）(1999年度版)(3)」,『東亜大学経営学部紀要』第15号, 東亜大学経営学部。
(70) 岸［2001］：岸悦三,「資料 フランス連結会計規則(1)」,『修道商学』第42巻第1号, 広島修道大学商経学会。
(71) 岸［2001］：岸悦三,「プラン・コンタブル・ジェネラル（フランス会計原則）1999年に関する一考察― 一般原則, 財産, 成果の意義をめぐって―」,『修道商学』第41巻第1号, 広島修道大学商経学会。
(72) 岸［2001］：岸悦三,「フランス新会計基準における財産評価とその会計処理」,『東亜大学研究論叢』第25巻第2号, 東亜大学学術研究所。
(73) 岸［2002］：岸悦三,「資料 フランス連結会計規則(2)」,『修道商学』第42巻第2号, 広島修道大学商経学会。
(74) 岸［2002］：岸悦三,「資料 プラン・コンタブル・ジェネラル（フランス会計原則）(1999年度版)(4)」,『東亜大学経営学部紀要』第16号, 東亜大学経営学部。
(75) 岸［2002］：岸悦三,「資料 プラン・コンタブル・ジェネラル（フランス会計原則）(1999年度版)(5)」,『東亜大学経営学部紀要』第17号, 東亜大学経営学部。
(76) 黒田［1989］：黒田全紀,『EC会計制度調和化論』, 有斐閣。
(77) 松本・吉牟田他［1985］：松本博一・吉牟田勲編著,『ECの協調と対立』, 高文堂出版社。
(78) 森川［1969］：森川八洲男,「フランス会計監査役制度の発展(1)」,『明大商学論叢』第52巻第7・8号。
(79) 森川［1980］：森川八洲男,「ECにおける会社会計調和化の目指すもの」,『明大商学論叢』第67巻第2-7号。
(80) 森川［1980］：森川八洲男,「フランス公表会計制度の再編」,『明大商学論叢』第68巻第37号。

(81) 森川 [1985]：森川八洲男,「フランスにおける自由再評価問題—特に国家会計審議会の『貸借対照表自由再評価に係わる意見書』をめぐって—」,『明大商学論叢』第59巻第5・6号。
(82) 森川 [1986]：森川八洲男,『制度会計の理論』, 森山書店。
(83) 森川 [1988]：森川八洲男,『財務会計』, 税務経理協会。
(84) 中川 [1994]：中川洋一郎,『フランス金融史研究』, 中央大学出版部。
(85) 中村 [1969]：中村宣一朗,『近代フランス会計学』, 中央経済社。
(86) 中村他 [1984]：中村宣一朗, 森川八洲男, 野村健太郎, 高尾裕二および大下勇二,『フランス会計原則—プラン・コンタブル・ジェネラル—』, 同文舘。
(87) 中村 [1988]：中村利平,『フランス証券市場論』, 文眞堂。
(88) 新田 [1987]：新田忠誓,『動的貸借対照表原理』, 国元書房。
(89) 大下 [1996]：大下丈平,『フランス管理会計論』, 同文舘。
(90) 齋藤 [1969]：齋藤昭雄,『フランス純粋会計理論 - フランス純粋会計論の研究—』, 千倉書房。
(91) 齋藤 [1988]：齋藤昭雄,『フランス会計制度論』, 千倉書房。
(92) 櫻井 [1990]：櫻井陽二,『フランス政治体制論』, 芦書房。
(93) 嶌村 [1976]：嶌村剛雄,『資産会計の基礎理論』, 中央経済社。
(94) 嶌村 [1982]：嶌村剛雄,『体系財務諸表論』, 税務経理協会。
(95) 嶌村他 [1993]：嶌村剛雄編著,『比較会社法会計論』, 白桃書房。
(96) 高山 [1986]：高田正淳,『最新監査論』, 中央経済社。
(97) 高山 [1986]：高山朋子,『現代減価償却論』, 白桃書房。
(98) 竹内他 [1988]：竹内昭夫・松尾浩也・塩野宏編集代表,『新法律学辞典』, 有斐閣。
(99) 田中 [1993]：田中弘,『イギリスの会計制度—わが国会計制度との比較検討—』, 中央経済社。
(100) 鳥羽 [1991]：鳥羽至英,「監査理論モデルの形成」,『会計』第139巻第3号, 森山書店。
(101) 山浦 [1993]：山浦久司,『英国株式会社会計制度論』, 白桃書房。

初　出　一　覧

　本書の各章を執筆するにあたり，下記の既発表論文を利用した。本書の基調に合わせるために，構成の組替えならびに加筆・修正をし，大幅に原著を変更したものである。

序　章：「フランスの会社法令と会計制度」『比較会社法会計論』白桃書房（1993年4月）。
第1章：「フランス会計監査の導入」『経営論集』第35巻第3号　明治大学経営学研究所（1988年3月）。
第2章：「1807年フランス商法の基本原則」『会計史』第20巻　日本会計史学会（2002年3月）。
第3章：「フランス会計監査の導入」『経営論集』第35巻第3号　明治大学経営学研究所（1988年3月）。
第4章：「フランス会計における正規性と誠実性」『産業經理』第49巻第3号　産業經理協會（1989年10月）。
第5章：「イギリス会計における『真実かつ公正な概観』」『経理知識』第69号　明治大学経理研究所（1990年6月）。
第6章：「フランス会計原則の一考察」『會計』第137巻第2号　森山書店（1990年2月）。
第7章：「フランス会計原則の一考察」『會計』第137巻第2号　森山書店（1990年2月）および「フランス会計における慎重性の原則」『會計』第140巻第6号　森山書店（1991年12月）。
第8章：「フランスの貸借対照表関連規定」『比較会社法会計論』白桃書房（1993年4月）。
第9章：「フランスの成果計算書関連規定」『比較会社法会計論』白桃書房（1993年4月）。
第10章：「フランスのその他の書類関連規定」『比較会社法会計論』白桃書房（1993年4月）。
第11章：「EC第7号指令調和化法の基本原則」『産業經理』第61巻第2号　産業經理協會（2001年7月）。
第12章：「フランス会計基準設定主体」『国際財務会計論』税務経理協会（2005年3月）。

あ と が き

　高等学校3年生のとき，体育祭で太鼓の下敷きとなり，頭蓋骨の骨折という事故に遭遇しました。東京大学附属病院で手術を受け，駒形の病院で2ヶ月間ほど入院生活を送ることになりました。入院の当日，教頭先生と父が私の学葬について話し合っていたことを，ベットの上でおぼろげながら聞いていました。波の無い静まりきった河は青く澄み切り，そこには一本の杭が建っていました。何かに引き寄せられる呼び声が聞こえてきます。これが三途の河であるのかと思いました。「結婚するまで死ねるか！」と呟きながら，渡るのを踏み止まりました。

　この事故が遠因となって，1972年にフランスに渡ることになりました。フランスは私の青春です。楽しくもあり，辛いこともありました。Aix-Provence（エックス・プロバンス）で部屋を探していたときに，なかなか見つからずホテル暮らしをしていました。そのとき，Cour Milabaux（クール・ミラボー）通りを歩きながら「部屋が見つからないよ！」と日本語で叫んだら，前を歩いていたカンボジア人が突然振り向いて日本語で「あるよ！」と応じてきました。これにはビックリ仰天しました。後になって聞くと，彼の母親が日本人であるとのことでした。運だけで生きてきたような気がします。

　いざ生活を始めると，言葉の壁に圧倒されました。道行く人々が楽しそうに会話を交わしている中で，話せる人のいない寂しさは，異国の地でしか味わえないものと思います。私の下宿先の横にあった野原に一匹の野良犬が住んでいました。週末になると，パンと肉を持って，野良犬と遊びました。この犬に「おすわり」，「おて」を教えて，日本語で話せる喜びを噛み締めたものです。

　1982年に帰国し，東京経済大学に3年次編入し経済学を学びました。東京経済大学には職業会計人を育成するための特殊コースがあり，森川八洲男先生（明治大学）が講師として招かれ教鞭をとっておられました。このコースを受講し，私は森川先生から会計学を学びました。また，森川先生から貸して頂いた

フランス会計の著書（Plan Comptable Général）を読み，フランス会計を勉強する志を立てました。大学院に進んで間もなく，森川先生が執筆された『フランス会計発達史論』を読みました。この著書は，私が会計に関する著書で初めて感動したものです。

　高山朋子先生（東京経済大学）は，私に大学院に進むなら明治大学に行きなさいと熱心に勧めてくださいました。当初，その重要性は認識していませんでした。今，思うと，このアドバイスが私の研究生活の道しるべとなりました。後日，高山先生が執筆された『現代減価償却論』を読み，感銘を受けたことを覚えています。

　そのときの縁で，嶌村剛雄先生（明治大学）をご紹介して頂き，明治大学大学院に進むことができました。嶌村先生は，会計の世界では5本の指に入るかといわれるほどの知名度の高い研究者でした。とりわけ，『資産会計の基礎理論』が名著として知られています。ところが，研究室を一歩出ると，嶌村先生のお話しされることといえば，釣りとマージャンのことでした。

　ある日，嶌村先生宅にお伺いしたときに，庭に小さな池があり，そのなかに背びれが見えるほどの大きな鯉がいました。嶌村先生は，「鯉は1mほど成長するのに，池が小さいからこの程度の大きさにしかならないんだ。鯉は入れ物の大きさで大きくもなれば小さくもなる。だから，大西洋の魚は太平洋の魚よりも大きくなれないんだ。」といわれました。それを聞いたときは，ひどく落胆しました。大西洋でも太平洋でも，魚からすれば大差ないほど大きいことは明らかであるからです。せっかく大学院まで進み，研究者として第一歩を踏み出そうとしたときだけに，その志が崩れ落ちるような気がしました。

　嶌村研究室では，金曜日の午前中に論文指導日がありました。院生の2年目から実質的な修士論文の指導が始まりました。テーマは，『フランス会計における「忠実な写像概念」の移植』でした。研究報告のおりに，忠実性と慎重性の関係が判らず，曖昧に報告しました。嶌村先生は，この曖昧なところを指摘し慎重性の二重性を示し，慎重性の枠内での忠実性があると指摘しました。前述の魚の件があった後だけに，これには私も驚きました。嶌村先生は，評判どおり偉大なる研究者であるとの認識を新たに持ちました。その指導日の後に，「名舌亭」という食堂で食事をしたとき，嶌村先生が支払いのために出された

5百円札を大事に取っておきました。博士後期課程に進んだときに，この札にお言葉を書いて頂きたいとお願いしましたら，嶌村先生は筆で「努力」と書かれました。この札は，今でも私の札入れに入れて持ち歩いています。

　研究生活に入ってから，嶌村先生ならびに森川先生という偉大な指導教授に恵まれ，研究者としての生き方を学び，そして会計観を身に付けることができたような気がします。

　研究者としての私の夢は，博士の学位を取得することでした。岸悦三先生（東亜大学）は，『会計生成史』など執筆されていて，フランス会計の第一人者として高名な研究者でおられます。2001年に岸先生から学位を取得してはいかがですかというお誘いがありました。母校以外の研究者から学位の取得を勧められたことは，研究者冥利に尽きます。岸先生は，私にとってかけがえのない指導教授となりました。

　2002年に『フランス会計原則の史的展開』を東亜大学に提出し，合格するまでに3回ほど書き直しを命じられました。毎回，主査ならびに副査からA4で3枚ほどの用紙が届き，詳細な指導内容が書かれていました。途中で，諦めかけたこともあります。執筆当時から，嶌村研究室の同門である石川晶子先生（改姓 杉山）には，論文の査読という範囲を超えて指導教授のように適切なアドバイスをくださいました。お茶の水にあるアテネ・フランセの地下1階で主査ならびに副査の指導内容を詳細に検討し，私に直すべき箇所を教えてくださいました。また，叱咤激励もされました。

　土屋貞敏氏（森山書店）には，本書を出版する機会を与えて頂き，心から感謝しています。土屋氏は，お住まいが近いこともあり，なにかと便宜を図ってくださいました。院生の頃から『會計』に原稿を掲載するのが夢でした。「フランス会計原則の一考察」を『會計』(1990年) に掲載する機会を得て，感動したことを覚えています。「森山書店の土屋です。」という低音で重厚な声を電話越しに聞くと，なにやらおこられるような気がします。

　最後に，私をこよなく愛してくれた母 まつに本書を奉げます。幼少の頃から母に息子自慢をさせられるようなことは，とりたててありませんでした。晩年，母は会う人ごとに「正道が大学の先生になった！」とそれは自慢していたそうです。これがせめてもの親孝行になったのかもしれません。

著者略歴

- 1950年　千葉県に生まれる
- 1977年　Dilpôme Supérieur d'Etudes Françaises (3e Degré)
　　　　　（フランス国立Caen大学）
- 1991年　明治大学大学院 経営学研究科 博士後期課程 修了
- 1991年　東京理科大学 勤務（現在に至る）
- 1995年　フランス国立Louis PASTEUR大学 客員研究員（留学）
- 1998年　（財）産業経理協會　調査研究委員会委員
- 1998年　フランス国立 Consevatoire National des Arts et Métiers
　　　　　客員研究員（留学）
- 1999年　フランス国立会計研究所（CNAM）研究員
- 2003年　（財）産業経理協會　経営戦略会計研究委員会設立
　　　　　主任研究員
- 2003年　博士（学術）（東亜大学）

著者との協定
により検印を
省略します

フランス会計原則の史的展開——基本原則の確立と変遷——

2005年4月24日　初版第1刷発行

著書　©吉岡正道

発行者　菅田直文

発行所　有限会社　森山書店　〒101-0054　東京都千代田区神田錦町1-10林ビル
TEL 03-3293-7061　FAX 03-3293-7063　振替口座 00180-9-32919

落丁・乱丁本はお取りかえします　　　　　印刷／製本・シナノ

本書の内容の一部あるいは全部を無断で複写複製することは、著作権および出版社の権利の侵害となりますので、その場合は予め小社あて許諾を求めてください。

ISBN 4-8394-2003-3